José Luiz Fiorin (org.)

Introdução à Linguística
II. Princípios de análise

Copyright © 2003 dos autores

Todos os direitos desta edição reservados à
Editora Contexto (Editora Pinsky Ltda.)

Revisão
Maitê Carvalho Casacchi
Texto & Arte Serviços Editoriais

Diagramação
Mariana Coan
Wagner Shima

Projeto e montagem de capa
Antonio Kehl

Dados Internacionais de Catalogação na Publicação (CIP)
(Câmara Brasileira do Livro, SP, Brasil)

Introdução à linguística II : princípios de análise /
José Luiz Fiorin, (org.). – 5.ed., 9ª reimpressão. – São Paulo :
Contexto, 2024.

Vários autores.
Bibliografia.
ISBN 978-85-7244-221-3

1. Linguística. 2. Linguística – Estudo e ensino.
I. Fiorin, José Luiz.

03-0091   CDD-410

Índice para catálogo sistemático:
1. Linguística : Introdução 410

2024

Editora Contexto
Diretor editorial: *Jaime Pinsky*

Rua Dr. José Elias, 520 – Alto da Lapa
05083-030 – São Paulo – SP
PABX: (11) 3832 5838
contato@editoracontexto.com.br
www.editoracontexto.com.br

Proibida a reprodução total ou parcial. Os infratores serão
processados na forma da lei.

Introdução à Linguística

Sumário

Prefácio 7
José Luiz Fiorin

Fonética 9
Paulo Chagas de Souza
Raquel Santana Santos

Fonologia 33
Paulo Chagas de Souza
Raquel Santana Santos

Morfologia 59
Margarida Maria Taddoni Petter

Sintaxe: explorando a estrutura da sentença 81
Esmeralda Vailati Negrão
Ana Paula Scher
Evani de Carvalho Viotti

Semântica Lexical 111
Antonio Vicente Seraphim Pietroforte
Ivã Carlos Lopes

Semântica Formal 137
Ana Lúcia de Paula Müller
Evani de Carvalho Viotti

Pragmática 161
José Luiz Fiorin

Estudos do discurso 187
Diana Luz Pessoa de Barros

Prefácio

José Luiz Fiorin

> Naquele Império, a Arte da Cartografia conseguiu tal perfeição que o mapa de uma só província ocupava toda uma cidade, e o mapa do Império, toda uma província. Com o tempo esses mapas enormes não satisfizeram, e os Colégios de Cartógrafos levantaram um mapa do Império, que tinha o tamanho do Império e coincidia com ele ponto por ponto. Menos apaixonadas pelo Estudo da Cartografia, as gerações seguintes entenderam que esse mapa ampliado era inútil e não sem impiedade o entregaram às inclemências do sol e dos invernos. Nos desertos do oeste perduram despedaçadas ruínas do mapa, habitadas por animais e por mendigos; em todo o país não há outra relíquia das disciplinas geográficas.
>
> Borges, *História Universal da Infâmia*

Como anunciamos no prefácio do primeiro volume, estamos apresentando o segundo volume de nossa *Introdução à Linguística*, que é consagrado aos princípios de análise e que conta com um capítulo dedicado à fonética; um, à fonologia; um, à morfologia; um, à sintaxe; dois, à semântica; um, à pragmática e um, ao discurso.

Neste livro, não se pretende fazer um curso completo de fonética, de fonologia, e assim por diante. O que se quer é introduzir o aluno nos princípios da análise linguística em seus diferentes níveis e em suas várias perspectivas. O que se deseja é que o aluno aprenda o que significa fazer a análise linguística, vendo a língua como um fenômeno complexo. Mais do que ensinar fonética, sintaxe, etc., este livro visa a levar o aluno a apreender o espírito da descrição e da explicação dos fatos linguísticos.

Cabe perguntar o que é um fato linguístico. Todos sabemos que a realidade do objeto não é distinta da do método, já que, como ensina Saussure, é o ponto de vista que cria o objeto. É indispensável que uma base teórica supere o empirismo na delimitação dos fatos e na sua análise. É isso que este livro pretende mostrar aos estudantes.

Consagramos dois capítulos à semântica: o primeiro aborda os princípios de uma semântica formal, de base referencialista, próxima da lógica; o outro discute as bases de uma semântica lexical, de extração não referencialista, muito mais afim da retórica. Por que colocar, num livro de introdução, dois capítulos teoricamente distintos para estudar um mesmo aspecto da linguagem? Porque, como dissemos acima, o que almejamos é ensinar aos estudantes uma atitude científica. Frequentemente na universidade se tem uma concepção religiosa de ciência e não um ponto de vista verdadeiramente científico a respeito dela. O discurso religioso é o discurso que pretende explicar tudo, donde viemos, para onde vamos, qual o sentido da vida, por que sofremos, qual a origem de tudo. Ao mesmo tempo, pretende-se absolutamente verdadeiro e, por isso, intangível. A ele deve-se aderir

8 Introdução à Linguística II

pela fé. Ao contrário, o discurso científico constrói modelos que explicam parte da realidade. Por isso, ele não chega à verdade absoluta e eterna, mas a consensos parciais sobre as explicações que dá para certos fenômenos. Ele é sempre uma aproximação da realidade. A ciência tem sempre compromisso com o real e, por isso, sua validade precisa ser verificada. Não se adere ao discurso científico pela fé, mas pelo conhecimento. Como a ciência não chega à verdade, progride sempre, é sempre mutável. Ao afirmar que muitas vezes se tem uma concepção religiosa de ciência, estamos dizendo que há frequentemente uma mitificação, que não deixa de ser uma mistificação, de certas teorias, levando a crer que elas são a verdade, enquanto as outras são o erro e, por isso, merecem ser anatematizadas. Criticam-se teorias por elas não explicarem o que não pretendem explicar. Ora, batemo-nos fortemente contra isso, é preciso que o aluno saiba que a contradição é inerente ao fazer científico. Não podíamos expô-lo, por causa da natureza deste livro, em todos os níveis de análise, a essa perspectiva. Por isso, pretendemos fazê-lo pelo menos em um dos aspectos da análise linguística. Escolhemos para isso a semântica. Ao estudar duas concepções semânticas distintas, o aluno deve perceber que a ciência é constituída de uma multiplicidade de pontos de vista e que cada um aporta uma parcela de conhecimento da realidade. Escolhemos, por diferentes razões, um deles para trabalhar, discutimos o ponto de vista alheio, mostrando suas limitações e seus problemas, mas não condenamos seus partidários à "fogueira", porque a ciência precisa do debate, já que ela não se constitui de dogmas proclamados *ex cathedra*.

Uma outra característica da ciência é o fato de que ela não reproduz a realidade, mas erige dela um modelo. O texto de Borges colocado como epígrafe neste prefácio constrói uma das mais belas metáforas da ciência. Ela só tem valor na medida em que é um mapa e, portanto, permite abarcar, de um certo ponto de vista, a totalidade do território. O que reproduz o real em toda sua complexidade é a descrição, no sentido vulgar da palavra. Por isso, são descabidas as críticas feitas aos modelos científicos de que eles não dão conta de todos os matizes do objeto. Os que assim pensam estão num estágio pré-científico e, numa ideologia pré Marx e pré Freud, imaginam que cada objeto criado pelo homem seja singular e que, portanto, ao analista só cabe reproduzi-lo.

Nosso propósito é levar os estudantes a entrar no universo de uma análise com vocação científica, mostrando a eles que a ciência não é a verdade, mas é uma explicação provisória da realidade, e que o debate, a contradição e o conflito são inerentes ao fazer científico.

São Paulo, 3 de outubro de 2002

Fonética

Raquel Santana Santos
Paulo Chagas de Souza

1. Relação entre fonética e fonologia

Muitas pessoas podem se perguntar por que tratar fonética e fonologia em capítulos separados se ambas lidam com os sons usados na fala e muitos defendem que devam ser tratadas juntas. A decisão por separar fonética e fonologia decorre da perspectiva com que se estuda o som.

A fonética trabalha com os sons propriamente ditos, como eles são produzidos, percebidos e que aspectos físicos estão envolvidos em sua produção. A fonologia opera com a função e organização desses sons em sistemas. Por exemplo, a fonética discute a produção de sons como o 's', o 'm' e o 'r'. No entanto, em algumas línguas é possível que uma sílaba seja formada pela sequência desses sons no início de uma mesma sílaba (por exemplo, em serbo-croata *smrad* 'fedor'), enquanto em outras línguas essa sequência é evitada (por exemplo, em português, em que não há três sons consonantais seguidos numa mesma sílaba). Essas diferenças combinatórias são estudadas pela fonologia.

Pensemos ainda no caso dos surdos. As línguas de sinais não usam sons, mas ninguém pode negar que haja uma organização nos sinais usados, regras combinatórias para eles (por exemplo, é impossível, em língua de sinais, um sinal produzido pelas duas mãos com movimentos diferentes; ou as mãos estão em uma mesma configuração com um movimento simultâneo ou alternado, ou, se a configuração

10   Introdução à Linguística II

das mãos for diferente, uma está sempre parada, servindo de apoio para a mão em movimento - Karnopp 1999). Tanto os sinais quanto os sons são organizados e regulados por um sistema abstrato. Há regras que são gerais, universais (aplicam-se a todas as línguas) enquanto há outras regras que são particulares, características de cada língua individual. Cabe à fonologia o estudo desse sistema abstrato, tanto das regras universais como aquelas que caracterizam as diferentes línguas.

Retomando a discussão do primeiro volume, lembramos que Hjelmslev (1973) divide a língua em dois planos: expressão e conteúdo. A expressão corresponde ao significante e o conteúdo, ao significado. Hjelmslev também afirma que cada um desses planos contém uma substância e uma forma. Há uma substância da expressão e uma forma da expressão (e o mesmo se dá com o conteúdo). Se pensarmos nas línguas faladas, a substância da expressão são os sons propriamente ditos, a forma da expressão é o recorte e a organização destes sons num sistema. Podemos então dizer que a fonética opera com a substância da expressão e a fonologia, com a forma da expressão.

Este capítulo é dedicado à discussão sobre a produção dos sons ou, em termos hjelmslevianos, à substância da expressão.

2. Aspectos segmentais e suprassegmentais

Os estudos iniciais em fonologia privilegiaram seu caráter segmental, ou seja, sequências de sons discretos, segmentáveis, divisíveis, cujas propriedades são atribuídas a cada segmento. Acima desse nível segmental, reconhece-se um nível suprassegmental, onde não se situam segmentos discretos mas propriedades que se estendem por mais de um segmento, tendo valores relativos, não absolutos. Por exemplo, numa sentença como: *ele comeu bolo?*, temos uma sequência de sons *e-l-e-...* Cada um desses sons pode ser descrito: o primeiro *e* é uma vogal produzida com a boca meio fechada, os lábios estendidos, etc. Acima desses segmentos e se estendendo por eles está, por exemplo, a entonação de uma questão (*ele comeu bolo? vs ele comeu bolo.*). A entonação se estende por toda a sentença e não por apenas um segmento. Outro exemplo é a acentuação. As línguas procuram ser rítmicas, alternando sílabas fortes e fracas. Mas não há como se definir o que seja "forte". O "forte" é forte por oposição ao "fraco". Assim, numa palavra como *cavaleiro, ca* e *lei* são sílabas mais fortes por comparação com as sílabas *va* e *ro*. A acentuação tem, então, valores relativos (sua descrição depende da comparação entre sílabas), ao contrário dos segmentos, que têm valor absoluto (descrevem-se os segmentos sem levar em conta os segmentos seguintes).

Neste capítulo vamos nos ater a descrever os aspectos segmentais da cadeia sonora. As únicas exceções ficarão pela notação da divisão de sílabas e da sílaba mais acentuada de uma palavra.

Fonética 11

3. Unidade de estudo: fone

Como foi dito na seção anterior, este capítulo concentra-se no segmento. A unidade de análise, neste caso, é o som discreto e concreto. Como se viu, por discreto entende-se segmentável, divisível. Por exemplo, numa palavra como *pata* é possível distinguir a produção de quatro sons (*p-a-t-a*). Por concreto entende-se a realização concreta, material de um segmento, que pode ser medido fisicamente.

Esses segmentos, denominados fones, são unidades constituintes da linguagem humana que se caracterizam por serem as mínimas unidades discretas constituintes do sistema linguístico e se organizarem linearmente nas diversas línguas. Dizer que os segmentos são as unidades mínimas de análise não significa dizer que eles não possam ser decompostos em unidades menores. Os fones são formados por traços que se combinam. A diferença entre o nível dos fones (nível fonemático) e o nível dos traços é que, no nível dos fones, duas operações são possíveis, segmentação e substituição, enquanto no nível dos traços (merismático, de acordo com Benveniste 1976), apenas a substituição é possível. Por exemplo, o fone [p] tem, entre outros, os seguintes traços:

(1)   [p]:   + consonantal
              - vocálico
              - nasal
              - sonoro

Não é possível produzir um traço depois do outro (isto é, produzi-los linearmente, o que permite a segmentação). São necessários todos os traços juntos para formar o som [p]. Mas é possível substituir o valor de um traço. Se ao invés de [-sonoro] ocorrer o [+sonoro], o som representado é o [b].

Ao contrário dos traços, os fones são segmentáveis, isto é, podem ser separados numa sequência sonora. Essa segmentação só é possível dado o caráter linear dos segmentos. É impossível produzir dois segmentos ao mesmo tempo (muito embora possa haver uma sobreposição parcial entre eles). Por exemplo, não é possível produzir os quatro sons de 'pata' ao mesmo tempo. Um ocorre depois do outro. Além da operação de segmentação, também é possível a substituição. Por exemplo, no lugar de *pata*, podemos ter *cata*, *lata*, *bata*, substituindo o primeiro fone dessas palavras.

Vale lembrar algumas regras para a notação usada neste e nos próximos capítulos. Sempre que a palavra estiver em itálico, estaremos escrevendo-a de acordo com a transcrição ortográfica (a escrita comum). Quando transcrevemos foneticamente, os fones são colocados entre colchetes [ ]. Por exemplo, para a palavra *pata*, a transcrição fonética é ['pa.ta]. O ponto final marca a separação entre sílabas e o apóstrofo colocado antes de uma sílaba marca que ela é acentuada.

12   Introdução à Linguística II

4. Tipos de descrição de fones

Os fones podem ser descritos, basicamente, de três maneiras, que correspondem a três dimensões:

a. dimensão articulatória – motora;
b. dimensão auditiva – perceptual;
c. dimensão acústica – sinal acústico;

A dimensão articulatória é aquela que leva em conta o que se passa no aparelho fonador durante a produção de fones. A dimensão auditiva é aquela que considera a percepção do ouvinte e a dimensão acústica centra-se nas propriedades físicas da onda sonora que é produzida pelo ar ao passar pelo aparelho articulador.

Cada uma dessas dimensões é composta por três componentes que têm uma correspondência entre si (Couper-Kuhlen 1986). Acusticamente, a fala é formada por frequência (que se refere à vibração das moléculas do ar causadas por um objeto vibrante e cujo correlato auditivo é a altura, que distingue o grave e agudo); amplitude (que se refere ao deslocamento máximo de uma partícula de seu lugar de descanso e cujo correlato perceptual é a intensidade, que distingue o forte e fraco); e o tempo (que se refere ao momento em que os articuladores se movimentam para a produção de um segmento e cujo correlato auditivo é a duração, que distingue o breve e longo). A relação entre as dimensões está apontada em (2):

(2)

DIMENSÕES		
ARTICULATÓRIA	ACÚSTICA	AUDITIVA
Vibração das cordas vocais	Frequência fundamental	Altura
Esforço físico	Amplitude	Intensidade
Momento dos movimentos articulatórios	Tempo	Duração

É da relação desses três componentes que se discutem os aspectos segmentais, suprassegmentais, etc. Isto é, cada fone tem sua própria frequência fundamental e amplitude e, além do mais, se estende no tempo. No que se refere ao contorno entonacional, temos variações de altura em um enunciado. Um outro exemplo é a acentuação. Sílabas mais fortes tendem a ser mais altas, intensas e com duração maior do que sílabas fracas.

Como o objetivo deste capítulo é uma introdução à fonética, daremos atenção à dimensão articulatória, isto é, nossos estudos estarão concentrados nos aspectos fisiológicos da produção de sons.

5. Aparelho articulador

Para entender a produção dos sons, é necessário analisarmos as partes do corpo humano que estão envolvidas na produção dos sons da fala. Essas partes do corpo que compõem o aparelho fonador são: pulmões, traqueia, laringe, epiglote, cordas vocais, glote, faringe, véu palatino, palato duro, língua, dentes, lábios, mandíbula e cavidade nasal. Elas não têm, como função primária, a função de produção de fones, mas outras funções, como alimentação e respiração. Em (3), abaixo, temos uma figura que mostra algumas dessas partes envolvidas na fala:

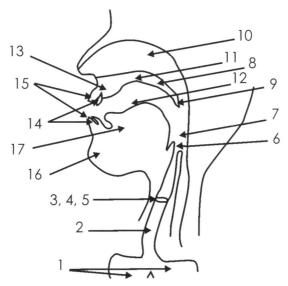

1. **pulmões:** são a principal fonte de ar para a produção de sons da fala (embora, como veremos em 7, haja outras fontes de ar utilizadas). Os pulmões são conectados à traqueia por dois tubos bronquiais.

2. **traqueia:** vai dos tubos bronquiais até a laringe e é responsável pela maior fonte de energia para a produção dos sons da fala. É formada por anéis cartilaginosos que se mantêm unidos por uma membrana.

3. **laringe:** trata-se de uma válvula cuja função principal é controlar o ar que sai e entra nos pulmões, além de impedir que alimentos entrem nos pulmões. É formada por várias cartilagens. Algumas dessas cartilagens se movimentam, entre elas as cartilagens a que se ligam as cordas vocais.

4. **cordas vocais:** não são cordas, mas ligamentos de tecido elástico que estão unidos às cartilagens aritenoides (na parte de trás, chamada de posterior, da laringe) e à tireoide (localizada na parte da frente, chamada de anterior,

da laringe). Dessa maneira, as cordas vocais são fixas na tireoide e seu movimento de abertura se dá pelo movimento das cartilagens aritenoides. A abertura ou fechamento dessas cartilagens faz com que as cordas vocais se abram ou fechem em diferentes graus, provocando alterações na corrente de ar que vem do pulmão (o que provoca diferentes modos de fonação, como veremos em 7). Uma sugestão para ver as cordas vocais em ação é assistir a um vídeo de laringoscopia.

5. **glote:** é o espaço, a abertura entre as cordas vocais, que pode assumir diferentes formas, a depender da posição das cordas vocais.

6. **epiglote:** cartilagem em forma de colher cuja função é fechar a laringe de modo que o alimento não entre na laringe e, portanto, nos pulmões.

7. **faringe:** é um tubo muscular com forma de um cone invertido, que vai da glote à base do crânio. Através dele ocorre a passagem do ar para a respiração e para a fonação (via traqueia) e do alimento ingerido (via esôfago). Ela se divide em orofaringe (que vai da glote até o véu palatino) e nasofaringe (do véu palatino até as fossas nasais).

8. **véu palatino:** também conhecido como palato mole. Trata-se da continuação do céu da boca (escorregue a língua pelo céu da boca que é possível sentir quando não há mais osso, o que deixa o tecido muscular mole). Esse tecido muscular termina na úvula. Ele se move para cima de modo a impedir a passagem do ar pela cavidade nasal, permitindo sua passagem apenas pela cavidade oral. Quando o véu palatino está abaixado, a passagem velofaringal encontra-se aberta e o ar pode passar pela cavidade nasal.

9. **úvula:** a conhecida "campainha". Trata-se de um prolongamento do véu palatino.

10. **cavidade nasal:** o espaço entre a passagem velofaringal e as fossas nasais. Quando o véu palatino está abaixado, o ar transita por essa passagem. É separado da cavidade oral pelo palato duro.

11. **palato duro:** parte superior da cavidade bucal, fica à frente do véu palatino, logo atrás da arcada alveolar. É fixa e óssea. Também é conhecida como abóbada. Ocupa dois terços do palato.

12. **cavidade oral:** formada pelos lábios, dentes, mandíbula e língua. Dentro dela destacam-se, ainda, os alvéolos.

13. **arcada alveolar:** parte óssea atrás dos dentes superiores, antes do palato duro.

14. **dentes:** influem na fonação porque podem impedir, total ou parcialmente, a passagem de ar.

15. **lábios:** duas pregas que marcam o final da cavidade oral e do trato vocal. Sua constituição muscular permite grande plasticidade e mobilidade, alterando a forma da cavidade oral.

16. **mandíbula:** ou maxilar inferior. Graças a sua mobilidade, permite também alterações na cavidade oral.

17. **língua:** trata-se de um grande músculo extremamente plástico e móvel responsável pelas maiores modificações do volume e da geometria da cavidade oral. Como diferentes partes da língua são utilizadas na produção dos sons da fala, cumpre identificá-las mais detalhadamente. Em (4) temos um corte sagital do trato vocal com as diferentes partes da língua identificadas: 1. ponta da língua, 2. lâmina, 3. centro, 4. dorso, 5. raiz e 6. sublâmina.

(4)

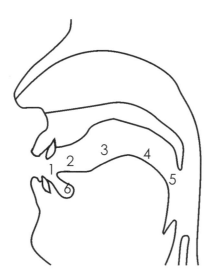

6. Mecanismos para produção de correntes de ar

Como foi dito em 5, a principal fonte de ar para produção de sons vocais é o pulmão. Os sons do português, por exemplo, são produzidos pelo ar que sai dos pulmões em direção à boca quando o diafragma é movimentado para cima. No entanto, essa não é a única direção possível para o ar na produção dos sons nem os pulmões são a única fonte de ar para a fonação.

São duas as direções: egressiva e ingressiva. A direção egressiva é aquela em que o ar vai 'para fora' do corpo, enquanto a direção ingressiva é aquela em que o ar vai 'para dentro' do corpo. No caso do português, apenas temos sons cujo mecanismo é egressivo. Há, no entanto, línguas que usam mecanismos ingressivos, como igbo, por exemplo.

16   Introdução à Linguística II

As correntes de ar podem ser pulmonares, glotais ou velares. A corrente pulmonar é aquela que se inicia nos pulmões e é responsável, além da fonação, pelo ciclo respiratório. A corrente pulmonar egressiva é usada em todas as línguas. Exemplos de sons pulmonares egressivos são os utilizados no português. Segundo Clark e Yallop (1995), não há línguas que utilizem a corrente pulmonar ingressiva para a produção de sons distintivos (fonemas).

A corrente de ar glotal ou faringal usa o ar que está acima da glote fechada, e inicia a corrente de ar através do movimento da laringe para cima e para baixo. Os sons produzidos pela corrente glotal egressiva se dão quando são produzidos pelo movimento dos músculos da laringe para cima e são normalmente conhecidos como ejetivos. Clark & Yallop (1995:17) mostram como perceber a produção desses sons: respire fundo e segure o ar fechando a glote; diga então [p], [t], [k] sem abrir a glote, usando apenas o ar comprimido pela laringe. Os sons resultantes não são sons do português. Os sons produzidos pela corrente de ar glotal ingressiva são realizados pelo movimento dos músculos da laringe para baixo e são conhecidos como implosivos. De fato, a laringe, com a glote fechada, é puxada para baixo e a pressão do ar que está presa entre a laringe e outra oclusão no trato vocal fica rarefeita. Quando a oclusão do trato vocal é desfeita, o ar de fora do trato vocal entra de modo a equilibrar a pressão do ar de dentro do trato vocal.

A corrente de ar velar ou oral é produzida dentro da cavidade oral por meio do levantamento da parte posterior da língua, que entra em contato com o véu palatino fechando a parte posterior da cavidade oral e, na parte anterior, pelo fechamento dos lábios ou pelo contacto da língua com o céu da boca. A corrente de ar velar ingressiva é conhecida como clique. Novamente, um exemplo de clique de Clark & Yallop (1995:18) nos ajuda a entendê-lo: a língua esta 'colada' no céu da boca. Quando ela se move para baixo, a corrente de ar produz um som como aquele realizado para indicar desaprovação, representado como *tst-tst* na linguagem escrita.

É possível também combinar os processos de produção da corrente de ar para a produção de sons, como, por exemplo, uma corrente pulmonar egressiva com uma corrente glotálica ingressiva. Neste caso, o que ocorre é que a laringe é puxada para baixo, criando uma corrente de ar glotálica ingressiva. Ao mesmo tempo uma corrente de ar pulmonar egressiva vai em direção às cordas vocais, apenas levemente fechadas, fazendo-as vibrar.

Resumindo, temos em (5) a combinação da fonte e da direção do ar, bem como exemplos de línguas que fazem uso fonológico (distintivo e combinatório) desse tipo de som (exemplos de Ladefoged & Maddieson 1996, Clark & Yallop 1992):

(5)

Iniciador da corrente de ar	Direção do ar	Línguas que se utilizam fonologicamente desses sons
Pulmonar	egressivo (plosivo)	todas as línguas
	ingressivo	não há línguas conhecidas
glotal ou faringal	egressivo (ejetivos)	haussá, haida, uduk, wintu...
	ingressivo (implosivo)	igbo, sindhi, lendu, maidu...
velar ou oral	egressivo	não há línguas conhecidas
	ingressivo (cliques)	nama, zulu, yei, dahalo, xhosa...

Por fim, deve-se ter em mente que o ar tem duas possibilidades de saída: pela boca (fones orais), pelo nariz (fones nasais) ou por ambos ao mesmo tempo (fones nasalizados). Para que o ar saia somente pela boca é necessário que o véu palatino esteja levantado, impedindo a saída do ar pela passagem nasofaringal. São fones orais, por exemplo, [b], [s], [a]. Quando a cavidade oral está fechada (quer nos lábios, quer nos dentes ou no palato) e o véu palatino está abaixado, permitindo que o ar passe pela passagem nasofaringal, temos os fones nasais (por exemplo, [n], [m]). Por fim, quando o véu palatino está abaixado e não há impedimento de saída de ar pela cavidade oral, temos os fones nasalizados (por exemplo [ã], [õ]).

7. Modos de fonação

Outro fator a ser considerado na produção dos fones é o modo de fonação. Laver (1994:184) define o termo fonação como "o uso do sistema laríngeo para gerar, com a ajuda da corrente de ar produzida pelo sistema respiratório, uma fonte audível de energia acústica que pode ser modificada pelas ações articulatórias do resto do aparelho vocal". Essas modificações são produzidas, principalmente, pelas cordas vocais. Em (6) está esquematizado um exemplo de passagem da corrente de ar (pulmonar de direção egressiva) pelas cordas vocais:

(6)

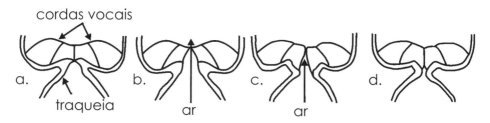

Em a) as cordas vocais estão fechadas, separando a traqueia da laringe. Em b) a pressão do ar vindo dos pulmões força as cordas vocais a se abrirem para que possa passar. Em c) as cordas vocais se reaproximam, encontrando-se novamente fechadas em d).

No entanto, deve-se ter em mente que o processo de abertura das cordas vocais é um *continuum*. Ladefoged (1975) distingue quatro grandes modos de fonação, que variam de acordo com a tensão e a abertura das cordas vocais. Esses modos de fonação também são conhecidos como qualificadores de voz.

Uma possibilidade de produção de sons é com as cordas vocais separadas (como quando há somente a respiração), com a glote aberta, deixando a passagem do ar livre, sem vibrar as cordas vocais. Neste caso temos o modo de fonação desvozeado, que caracteriza os sons surdos. Por exemplo, em português, o [s], [f], [p]. Se colocarmos a mão ao redor da garganta (para os homens, na altura do pomo de adão), notaremos que não há vibração. Uma outra maneira de "sentir" a vibração das cordas vocais é tampando as orelhas com as mãos enquanto se produz os sons (teste alternando *f* e *v*). Veja item a. da figura 7.

Por outro lado, mantendo a mão ao redor da garganta, se produzirmos [z], [v], [b], sentiremos a vibração provocada pela passagem do ar nas cordas vocais. É que, neste caso, as cordas vocais estão unidas e a glote fechada. A pressão do ar para passar pela abertura que está fechada faz as cordas vocais vibrarem (como vibra uma folha de papel quando a esticamos e assopramos uma de suas bordas). Esse é o modo de fonação vozeado, que produz sons sonoros (veja figura 7b).

Pode ocorrer também de as cordas vocais estarem não muito abertas, de modo que uma grande porção de ar passe, mas as cordas vibrem. Há duas posições possíveis para isso ocorrer. Ou as cordas vocais estão abertas em um dos lados (figura 7c) ou estão com uma pequena abertura por toda sua extensão (figura 7d). Este é o modo de fonação conhecido como murmúrio (muitas vezes distinguem-se esses modos como murmúrio e sussurro, respectivamente).

Por fim, um quarto tipo de fonação é o rangeado, típico das vozes graves. Neste caso, as cordas vocais estão tão fechadas próximo às cartilagens aritenoides que só é possível haver vibração próximo à cartilagem cricoide (figura 7e). Davenport & Yallas (1998) exemplificam esse modo de fonação como aquele que se produz ao imitar o som de uma porta não lubrificada fechando lentamente.

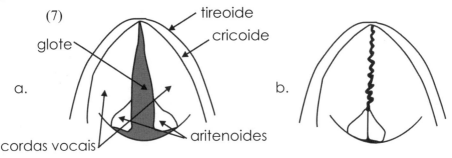

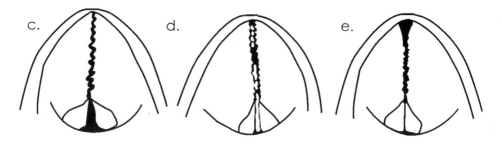

8. Mecanismos de produção de segmentos consonantais e vocálicos

Uma primeira distinção que fazemos dos fones produzidos é entre consoantes e vogais. Articulatoriamente, a diferença entre consoantes e vogais é que, para as consoantes, o ar é obstruído de alguma maneira, enquanto a passagem do ar é livre para as vogais. Se se produz [m], [t], [s], percebe-se que, no primeiro caso, há uma obstrução do ar nos lábios e o ar sai pelo nariz. No segundo caso, o ar é completamente obstruído por algum tempo nos dentes e depois é solto de uma vez. Para o [s], o ar não é obstruído na cavidade oral mas também não sai livremente. A língua deixa pouco espaço para o ar sair e este o faz numa espécie de fricção. Por outro lado, quando se produz [a], [i], [u], o ar sai livremente, não há nenhum articulador na cavidade oral que obstrua seu caminho.

8.1. As consoantes

As consoantes podem, então, ser classificadas pelo lugar ou ponto da obstrução do ar e pelo modo como o ar é obstruído. Um terceiro fator de classificação das consoantes é a vibração das cordas vocais.

Vejamos inicialmente os pontos de articulação. Os pontos de articulação são denominados de acordo com os articuladores passivos (lábio superior, dentes, arcada alveolar, palato duro, véu palatino, parede posterior da faringe, úvula e glote), sendo estes os lugares em que os articuladores ativos (língua, maxilar inferior) obstruem a passagem de ar. Deve-se lembrar que o trato vocal é um *continuum* que está sendo dividido nos lugares de produção. Desse modo, não há pontos fixos para a produção de sons. Por exemplo, o som [t] é produzido com a ponta da língua contra os alvéolos. Alguns falantes podem produzir esse som colocando a ponta da língua um pouco mais à frente, de modo a encostar também nos dentes superiores. Descrevemos abaixo os pontos de articulação, conforme são apresentados na tabela do alfabeto fonético da Associação Fonética Internacional (IPA). Na medida do possível, serão apresentados exemplos de palavras em português que utilizem esses sons. No entanto, alguns fones não são utilizados no sistema fonológico do português e, neste caso, os exemplos serão apenas de outras línguas.

a. bilabial: diga *pata*, *bata*, *mata*. O primeiro som de cada uma dessas palavras é produzido pela obstrução do ar pelos dois lábios. Os fones bilabiais são produzidos pelo fechamento ou estreitamento do espaço entre os lábios.

b. labiodental: há fones que são produzidos pela obstrução parcial da corrente de ar entre o lábio inferior e os dentes superiores. É, por exemplo, o caso dos primeiros sons das palavras *faca*, *vaca*.

c. dental: são os fones produzidos com a ponta da língua contra a parte de trás dos dentes superiores ou com a ponta da língua entre os dentes. É o caso do primeiro som do *the* 'o' do inglês.

d. alveolar: diga *data*, *NASA*, *Lara*. Nesses casos, os dois fones consonantais são produzidos com a ponta ou a lâmina da língua contra a arcada alveolar.

e. palatoalveolar: são fones também conhecidos como pós-alveolares ou alveolopalatais, pois são produzidos com a lâmina da língua contra a parte anterior do palato duro, logo após os alvéolos. São exemplos de sons palatoalveolares os primeiros sons de *chave*, *jaca*. Também são palatoalveolares os primeiros sons de *tia* e *dia* do dialeto carioca.

f. retroflexa: são os fones produzidos pela ponta da língua levantada e voltada para trás, de modo que a parte de baixo da língua (sublâmina) fique voltada em direção ao palato duro. É exemplo de fone retroflexo o 'r' caipira em *par*, por exemplo.

g. palatal: diga *calha*, *sanha*. O segundo fone consonantal de ambas as palavras é produzido com o centro da língua contra o palato duro.

h. velar: ao dizer *cata*, *gata*, o primeiro fone é produzido pelo dorso da língua contra o véu palatino. Também é exemplo de fone velar o som nasal em *angu*.

i. uvular: sons uvulares são aqueles produzidos pelo dorso da língua contra o véu palatino e a úvula. Por exemplo, o *orra* (de *orra, meu*) produzido por alguns dialetos paulistas.

j. faringal: são os sons produzidos pela raiz da língua contra a parede posterior da faringe. Um exemplo de som faringal é aquele som grave produzido quando "limpamos a garganta". Os sons faringais não são tão comuns nas línguas. Um exemplo de língua que se utiliza dos sons faringais é árabe. Trata-se, por exemplo, dos primeiros fones consonantais de *ewada* 'oásis' e *damaemam* 'banho'.

k. glotal: são os sons produzidos pelas cordas vocais. É exemplo de som glotálico o "r" produzido em Belo Horizonte para *carro* e *rua*.

A distinção dos pontos de articulação auxilia na descrição dos sons, mas não é suficiente, pois, por exemplo, classifica como do mesmo grupo os sons consonantais em *data, NASA, Lara*. Repetindo essas palavras, pode-se perceber que esses sons, embora iguais quanto ao ponto de articulação, são diferentes no que se refere à maneira como a corrente de ar sai, ou seja, o modo de articulação. Dessa forma, o modo de articulação também é importante para a descrição dos sons consonantais. São 8 os modos de articulação:

a. oclusivo: é o fone produzido pelo fechamento completo dos articuladores na cavidade oral de modo que o ar não possa escapar. O véu palatino também se encontra levantado, de modo que o ar não pode escapar pela cavidade nasal. Quando os articuladores se abrem, a corrente de ar sai como numa explosão (por isso, esses fones também são conhecidos como plosivos). São exemplos de sons oclusivos os fones consonantais em *cata, gaba*.

b. nasal: nos fones nasais, os articuladores da cavidade oral estão fechados, impedindo a passagem do ar. No entanto, o véu palatino está abaixado, permitindo que o ar escape pela cavidade nasal. Os fones consonantais em *manhã* e *Ana* são sons nasais.

c. vibrante: o fone produzido quando o articulador ativo bate várias e rápidas vezes no articulador passivo. Um exemplo é quando a ponta da língua bate várias vezes nos alvéolos. Por exemplo, em italiano o segundo fone consonantal de *carro* e o primeiro de *rana (rã)*. Também é encontrada no português europeu, para o primeiro fone de *rata*.

d. tepe: é também conhecido como flepe ou vibrante simples. Trata-se de um fone produzido pela batida rápida e única do articulador ativo no articulador passivo. Por exemplo, o segundo fone consonantal em *fora* e *fraca*.

e. fricativo: são os fones produzidos por uma aproximação dos articuladores, estreitando o trato vocal de modo que o ar sai produzindo fricção. Exemplos de sons fricativos são os fones consonantais de *fava, sã* e *chave*.

f. fricativo-lateral: são os fones em que a corrente de ar é obstruída no centro da parte anterior da cavidade oral fazendo com que o ar escape pelos lados. O estreitamento do aparelho fonador faz com que o ar que escapa saia produzindo fricção. Em inglês, é o segmento que normalmente ocorre em final de palavra, como em *fill* 'encher', ou antes de uma consoante, como em *film* 'filme'.

g. aproximante: são os fones produzidos por um estreitamento menor da cavidade oral, de modo que a corrente de ar sai mais livremente, sem a

22 Introdução à Linguística II

turbulência provocada nas fricativas. No inglês falado na Califórnia, é o segundo som de *sorrow* 'amargura'. Como a passagem de ar é estreita e livre, algumas aproximantes parecem vogais. É exemplo desse tipo de aproximante o segundo fone do ditongo *cai*. A discussão sobre esses fones será retomada quando se discutir as vogais.

h. aproximante-lateral: são os fones em que a corrente de ar é obstruída no centro da parte anterior da cavidade oral pela língua, mas o ar escapa pelas laterais sem causar fricção, e por isso são aproximantes (ao contrário das fricativas laterais, que têm fricção). É o caso do segundo fone consonantal em *calha* e *cala*, por exemplo.

Além desses modos de produção, cumpre descrever um outro, muito comum na literatura: as africadas. Elas são mais bem entendidas se analisamos que há dois modos de articulação envolvidos na produção desses sons. Inicialmente há uma obstrução completa dos articuladores e o véu palatino está levantado, impedindo a saída de ar pela cavidade nasal. Quando a corrente de ar é solta, ela não o é totalmente, os articuladores continuam próximos, fazendo com que a corrente de ar saia causando fricção. É como se tivéssemos uma oclusiva seguida de uma fricativa. Dizemos tratar-se de uma africada porque o ponto de articulação é o mesmo. São exemplos de africadas os primeiros sons de *tia* e *dia* do dialeto carioca.

Voltando aos exemplos *data*, *NASA*, *Lara*. Usemos, ainda, a notação ortográfica. Todos esses sons consonantais são alveolares. Pode-se dizer que [d] e [t] são oclusivos, [n] é nasal, [s] é fricativa, [l] é aproximante-lateral e [ɾ] é um tepe. Assim, graças à descrição do modo de articulação, subdividimos esses sons em cinco grupos. No entanto, ainda não é suficiente para uma descrição precisa de cada som, pois [d] e [t] são ambos oclusivos alveolares. Um terceiro fator deve ser levado em conta na descrição dos sons. Esse fator é a sonoridade ou vozeamento, isto é, a vibração ou não das cordas vocais. Quando as cordas vibram, temos os sons sonoros – como os sons consonantais de *gado*, *banha* e *janela*. Quando as cordas vocais não vibram, os sons são surdos – como os sons consonantais de *pata*, *caça* e *chapa*.

8.2. As vogais

As vogais, como já foi dito, são caracterizadas pela passagem relativamente mais livre do ar. Assim, não se pode classificá-las por ponto e modo de articulação (que significam o local onde o ar é obstruído e a maneira como ele o é). Os fones vocálicos (aqui *vocálicos* está sendo usado para identificar os sons das vogais em oposição às consoantes) são fones produzidos por uma corrente de ar pulmonar egressiva que faz vibrar as cordas vocais normalmente. O que varia nos fones vocálicos é a forma e o tamanho do trato vocal. No entanto, não é possível demarcar pontos onde esses sons são produzidos. Os fones vocálicos dependerão de três fatores: a altura do corpo da língua, posição anterior ou posterior da língua e o grau de arredondamento dos lábios.

A altura do corpo da língua diz respeito à altura que a língua ocupa no trato vocal durante a produção de um som. Quando se diz *i, e, é, a* nota-se que a língua vai baixando no trato vocal. Assim, o espaço vertical na cavidade oral para o escape de ar em [a] é maior do que em [i]. São quatro os graus de altura da língua:

a. alto: são os fones em que a língua está mais alta e, portanto, o trato vocal está mais fechado para o escape do ar. Por isso esses fones também são conhecidos como fechados. São exemplos de sons vocálicos altos os primeiros sons vocálicos em *chita* e *chuta*.

b. médio-alto: também conhecido como meio-fechado. Se assumirmos que podemos dividir a altura do corpo da língua em quatro graus, esses fones não são tão fechados. É, por exemplo, o caso dos primeiros fones vocálicos de *pera* e *poço*.

c. médio-baixo: novamente, se pensarmos na divisão em quatro graus, trata-se do terceiro nível de abertura. É também conhecido como meio-aberto. Os primeiros fones vocálicos de *peça* e *posso* são exemplos de fones vocálicos médio-baixos.

d. baixo: é o maior grau de abertura vertical, em que a língua se encontra mais baixa. É também conhecido como aberto. É exemplo de fone vocálico baixo o primeiro fone vocálico de *casa*.

Como é possível observar, somente a altura não é suficiente para a classificação dos fones vocálicos, pois não distingue os sons [i] e [u], ambos altos. Quando esses fones são pronunciados, percebe-se que há duas diferenças entre eles: a posição da língua e o arredondamento dos lábios.

A posição da língua é conhecida como o eixo horizontal da área vocálica, isso porque diz respeito à movimentação da língua para frente (anterior) ou para trás (posterior), o que altera a cavidade oral. São três as posições da língua:

a. anterior: a língua está projetada em direção dos lábios. São exemplos de fones anteriores os fones vocálicos de *casa, café* e *teste*.

b. central: a língua está em posição neutra, nem projetada para a frente, nem retraída. Por exemplo, o fone vocálico de *the* 'o' do inglês, e a primeira vogal de *cama*.

c. posterior: a língua está mais "retraída", em direção à faringe. São exemplos de fones posteriores os primeiros fones vocálicos de *posso, poço* e *tu*.

Por fim, o último aspecto a ser considerado na produção dos fones é o arredondamento dos lábios. Como foi dito, [i] e [u] não diferem apenas em relação à

24 Introdução à Linguística II

posição do corpo da língua mas também quanto ao arredondamento: [u] é produzido com os lábios arredondados, enquanto que em [i] os lábios estão estendidos, não arredondados. São essas as duas formas de protusão labial:

a. arredondados: por exemplo, os fones vocálicos em *ovo, urso* e *mostro*.

b. não arredondados: por exemplo, os fones vocálicos em *Ivete* e *Eva*.

Embora no sistema do português os fones posteriores sejam arredondados e os anteriores não arredondados, é possível a produção de fones posteriores não arredondados e anteriores arredondados. Diga o e tente não arredondar os lábios. Diga *i* arredondando os lábios (trata-se de um som utilizado no sistema do francês, como em *deux* 'dois' e *Saussure*).

Se cruzarmos todos os aspectos em questão, deveríamos encontrar 24 sons vocálicos (4 alturas x 3 posições x 2 arredondamentos). Devemos também lembrar, no entanto, que essas posições, essas alturas não são pontos fixos. Quando se diz *ovo*, os dois segmentos vocálicos não são iguais. O primeiro deles é um pouco mais baixo do que o segundo e a língua não é tão retraída. No entanto, não podemos dizer que este seja um [u] como em *uva*. O mesmo pode ser dito para os segmentos vocálicos de *dele*. O segundo fone vocálico não é tão baixo nem anterior como no primeiro, mas também não é alto como [i] em *Ivo*.

8.2.1. Os *glides*

Quando foram apresentados os modos de articulação das consoantes, disse-se que as aproximantes, por serem caracterizadas pela saída de ar mais livre e sem turbulência, muitas vezes parecem vogais. Na ortografia, são descritos em português como a segunda vogal em *cai* e *mau*. Inicialmente deve-se chamar a atenção que nem todo aproximante parece-se com uma vogal (veja o exemplo em 8.1 para aproximante).

A distinção entre essas aproximantes que parecem vogais (conhecidas como *glides* ou semivogais) é muito mais fonológica do que fonética. Foneticamente, esses fones se caracterizam por permitirem a passagem do ar sem obstrução e sem fricção, com ressonância no centro do trato vocal (ao invés das laterais) e por terem um espaço vertical para a passagem do ar mais estreito do que as vogais a que são associados (como em *xixi* e *urubu*). Fonologicamente, essas aproximantes se comportam como consoantes, isto é, não preenchem posições de núcleo da sílaba e nunca são acentuadas. Em português temos a aproximante palatal (em *cai*) e a aproximante labiovelar (em *mau*). Em inglês, tem-se essas aproximantes em *yes* 'sim' e *wet* 'molhado'. Em francês, ocorre a aproximante labiopalatal vozeada em *lui* 'ele'.

8.3. O aparelho vocal e os sons consonantais e vocálicos

Se observarmos o aparelho vocal e os aspectos que são considerados tanto na produção dos sons vocálicos quanto dos consonantais, temos o seguinte, em (8):

(8)

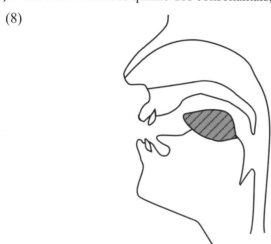

A parte rachurada do desenho indica o local de produção das vogais. É possível observar uma correlação entre as vogais anteriores e as consoantes produzidas na região dos sons palatais. Do mesmo modo, as vogais posteriores estão na mesma zona do que os sons consonantais produzidos pelo ponto de articulação velar.

9. Alfabeto Fonético Internacional

Uma pergunta que normalmente as pessoas se fazem é: por que usar, para representar os sons nos estudos de fonética, um alfabeto diferente do alfabeto que usamos para escrever? A resposta é simples. Uma vez que a fonética lida com a substância da expressão, deve-se tentar registrá-la o mais fielmente possível. São várias as razões para utilizarmos um alfabeto diferente do alfabeto ortográfico.

Em primeiro lugar, qualquer pessoa já deparou com problemas ortográficos do tipo: *haja* tem ou não *h*? *jiló* é com *g* ou *j*? As crianças, que estão aprendendo a grafia, escrevem *xícara* com *ch*, *exame* com *z*, *malha* com *lia*. Isso ocorre porque, na ortografia, um som não necessariamente corresponde a uma letra. Vejamos: a letra *x* tem diferentes pronúncias (*exame*, *xícara*), o *s* pode ser como em *sapo* ou em *asa*. Por outro lado, assim como temos uma letra que corresponde a mais de um som, um som pode corresponder a mais de uma letra. Por exemplo, o primeiro

26 Introdução à Linguística II

som da palavra *zebra* pode ser grafado como *z* (*zéfiro*), *s* (*mesa*) ou *x* (*exame*). O primeiro som da palavra *rato* ora é grafado com um *r* (*rio*), ora com *rr* (*carro*); o primeiro som de *sapo* é escrito ortograficamente como *s* (*seis*), *ss* (*passa*), *ç* (*caça*), *x* (*auxílio*). Por fim, há muitos casos em que se usa uma combinação de letras para indicar um determinado som (por exemplo, *nh*, *lh*, *ch*), em que uma única letra que representa mais de um som (*x* para se*x*o) e em que se utilizam letras que não têm correspondente sonoro algum (por exemplo, o *h* em *hospital*).

Uma outra razão para a utilização de um alfabeto fonético é que, ao operar com a substância da expressão, temos que tentar ser o mais fiel possível a essa realidade. O alfabeto ortográfico já é uma abstração. Ninguém escreve como fala. A palavra *porta* é grafada igualmente por cariocas, piracicabanos e gaúchos; no entanto, cada um pronuncia esse *r* de maneira diferente. Essa abstração é importante para a uniformização e o entendimento (preocupação com o conteúdo), mas, se a preocupação é com a expressão, deve-se tentar identificar cada som diferente.

É por isso que se faz uso de um alfabeto fonético, que visa a notar mais precisamente cada som. Por exemplo, como foi mostrado na discussão sobre as vogais, a segunda vogal de *ovo* não é igual à primeira, assemelha-se a um [u], mas também não é como a primeira vogal de *uva*. Essa segunda vogal de *ovo* é mais central do que a vogal [u] e um pouco mais alta do que a vogal [o]. Há um símbolo único para descrever esse som: [ʊ]. A mesma coisa ocorre com a segunda vogal de *sete*. Ela não é baixa como um [e] nem é tão alta e anterior como um [i]. Seu símbolo é o [ɪ]. No caso dos ditongos, a posição da vogal não acentuada leva os estudiosos a analisá-las como aproximantes, e por isso tem-se *seu* [sew] e *muito* ['mũj.tʊ].

Toda essa preocupação em descrever cada som não significa que, mesmo neste tipo de alfabeto, não haja uma generalização dos sons. Por exemplo, usa-se o [t] para notar o primeiro som da palavra *tacape* e [tʃ] para grafar o primeiro som de *tia*. No entanto, pode ocorrer de certas pessoas produzirem o [t] colocando a ponta da língua entre os dentes e alvéolos, como o fazem os gaúchos. Neste caso, acrescenta-se um diacrítico [t̪] para marcar a posição, se o intuito for uma transcrição mais detalhada, ou simplesmente se usa [t], caso uma descrição mais geral seja suficiente. Os diacríticos servem também para marcar outros fenômenos envolvidos na produção de fones. Por exemplo, quando sussurramos uma palavra como *tendência*, o [d], que é sonoro, é produzido desvozeado. Para marcar esse desvozeamento, usa-se um outro diacrítico junto com o símbolo [d̥].

Em (9) abaixo, encontra-se a tabela fonética internacional (IPA) com a revisão de 1993 e atualização de 1996. A tabela é organizada de acordo com os traços envolvidos na produção dos sons, isto é, para as consoantes, leva-se em conta o modo de produção, o lugar de produção e a vibração ou não das cordas vocais (surdas ou sonoras). Para as vogais, leva-se em conta o grau de abertura, o grau de arredondamento dos lábios e a posição relativa da língua na boca. Na seção (1) foi apresentada a descrição desses traços com alguns exemplos; na tabela abaixo encontram-se os símbolos correspondentes aos sons que são produzidos pela conjunção dos traços. Note que alguns dos sons discutidos estão anotados sob *outros símbolos*.

(9) O Alfabeto Fonético Internacional (adaptado de Silva 1999)

Consoantes (mecanismo de corrente de ar pulmonar)

	bilabial	lábiodental	dental	alveolar	pós-alveolar	retroflexa	palatal	velar	uvular	faringal	glotal
Oclusiva	p b			t d		ʈ ɖ	c ɟ	k g	q G		ʔ
Nasal	m	ɱ		n		ɳ	ɲ	ŋ	N		
Vibrante	B			r					R		
Tepe (ou flepe)				ɾ		ɽ					
Fricativa	Φ β	f v	θ ð	s z	ʃ ʒ	ʂ ʐ	ç ʝ	x ɣ	χ ʁ	ħ ʕ	h ɦ
Fricativa lateral				ɬ ɮ							
Aproximante		ʋ		ɹ		ɻ	j	ɰ			
Aprox. lateral				l		ɭ	ʎ	L			

Em pares de símbolos tem-se que o símbolo da direita representa uma consoante vozeada. Acredita-se serem impossíveis as articulações nas áreas sombreadas.

Consoantes (mecanismo de corrente de ar não pulmonar)

Cliques	Implosivas vozeantes	Ejectivas
ʘ bilabial	ɓ bilabial	ʼ como em
ǀ dental	ɗ dental/alveolar	pʼ bilabial
ǃ pós-alveolar	ʄ palatal	tʼ dental/alveolar
ǂ palatoalveolar	ɠ velar	kʼ velar
ǁ lateral alveolar	ʛ uvular	sʼ fricativa alveolar

Vogais

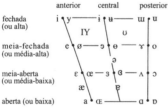

Quando os símbolos aparecem em pares, aquele da direita representa uma vogal arredondada.

Outros símbolos

ʍ	fricativa labiovelar desvozeada	ɕ ʑ	fricativas vozeadas alveolopalatais
w	aproximadamente labiovelar vozeada	ɺ	flepe alveolar lateral
ɥ	aproximadamente labiopalatal vozeada	ɧ	articulação simultânea de ʃ e X
H	fricativa epiglotal desvozeada		
ʕ	fricativa epiglotal vozeada	Para representar consoantes africadas e uma articulação dupla utiliza-se um elo ligando os dois símbolos em questão.	
ʡ	oclusiva epiglotal	k͡p t͡s	

Suprasegmentos

ˈ	acento primário
ˌ	acento secundário
	ˌkavaˈlejɾʊ
ː	longa eː
ˑ	semilonga eˑ
˘	muito breve ĕ
.	divisão silábica ɹi.ækt
|	grupo acentual menor
‖	grupo entonativo principal
‿	ligação (ausência de divisão)

Tons e acentos nas palavras

Diacríticos Pode-se colocar um diacrítico acima de símbolos cuja representação seja prolongada na parte inferior, por exemplo ŋ̊

˚ desvozeado	n̥ d̥	̈ voz. sussurrada	b̈ ä	̪ dental	t̪ d̪
ˬ vozeada	s̬ t̬	̰ voz tremulante	b̰ a̰	̺ apical	t̺ d̺
ʰ aspirada	tʰ dʰ	̼ linguolabial	t̼ d̼	̻ laminal	t̻ d̻
̹ mais arred.	ɔ̹	ʷ labializado	tʷ dʷ	̃ nasalizado	ẽ
̜ menos arred.	ɔ̜	ʲ palatalizado	tʲ dʲ	ⁿ soltura nasal	dⁿ
̟ avançado	u̟	ˠ velarizado	tˠ dˠ	ˡ soltura lateral	dˡ
̠ retraído	e̠	ˤ faringalizado	tˤ dˤ	̚ soltura não audível	d̚
̈ centralizada	ë	̴ velarizada ou faringalizada	ɫ		
ˣ centraliz. média	ė	̝ levantada	e̝ (ɹ̝ = fricativa bilabial vozeada)		
̩ silábica	n̩	̞ abaixada	e̞ (β̞ = aproximante alveolar vozeada)		
̯ não silábica	e̯	̘ raiz da língua avançada	e̘		
˞ roticização	ɚ ɑ˞	̙ raiz da língua retraída	e̙		

28   Introdução à Linguística II

Exercícios

(alguns dos exercícios foram adaptados de Davenport & Hannahs 1998)

1. Dê cinco exemplos de palavras que têm mais sons do que letras e outros cinco exemplos de palavras que são grafadas com mais letras do que sons. Por exemplo, *hotel* tem cinco letras (h-o-t-e-l) e quatro sons [o.ˈtɛw].

2. Considerando os seguintes dados de uma língua hipotética, faça um quadro fonético dos sons dessa língua registrando-os de acordo com os seguintes critérios de classificação: para as consoantes, ponto de articulação, modo de articulação e sonoridade; para as vogais, grau de abertura, posição do ponto de constrição máximo e presença de arredondamento dos lábios.

a. [saɲa] 'homem'

b. [eca] 'raiz'

c. [taŋza] 'flor'

d. [tatsa] 'pó'

e. [ece] 'árvore'

f. [esa] 'folha'

g. [zama] 'semente'

h. [tadza] 'galho'

i. [csaɲa] 'pétala'

3. Escreva ortograficamente as seguintes palavras do português, aqui transcritas foneticamente:

a. [dʒɪ.ˈsẽj̃.tʃɪ]

b. [xɛs.ˈtʃĩɲ.gɐ]

c. [frã.ki.ˈah]

d. [ĩ.bɾu.ˈʎa.dʊ]

e. [ˈow.sɐ]

f. [ˈsɛ.dʒɪ]

g. [bʃ.ˈkoj.tʊ]

h. [pex.se.gi.ˈdo.ɾɪs]

i. [se.ˈgi.ɾẽj̃]

j. [zˈbɛw.tɐ]

4. Circule o símbolo adequado à transcrição fonética *fricativa labiodental surda*.

a. [s]

b. [f]

c. [v]

d. [x]

5. O símbolo fonético para uma oclusiva bilabial sonora é _____.

6. Qual a descrição correta para o som [v]?

a. Fricativa bilabial sonora

b. Africada labiodental surda

c. Fricativa labiodental sonora

d. Fricativa dental surda

Fonética   29

7. Qual a descrição correta para o som [u]?

    a. vogal alta anterior arredondada

    b. vogal média posterior não arredondada

    c. vogal alta posterior arredondada

    d. vogal baixa anterior arredondada

8. Escreva o símbolo fonético para cada uma das descrições articulatórias.

    a. vogal média-baixa anterior não arredondada = _____

    b. oclusiva bilabial sonora = _____

    c. nasal alveolar = _____

9. Transcreva ortograficamente as palavras transcritas foneticamente e, depois, transcreva foneticamente as transcritas ortograficamente.

    a. [oxoˈrɔzɐ]

    b. [ˈõw̃tẽj]

    c. [ẽjgə̃ˈʃadʊ]

    d. [dʒjaˈristɐ]

    e. [amə̃ˈɲə̃]

    f. [kõw̃ˈdadʊ]

    g. [buˈʃeʃɐ]

    h. [dʒisˈtʃinʊ]

    i. [fə̃ˈmiʎa]

    j. [ɪsˈterɐ]

    k. pergaminho

    l. milharal

    m. porco

    n. trabalhar

    o. vareta

    p. cinto

    q. nadar

    r. altitude

    s. queijo

    t. amarrado

10. Em cada uma das palavras abaixo há um som grifado. Transcreva-as foneticamente e diga, para cada par de palavras, qual a diferença entre os fones grifados. Por exemplo, entre *pata* e *bata*, que foneticamente são transcritas como [ˈpa.tɐ] e [ˈba.tɐ], a diferença está no vozeamento.

    a. porta / porca

    b. cabelo / camelo

    c. bago / gago

    d. cama / cana

    e. pó / pé

    f. velha / vela

    g. caça / casa

    h. sonho / sono

    i. céu / seu

    j. calo / caro

30   Introdução à Linguística II

11. Identifique a diferença na articulação entre os grupos de fones. Por exemplo, [f θ] são fricativas e [ʎ L] são aproximantes.

a. [k g p]   vs   [θ ð x]

b. [Œ ø o]   vs   [e ɑ ɨ]

c. [p ɸ]   vs   [ʒ ʎ]

d. [ɯ i]   vs   [a ɑ]

e. [n l r]   vs   [t x s]

f. [p b m]   vs   [t d n]

g. [y u ʊ ɔ]   vs   [i ɛ əæ]

Bibliografia

BENVENISTE, E. (1976). *Problemas de linguística geral.* Companhia Editora Nacional, São Paulo.

CLARK, J. & C. YALLOP (1992). *An Introduction to Phonetics and Phonology.* Blackwell Publishers, Oxford.

COUPER-KUHLEN, E. (1986). *An Introduction to English Prosody.* Edward Arnold Publishers, London.

DAVENPORT, M. & S. J. HANNAHS (1998). *Introducing Phonetics & Phonology.* Arnold ed., London.

HJELMSLEV, L. (1973). *Prolegômenos a uma teoria da linguagem.* Perspectiva, São Paulo.

KARNOPP, L. (1999). *Aquisição fonológica na língua brasileira de sinais: estudo longitudinal de uma criança surda.* Tese de doutorado não publicada. PUCRS, Porto Alegre.

LADEFOGED, P. (1975). *A Course in Phonetics.* Harcourt Brace Jovanovich Inc., New York.

LADEFOGED, P & I. MADDIESON (1996). *The Sounds of the World's Languages.* Blackwell Publishers, Oxford.

LAVER, J. (1994). *Principles of Phonetics.* Cambridge University Press, Cambridge.

Sugestão de leitura

CAGLIARI, L.C. & G. MASSINI-CAGLIARI (2001). 'Fonética'. In: MUSSALIN & BENTES (ed.) *Introdução à Linguística I: domínios e fronteiras.* Cortez Ed., São Paulo.
Neste artigo os autores apresentam os conceitos básicos da fonética articulatória e acústica, discutindo aspectos segmentais e suprassegmentais.

DAVENPORT, M. & S. J. HANNAHS (1998). *Introducing Phonetics & Phonology.* Arnold ed., London.
Este livro, além de discutir os princípios da fonética e fonologia, traz exercícios para cada tópico tratado.

KARNOPP, L. (1999). *Aquisição fonológica na língua brasileira de sinais: estudo longitudinal de uma criança surda.* Tese de doutorado não publicada. PUC-RS, Porto Alegre.
Trata-se de uma tese que discute a aquisição da fonologia da língua de sinais brasileira.

LADEFOGED, P. (1975). *A course in Phonetics.* Harcourt Brace Jovanovich Inc., New York.

É difícil falar de fonética sem falar de Ladefoged. Trata-se de um livro texto, introdutório, mas que trata com mais atenção do inglês. Há, no entanto, discussão sobre outras línguas e exercícios no final dos capítulos.

MAIA, E. M. (1999). *No reino da fala.* 4ª. edição. ed. Ática, São Paulo.

A autora discute os princípios da fonética, tanto articulatória quanto acústica, de maneira clara e didática.

SILVA, T. C. (1999). *Fonética e Fonologia do Português – roteiro de estudos e guia de exercícios.* ed. Contexto, São Paulo.

A autora discute os aspectos fonéticos e fonológicos do português brasileiro, trazendo também exercícios ao final de cada capítulo. Os livros da segunda edição vêm acompanhados por um cd com a gravação dos sons da tabela IPA.

http://www.sil.org

Neste site é possível fazer o download das fontes do Alfabeto Fonético Internacional. É também possível ouvir os sons representados (basta clicar no símbolo que se quer).

Para a observação das pregas vocais em movimento, sugerimos uma busca nos sites da internet. Vários deles mostram vídeos com a movimentação das pregas vocais na produção de fones.

Fonologia

Paulo Chagas de Souza
Raquel Santana Santos

— A propósito, o que houve com o bebê? – disse o Gato. – Quase ia me esquecendo de perguntar.

— Transformou-se num leitão – respondeu Alice tranquilamente, como se o Gato tivesse voltado de modo natural.

— Era o que eu pensava – disse o Gato, e esvaneceu-se outra vez.

Alice esperou mais um pouco, na expectativa de vê-lo ainda, mas ele não apareceu. Depois de algum tempo caminhou na direção onde morava a Lebre de Março. "Já vi chapeleiros antes" – ela pensou. – A Lebre de Março deve ser ainda mais interessante, e depois, como estamos em maio, talvez ela não esteja delirando ... pelo menos não estará tão louca quanto em março." Enquanto murmurava isso, levantou a vista e lá estava o gato outra vez, sentado num galho de árvore.

— Você disse "leitão" ou "letão"?

— Eu disse "leitão" – respondeu Alice, acrescentando: – Gostaria que você não aparecesse ou sumisse tão de repente.

Lewis Carroll. *Alice no País das Maravilhas.*

1. Aspectos segmentais e suprassegmentais

Como vimos no capítulo anterior, os sons podem se distinguir uns dos outros por propriedades que detectamos em cada um deles ou por propriedades que só podemos detectar sintagmaticamente. Entre as primeiras se encontram o modo de articulação, os articuladores que o produzem (ativo e passivo). Entre as que somente são detectadas sintagmaticamente, temos o fato de um som ser prolongado ou não, ser agudo ou grave (correspondentes respectivamente na linguagem cotidiana a sons mais finos ou mais grossos). As primeiras são as propriedades segmentais e as demais são as propriedades suprassegmentais ou prosódicas.

Entre as propriedades suprassegmentais encontramos o acento e os tons. O acento, familiar a nós falantes de português, pode ser manifestado por qualquer um dos três tipos de propriedades acústicas vistas no capítulo anterior (altura, intensidade e duração), ou por uma combinação de mais de um tipo dessas propriedades. Os tons se relacionam basicamente à altura do som (no sentido de ser um som relativamente agudo ou relativamente grave).

Ambos os tipos de propriedades suprassegmentais podem ter a importante função de distinguir itens lexicais. Numa língua como o português, o acento pode ter uma função distintiva. Assim, em palavras como *sábia, sabia* e *sabiá*, a acentuação distingue o significado delas.

34   Introdução à Linguística II

Em outras línguas, são os tons que distinguem significado e não a acentuação. É como se *caju*, pronunciado com entoação descendente, e *caju?*, que tem entoação ascendente, em vez de serem a mesma palavra utilizada como asserção e como interrogação, pudessem apresentar significados distintos. Se adotarmos a convenção de utilizar o acento agudo para indicar um tom alto e o acento grave para indicar um tom baixo, essas duas formas de pronunciar a palavra *caju* poderiam ser representadas, respectivamente, por *cájù* e *càjú*.

Como exemplo de língua que usa os tons distintivamente, temos o japonês. Simplificando um pouco e adotando a mesma convenção do parágrafo anterior, temos em japonês pares de palavras como *háshì* e *hàshí*, em que o primeiro significa 'palitinhos usados para comer' e o outro significa 'ponte'. Outro exemplo é o par *ímà* 'agora' e *ìmá* 'quarto'. Embora esses dois tipos de propriedades suprassegmentais sejam extremamente importantes no estudo da fonologia das línguas naturais, por questão de espaço, eles serão deixados de lado aqui neste capítulo, que é uma introdução à análise fonológica.

Assim como foi feito no capítulo anterior, portanto, neste também o foco estará nas propriedades segmentais da cadeia sonora.

2. Unidade de estudo: o fonema

Uma afirmação fundamental de Saussure em relação à linguística e ao seu objeto é a de que "o ponto de vista cria o objeto" (CLG 1969: 15). O que isso quer dizer é que maneiras diversas de estudar um mesmo objeto, por conter perguntas diferentes com relação a ele, nos levarão a obter visões diversas desse objeto. Podemos aplicar isso com relação aos sons utilizados nas línguas naturais. Mantendo constante o nosso objeto do estudo, os sons nas línguas naturais, podemos fazer indagações bastante diversas quanto a sua natureza, e assim, o quadro que teremos dos sons poderá nos revelar propriedades bastante distintas a respeito deles.

Embora este capítulo e o anterior tenham em comum o tipo de características da cadeia sonora que será enfocado, seus aspectos segmentais, a forma de abordar esses aspectos difere de maneira significativa de um para outro. No capítulo anterior, estudamos os sons de uma perspectiva fonética, ou seja, privilegiando as características físicas e fisiológicas envolvidas em sua produção. Neste, o ponto de vista será outro.

Como a língua é um sistema de signos, embora possamos em princípio estudar os significantes por si sós (enfocando apenas suas propriedades físicas, por exemplo), o estudo das relações existentes entre o significante e o significado, ou entre o plano da expressão e o plano do conteúdo, apresenta um caráter mais marcadamente linguístico, pois toca na relação fundamental dos sistemas linguísticos, a função semiótica. Assim, os sons não são vistos apenas como sons em si mesmos, mas em termos das relações que estabelecem entre si e das relações que os unem ao plano do conteúdo.

Essa relação está na base da análise vista no primeiro volume, feita por Martinet, segundo a qual a língua é caracterizada como sendo dotada da chamada dupla articulação, isto é, da possibilidade de a sua cadeia sonora ser decomposta de duas maneiras distintas. Como foi visto, a primeira forma de decomposição de um enunciado chega às suas menores unidades dotadas de significado, os morfemas. Esse tipo de análise será feito no capítulo que trata da morfologia. Já a segunda forma de decomposição de um enunciado chega aos fonemas, as suas menores unidades linearmente segmentáveis, não dotadas de significado, mas que permitem a distinção de significado. Esse tipo de análise será feito neste capítulo.

Voltando brevemente ao ponto de vista adotado no capítulo anterior, podemos estudar os sons de uma língua natural de uma forma mais concreta, observando inicialmente apenas quais são os sons ou fones que ocorrem nessa língua. Digamos que seja feito um levantamento dos sons oclusivos produzidos numa determinada língua e se observe que essa língua apresenta os sons [p, b; t, d; k, g]. Podemos afirmar por enquanto que essa língua apresenta seis fones oclusivos, três surdos e três sonoros. O simples fato de apresentar esses sons nas diversas manifestações da cadeia sonora, no entanto, não nos indica como funcionam esses sons no interior da língua em questão. Qual será, então, a rede de relações existente entre esses sons dentro dessa língua específica?

Uma possibilidade bastante comum, que é a que se verifica no português, é a de que cada um dos fones desses pares separados por ponto e vírgula possa ser utilizado para distinguir significado entre si. Comparando pares de palavras como *par* e *bar*, *tom* e *dom*, e *cola* e *gola*, verificamos que, em cada um deles, o fato de trocarmos a consoante oclusiva surda inicial pela sonora com o mesmo ponto de articulação produz uma alteração de significado. Podemos dizer que, numa língua desse tipo, além de conterem fones diferentes, cada um dos pares [p, b], [t, d] e [k, g] contém realizações de dois fonemas diferentes. A outra possibilidade é a de esses três pares de sons não poderem distinguir significado na língua em questão. Em campa, uma língua falada no Peru, encontramos exemplos como os seguintes: a palavra 'ar' apresenta as formas ['tampia] e ['tambia], e a palavra 'feijão' apresenta as formas [ma'tʃaki] e [ma'tʃagi]. Em ambas as palavras a troca de uma oclusiva surda por uma sonora e vice-versa não provoca alteração de significado, ou seja, essa variação não é distintiva. Se não houver nessa língua nenhum caso em que ela distinga significado, diremos que pares como [p, b], por exemplo, não são constituídos de dois fonemas distintos.

Vejamos um exemplo que compara a situação do português do Brasil com outra língua próxima, o italiano. Se observamos as palavras que são grafadas com *ti*, percebemos que há diferença de pronúncia de certas regiões para outras do Brasil. Na cidade de São Paulo e no Rio de Janeiro, por exemplo, predomina a pronúncia que normalmente grafaríamos *tchi*, mas que em transcrição fonética seria [tʃi] ou [t͡ʃi]. O som produzido antes de [i] não é o mesmo produzido antes de [a, e, ɛ, ɔ, o, u]. Mas regiões como o estado de Pernambuco, por exemplo, têm como pronúncia mais comum aquela em que o som [t] ocorre antes de qualquer

36 Introdução à Linguística II

vogal, inclusive antes de [i]. Ou seja, esse é o som que nós transcreveríamos como [t] em todas as situações.

Se compararmos a situação encontrada no português com a encontrada em italiano, por exemplo, veremos que elas são diferentes. Circunscrevendo a nossa observação aos sons [t, tʃ, d, dʒ], a princípio pode parecer que o funcionamento desse conjunto de sons é igual nas duas línguas. Todos os quatro ocorrem em português e em italiano, como vemos nos exemplos a seguir:

Português:

direto [dʒiˈrɛtʊ]   dois [ˈdoɪs]   tigre [ˈtʃigɾɪ]   ator [aˈtor]

Italiano:

cinema [ˈtʃinema]   testa [ˈtɛsta]   titolo [ˈtitolo]   cielo [ˈtʃɛlo]
dire [ˈdiɾe]   giusto [ˈdʒusto]   gente [ˈdʒɛnte]

Apesar dessa semelhança em termos mais superficiais, a de os sons simplesmente ocorrerem ou não na língua em análise, há uma diferença importante: em italiano encontramos pares como *tintura* [tinˈtuɾa] 'tinta' e *cintura* [tʃinˈtuɾa] 'cinto', por um lado, e *adire* [aˈdiɾe] 'comparecer' e *agire* [aˈdʒiɾe] 'agir', por outro. Isso nos indica que nos pares [t, tʃ] e [d, dʒ] temos distinção de significado, portanto, esses sons são fonemas diferentes em italiano. Podemos assinalar esse fato nos referindo aos fonemas /t/, /d/, /tʃ/ e /dʒ/. Observem que distinguimos os fones, que são transcritos entre colchetes [...], dos fonemas, que são transcritos entre barras /.../. Assim, em português, [t, tʃ] não são fonemas diferentes, são realizações distintas do mesmo fonema. A mesma coisa ocorre com [d, dʒ].

Em suma: dois sons diferentes mas materialmente semelhantes podem funcionar como se fossem o mesmo elemento ou como se fossem elementos diferentes. É o que Saussure tinha em mente quando elaborou o conceito de valor, que é algo relativo a cada sistema linguístico. O mesmo som encontrado em sistemas linguísticos distintos pode apresentar valores diferentes, dependendo de suas relações com os demais elementos existentes. Assim, o valor de um elemento não é apenas aquilo que é, mas também aquilo que ele não é, ou seja, a quais outros elementos ele é igual e de que outros elementos ele é diferente.

3. Alofones

Como vimos na última seção, pode acontecer de dois sons pertencerem ao mesmo fonema, ou serem realizações do mesmo fonema. As diferentes realizações de um determinado fonema são denominadas seus alofones. O fonema /a/, por exemplo, tem pelo menos três realizações diferentes em português. Em sílabas tônicas ele é pronunciado como [a], ou seja, com a cavidade oral apresentando seu grau máximo de abertura. É o que ocorre em *pá*, *caso* e *ávido*. Em sílabas átonas finais, o mesmo fonema /a/ se apresenta com um grau um pouco menor de abertura, o que é transcrito como [ɐ]. Embora essa diferença não seja óbvia à primeira vista, basta prestar atenção na pronúncia de palavras como *gata* e *casa*. A vogal da sílaba tônica apresenta um grau de abertura maior do que o da sílaba átona final. Uma última realização do mesmo fonema /a/ é a que encontramos quando ele é nasalizado. Tanto em palavras como *fã*, como em palavras como *cama*, o /a/ tônico é realizado com um grau de abertura menor do que o do [a] tônico oral. Essa realização do fonema /a/ pode ser transcrita como [ɐ̃], embora se encontre na literatura notações como [ɔ̃], [ɜ̃] ou mesmo [ã]. Para chegarmos a uma conclusão sobre o estatuto desses sons dentro do sistema fonológico do português, é importante observarmos que a troca de um pelo outro não produziria mudança de significado. No máximo produziria realizações estranhas, não utilizadas pelos falantes, como ['kamɐ], com [a] oral e com abertura máxima em sílaba tônica precedendo uma consoante nasal.

Cada realização distinta de um determinado fonema recebe o nome de alofone. Portanto, na discussão do parágrafo anterior, fizemos referência a três alofones distintos do fonema /a/.

Todo fonema pode em princípio apresentar mais de uma realização possível, podendo o número dessas diferentes realizações ser relativamente alto. Como exemplo, temos o fonema /t/ em inglês, que pode ser realizado [tʰ] em início de palavra como em *top*, [t] quando precedido de [s] como em *stop*, [ɾ] quando entre vogais como em *better*, [t˺] em uma das realizações possíveis quando em final de palavra, como em *cat*, [tˀ] quando preceder um [n] silábico, como em *button*. Há aí pelo menos cinco realizações distintas de um mesmo fonema. Deve ficar claro que o mesmo fone [ɾ] pode fazer parte de um fonema numa língua e de um fonema diferente em outra. Podemos observar que não se trata apenas de questão de ortografia, já que nas diversas formas da mesma palavra há alternância, por exemplo, entre [t] e [ɾ], como em *wait* ['weɪt] 'esperar' e *waiting* ['weɪɾɪŋ] 'esperando'.

3.1. Par suspeito, par mínimo e par análogo

Vejamos agora, quais seriam os procedimentos adotados para classificarmos os sons da língua que estivermos estudando. Se estamos estudando a fonologia de uma língua, precisamos fazer um levantamento de todos os sons que ocorrem nela. Cada som que ocorre nessa língua, independente de seu status dentro do sistema fonológico da língua, é um fone diferente. Se dizemos isso, estamos levando em consideração apenas o lado mais concreto do som, sua produção em termos articulatórios, ou sua percepção, em termos auditivos.

38   Introdução à Linguística II

Dois sons diferentes podem ser utilizados dentro de um sistema linguístico sempre de forma distinta, sempre da mesma forma ou às vezes de forma diferente e às vezes da mesma forma. Para podermos afirmar qual dessas possibilidades é a verdadeira, é preciso mais do que listar esses sons e analisar suas características materiais. Só no interior de um determinado sistema linguístico é que eles operam como a mesma unidade funcional ou não.

Para entendermos o funcionamento do sistema fonológico de uma língua, precisamos inicialmente fazer um levantamento dos fones que nela ocorrem e depois passar a examiná-los para verificar quais são distintivos ou não nessa língua. Como os sons podem ser modificados de acordo com o contexto em que ocorrem, pode ser que dois sons diferentes sejam apenas versões ligeiramente modificadas de um mesmo elemento.

Precisamos então fazer um levantamento dos sons que são foneticamente semelhantes na língua em estudo. Por exemplo, sons como [p] e [b], ou [t] e [d] são bastante semelhantes, pois diferem um do outro apenas pelo fato de serem surdos ou sonoros.

Cabe aqui uma observação importante. O funcionamento dos sons dentro dos sistemas fonológicos em geral nos indica que a classificação de ponto de articulação tradicionalmente feita na análise fonética é minuciosa demais para uma análise fonológica, a ponto de colocar no mesmo nível distinções que têm peso diferente no funcionamento dos sistemas sonoros das línguas naturais.

Se considerarmos os sons [b], [v] e [d] quanto ao seu ponto de articulação segundo essa classificação tradicional, o primeiro é bilabial, o segundo é labiodental e o terceiro é linguodental ou dental (ou ainda alveolar). Pois bem, o som [v], que tem como articuladores o lábio inferior e os dentes superiores, aparece, portanto, como intermediário entre os sons puramente labiais e os sons dentais, já que um de seus articuladores coincide com um dos articuladores envolvidos na produção de [b] ou com um dos articuladores envolvidos na produção de [d]. Acontece que embora seja bastante comum encontrar uma língua em que [b] e [v] se confundem ou alternam entre si, dificilmente encontraremos uma língua em que o mesmo se verifique com relação ao par [v] e [d]. Isso ocorre porque o fato de dois sons terem o mesmo articulador ativo é mais significativo fonologicamente do que o fato de dois sons terem o mesmo articulador passivo. Dessa forma, na classificação fonológica dos sons, é preferível falarmos em sons labiais (o que abrange tanto [b] quanto [v]) em oposição, por exemplo, aos sons coronais, que são produzidos com a ponta da língua como articulador ativo. Utilizando esse tipo de classificação, temos como resultado que [b] e [v] passam a se distinguir apenas pelo fato de o primeiro ser oclusivo e o segundo fricativo, ao passo que [v] e [d] se distinguem, além disso, pelo fato de o primeiro ser labial e o segundo coronal.

Retornando então ao processo de verificação de quais sons foneticamente semelhantes de uma língua são distintivos entre si, facilmente verificamos que

Fonologia 39

há distinção de significado nos pares suspeitos do português em que o único fone distinto é o [s] e o [z]. É o que ocorre com pares como *roça*, com [s], e *rosa*, com [z]. Outros exemplos seriam: *zelo* e *selo*; *raça* e *rasa*; *ouço* e *ouso*. Esse tipo de procedimento é chamado de teste de comutação: alteramos o significante em um único ponto e verificamos se há alteração de significado. Quando confirmamos que há distinção sistemática de significado entre pares desse tipo, temos que nessa língua os pares suspeitos formam pares mínimos.

É importante ter em mente que não bastaria achar um exemplo isolado, porque poderemos generalizar uma conclusão que estaria correta apenas para um pequeno número de palavras, alguns empréstimos, por exemplo. Observemos exemplos como os seguintes: *derrubar* e *derribar*; *assobiar* e *assoviar*. Cada um desses pares pode nos levar a conclusões equivocadas a respeito de um par de fones do português. O par *derrubar* e *derribar* pode nos dar a impressão de que [u] e [i] não distinguem significado em português. O mesmo podemos dizer com relação ao par [b] e [v] em *assobiar* e *assoviar*. Isso ocorre porque em ambos os casos, no da troca de [u] por [i], e no da troca de [b] por [v], o significado das palavras não se altera. Ocorre que esses dois são casos relativamente isolados. O da troca de [b] por [v] sem alteração de significado nem é tão restrito, já que poderíamos acrescentar exemplos como *berruga* e *verruga*, ou *bassoura* e *vassoura*. Já o da troca de [u] por [i] é raríssimo no português. Se compararmos esses casos isolados com pares como *bucho* e *bicho*, *chuta* e *chita*, *dúvida* e *dívida*, *muco* e *mico*, *fuga* e *figa*, por um lado, e pares como *bala* e *vala*, *botar* e *votar*, *livra* e *libra*, *cabo* e *cavo*, *Líbia* e *Lívia*, por outro, veremos que os casos em que esses pares de sons são distintivos entre si são mais numerosos que aqueles em que eles não distinguem significado. Logo, se não houver oposição sistemática nos significados, a conclusão é que os fones não são fonemas da língua, mas alofones de um mesmo fonema.

Um último tipo de par de que podemos lançar mão na análise fonológica de uma língua é o chamado par análogo. Pode acontecer de não encontrarmos pares mínimos em que dois fones específicos sejam substituídos um pelo outro numa língua. Por exemplo, em inglês, são muito poucos os pares mínimos entre [ʃ] e [ʒ]. Entre os pouquíssimos existentes está o par *allusion* [əˈluːʒən] 'alusão' e *Aleutian* [əˈluːʃən] 'aleúta, das Ilhas Aleútas'. Possivelmente o segundo membro do par não faz parte do vocabulário comum do inglês. Nesse caso, o pesquisador pode recorrer a pares não mínimos, mas que diferem em pontos que se presumem que não impedem que se conclua que os dois fones pertencem a dois fonemas distintos. No caso do inglês, podemos utilizar exemplos como *vision* [ˈvɪʒən] 'visão' e *fission* [ˈfɪʃən] 'fissão', presumindo que a ocorrência de [f] ou [v] na primeira sílaba não afeta a possibilidade de ocorrência da fricativa surda ou sonora na sílaba seguinte. Assim, um par quase perfeito, quase mínimo, o qual difere não em um mas em dois pontos, pode nos indicar que temos dois fonemas distintos.

40 Introdução à Linguística II

3.2. Distribuição Complementar e Variação Livre

Retomando o que foi dito na seção 2, dois sons diferentes podem funcionar sempre distintamente num sistema linguístico. Nesse caso, não há dúvida, eles são realizações de fonemas diferentes. Há outros casos em que são alofones (por exemplo, [t̪, t̠ʃ]). Mesmo que eles sejam realizações de um único fonema, a relação entre essas variantes pode ser de mais dois tipos diferentes.

Examinemos o primeiro tipo de relação entre alofones. Em português, várias consoantes produzidas com a ponta da língua como articulador ativo podem ser realizadas de duas maneiras distintas, como alveolares ou como dentais. Você pode experimentar pronunciar as palavras *tom*, *dar*, *não* e *lá* com a ponta da língua encostando nos dentes superiores ou na arcada alveolar ao produzir os sons iniciais de cada um dessas palavras. Não há qualquer possibilidade de distinguir significado em português através dessa oposição. Se eu disser que tenho um [ˈgatʊ] em casa e meu vizinho tem um [ˈga̪tʊ], com certeza temos o mesmo tipo de animal doméstico, embora a pronúncia utilizada seja diferente. Podemos dizer que entre o [t] alveolar e o [t̪] dental existe variação livre, porque não há nada no contexto linguístico que selecione um ou outro fone, ambos são produzidos no mesmo contexto. Ao afirmarmos isso, não estamos excluindo a possibilidade de que algum fator exterior ao sistema linguístico propriamente dito, como, por exemplo, a região de origem dos falantes ou sua idade influa em qual realização será preferida. Nesse caso, a variação entre essas duas formas será livre, numa análise imanente da língua (ou seja, restringindo nossa análise aos elementos estritamente linguísticos), mas não será, sociolinguisticamente falando.

Um outro exemplo de variação livre é o que ocorre com o [r] e o [ʀ] em final de sílaba. Assim, se eu pronunciar [ˈgwardɐ] ou [ˈgwaʀdɐ], não haverá qualquer distinção de significado entre as três formas.

Vejamos, agora, o segundo tipo de relação entre alofones. Dizemos que ocorre distribuição complementar quando um fone ocorre em determinados ambientes e outro fone ocorre nos demais ambientes. Por exemplo, nos falares do português do Brasil em que há palatalização diante de [i], o /d/ pode ser realizado de duas maneiras: como [d] diante de tepe e diante de qualquer vogal que não seja o [i]; ou como [dʒ] diante de [i]. Diante de qualquer consoante que não o tepe, ocorre a forma [dʒ], mas nesse caso ocorre epêntese ou inserção de um [i] entre o [d] e a consoante seguinte. É o que ocorre em *admirar*, que é pronunciada como se houvesse um [i] entre o [d] e o [m], provocando a aplicação da regra de palatalização do [d], que passa a [dʒ]. O resultado é, portanto, a forma [adʒimiˈrar]. A principal conclusão a que devemos chegar é que onde ocorre [d] não ocorre [dʒ] e vice-versa. Podemos dizer então que esses dois fones ocorrem em distribuição complementar. Se examinamos, então, as palavras *andar*, *poder*, *débito*, *dívida*, *doce*, *dose*, *dúvida*, *admirar* e *droga*, verificamos que só ocorre a variante [dʒ] diante de [i], quer esse [i] seja grafado quer não. Por outro lado, em todos os outros contextos somente ocorre a realização [d].

4. Neutralização e Arquifonema

Na seção anterior, discutimos o tipo de relação que pode ocorrer entre dois fones distintos, concluindo que há duas possibilidades: ou eles são realizações do mesmo fonema ou não. Essa conclusão, no entanto, não recobre todas as relações encontradas entre dois fones distintos nas línguas naturais. Isso porque uma observação mais atenta nos revela que a possibilidade existente de estabelecer contrastes entre dois fonemas diferentes pode não ser a mesma em todas as posições ou em todos os contextos.

Examinando as vogais anteriores do português, por exemplo, verificamos que embora haja distinção entre [e, i], como em *vê-la* e *vila*, esse contraste não existe em sílaba átona final. Assim, não é possível haver distinção de significado entre ['ʃavi, 'ʃave] *chave*. O português não distingue palavras dessa forma. Isso, contudo, não invalida o fato de que é pelo menos possível contrastar palavras unicamente através da distinção entre as duas vogais anteriores. O estudo das línguas nos mostra que é extremamente comum certas posições privilegiadas como a sílaba tônica ou a raiz exibirem um maior número de contrastes do que outras posições, como sílabas átonas e afixos.

Voltando às vogais anteriores, podemos nos referir a essa situação dizendo que a oposição de abertura das vogais anteriores é neutralizada em português em posição átona final. Ou seja, tanto faz pronunciarmos de uma forma ou de outra, que não haverá distinção de significado. Na verdade, há uma realização normal dessa vogal neutralizada, que é algo intermediário entre [e] e [i], a vogal transcrita como [ɪ] (semelhante ao *i* do inglês *lip*).

A outra forma de nos referirmos a essa situação é falarmos em um arquifonema. Se em outros contextos, os tônicos, por exemplo, temos dois fonemas distintos (e, i), na sílaba pós-tônica esses dois fonemas deixam de ter esse papel distintivo. O arquifonema é o resultado de uma neutralização.

Há inúmeros tipos de neutralização bastante comuns nas línguas naturais. Uma das mais comuns é a neutralização da sonoridade das obstruintes (oclusivas, fricativas e africadas). Muitas línguas distinguem obstruintes surdas e sonoras, mas perdem ou neutralizam essa distinção em final de palavra ou em final de sílaba. Alguns exemplos do holandês ilustram essa situação. Observermos as seguintes formas:

[deːn] 'dinamarquês'	[teːn] 'dedo do pé'	
[hant] 'mão'	[handə] 'mãos'	[handəl] 'cabo'
[handbuˑk] 'manual'	[hantpalm] 'palma da mão'	
[vuˑt] 'pé'	[vuˑtə] 'pés'	[ɛɪndə] 'fim, ponta'
[bal] 'bola'	[vuˑtɛɪndə] 'ponta do pé'	[vuˑdbal] 'futebol'
[spoːr] 'marca'	[vuˑtspoːr] 'pegada'	

42 Introdução à Linguística II

Pelos dados, podemos observar que, embora [t] e [d] distingam significado (vide os dois primeiros exemplos) e exista a possibilidade de ocorrer tanto [d] quanto [t] antes de vogal (vide *mãos, cabo, pés, fim, ponta do pé*), essa possibilidade inexiste em final de palavra, onde só ocorre [t], antes de oclusiva surda, onde também só ocorre [t], e antes de oclusiva sonora, onde só ocorre [d]. Nesses casos, podemos dizer que a oposição entre os fonemas /t/ e /d/ foi neutralizada e o resultado dessa neutralização é um arquifonema, o qual é representado pela letra maiúscula de um dos fonemas, indiferentemente, (/T/ ou /D/).

5. Traços e classes naturais

Na análise de Martinet que vimos no volume anterior e no início deste capítulo, os fonemas são apresentados como os menores elementos da cadeia sonora. Isso estará correto se estivermos nos limitando a segmentar a cadeia sonora em elementos que não ocorrem simultaneamente.

Se abandonarmos essa limitação, mesmo um único som pode ser percebido como um elemento composto de elementos menores, que seriam efetivamente os menores elementos da cadeia falada. Esses são os chamados traços distintivos, os quais podem ser tanto articulatórios quanto acústicos. A denominação *traço distintivo* ressalta o fato de que nem todas as características que diferenciam os sons são utilizadas nessa classificação, mas apenas aquelas que podem ter um papel distintivo no interior dos sistemas fonológicos das línguas naturais. Normalmente se costuma usar os traços articulatórios, inclusive por apresentarem maior facilidade de identificação pelo próprio linguista, em geral sem necessidade de nenhum tipo de equipamento.

Os sons que sofrem alterações em cada contexto de uma determinada língua não são sons aleatórios, mas sim grupos homogêneos de sons. Por exemplo, os sons que se palatalizam diante de [i] no português do Brasil são o [t], o [d] e o [n], embora este último não seja tão perceptível. Os três apresentam duas características em comum que os distinguem de todos os outros sons do português: são sons dentais ou alveolares não contínuos. Da mesma forma, a distinção entre [e] e [ɛ] que é perdida nas sílabas átonas em português, ou entre [o] e [ɔ], trata de maneira uniforme as vogais médias. Nas diversas regiões do Brasil, há variação entre as que utilizam as vogais médias baixas [ɛ, ɔ] e as regiões que utilizam as vogais médias altas [e, o] nas sílabas átonas. Não há regiões que utilizem uma vogal média alta e outra média baixa. Uma característica importante que transparece do inventário vocálico do português é o fato de que há o mesmo número de alturas nas vogais posteriores e nas anteriores, ou seja, o sistema é simétrico. Embora não seja necessário que isso ocorra nas línguas naturais, essa é uma propriedade bastante comum.

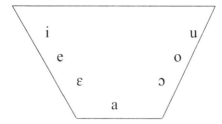

Outras línguas que têm sistemas vocálicos simétricos, embora de modo distinto, são o espanhol e o grego moderno. O espanhol não tem as vogais médias baixas [ɛ] e [ɔ]. O grego moderno não tem [e] e [o].

Podemos ver simetria também nos sistemas consonantais. Por exemplo, nas línguas que fazem oposição entre oclusivas surdas e sonoras, normalmente, encontramos sistemas simétricos como o do português, que têm [p, b; t, d; k, g], ou seja, pares de oclusivas em cada ponto de articulação, sendo uma surda e outra sonora. Línguas com oposição entre oclusivas surdas e sonoras que apresentam outras oclusivas, normalmente têm um ou mais pares adicionais. O húngaro, além desses pares, possui o par palatal [c, ɟ]. A simetria, contudo, pode não ser total, como vemos pelo árabe, que possui [k, g, t, d], mas possui apenas [b] e não [p].

O que isso nos indica é que os sistemas fonológicos funcionam de maneira organizada, de acordo com critérios bem definidos, não aleatoriamente. Podemos ver bem a diferença entre grupos uniformes de sons e grupos aleatórios de sons comparando as seguintes listas: {a, b, u, ʎ, k} e {p, b, k, g, t, d}. O primeiro grupo é uma lista aleatória, um 'saco de gatos': contém duas vogais e três consoantes; das vogais, uma é arredondada e a outra não; das consoantes, cada uma tem um articulador ativo distinto, não apresentam um modo de articulação unifome, e assim por diante. Já o segundo pode ser definido facilmente como formado por consoantes oclusivas. Esses grupos uniformes de sons ou segmentos são chamados de classes naturais. Portanto, a primeira lista não representa uma classe natural. Apenas a segunda.

Um dos principais achados da fonologia durante o século XX foi justamente o fato de que os traços distintivos são utilizados para delimitar as classes naturais, isto é, os elementos de uma classe natural têm um determinado conjunto de traços distintivos em comum. Podemos, então, falar do conjunto de fonemas do português /p, f, t, s, ʃ, k/ como uma classe natural, a que é formada pelos fonemas que são surdos, ou que têm o traço [– sonoro]. Quanto maior o número de traços naturais de uma classe, menor tenderá a ser o número de seus membros. Assim, se acrescentarmos o traço [+ labial] ao traço [– sonoro], a classe de que acabamos de falar ficaria reduzida aos fonemas /p, f/. Conforme discutido em 3.1, os traços utilizados nas análises fonéticas não são os mais convenientes para os estudos fonológicos. Isto porque, embora descrevam de forma precisa os articuladores envolvidos na produção dos sons, eles não captam as relações entre esses sons, que acabamos de discutir. É por isso que, para discutirmos as classes naturais em que os sons se organizam, utilizamos outros traços.

Há uma discussão teórica, que não cabe aqui neste capítulo introdutório, a respeito do caráter dos traços distintivos a qual procura determinar se todos os traços distintivos são binários ou não. Para simplificar a apresentação dos traços, abstraire-mos dessa discussão e apresentaremos todos eles como binários, ou seja, contendo duas possibilidades: a de serem marcados positivamente e a de serem marcados negativamente com relação a determinado traço. É necessário ficar absolutamente claro que a binaridade e o fato de os traços serem representados com os sinais de + e de – não quer dizer que esses traços sejam vistos como graduais. A oposição é categórica e os sinais representam sim e não, respectivamente. Se dizemos que um primeiro som tem o traço [+ sonoro] e um segundo som tem o traço [– sonoro], em-bora leiamos isso dizendo que 'o primeiro som tem o traço *mais sonoro* e o segundo som tem o traço *menos sonoro*' isso não significa que o primeiro é mais sonoro e o segundo é menos sonoro no sentido de o primeiro ter uma quantidade maior de sonoridade do que o primeiro. O que se quer dizer é que o primeiro som é sonoro e o segundo não é sonoro. É o mesmo que ocorre com os sinais + e – em matemática. Quando falamos dos números +3 e –3, isso não quer dizer que o primeiro deles é mais positivo que o segundo. Simplesmente o primeiro é positivo e o segundo é negativo. Também chamamos a atenção de que, como esses traços procuram capturar classes naturais linguísticas, existem diferentes propostas na literatura.

Tendo deixado isso claro, passemos então a examinar os traços distintivos um a um. Primeiramente veremos traços que são denominados de independentes dos articuladores, pois não estão associados a um único articulador:

- **[± consonantal]:** corresponde intuitivamente à divisão entre vogais e consoantes. Têm o traço [+ consonantal] os sons que apresentam um grande obstáculo à passagem do ar pela parte central da cavidade oral, isto é, se há neles um fechamento total (como nas oclusivas, nas nasais, laterais e vibrantes) ou quase total (como nas fricativas). Dessa forma, as semivogais ou *glides* são classificadas com o traço [– consonantal].

- **[± vocálico]:** são vocálicos os sons produzidos sem impedimento à pas-sagem de ar. Assim, como os sons [l ʎ r ɾ] são produzidos com relativa desobstrução do ar, eles podem ser considerados como tendo o traço [+ vocálico]. Por outro lado, como os *glides* caracterizam-se por terem o espaço da passagem do ar mais reduzido do que nas outras vogais, eles são caracterizados como [– vocálico].

- **[± soante] ou [± sonorante]:** uma das formas de caracterizar essa oposição é dizer que têm o traço [+ soante] os sons que não dificultam a produção de vibração das cordas vocais. É atribuído o traço [– soante] aos sons que apresentam uma obstrução grande à passagem do ar, dificultando, dessa maneira, essa vibração. Têm o traço [– soante], portanto, as oclusivas, fricativas e africadas. Os demais sons (vogais, semivogais, nasais, laterais e vibrantes) têm o traço [+ soante].

- **[± contínuo]:** os sons que têm o traço [+ contínuo] são produzidos sem que haja uma interrupção do fluxo de ar. Se houver essa interrupção, considera-se que o som tem o traço [– contínuo], o que abrange as oclusivas, as africadas, as nasais e as vibrantes.

- **[± tenso]:** são tensos os sons produzidos com considerável esforço muscular. A oposição entre os chamados *r fraco* (o de *era*) e o *r forte* (o de *erra*) pode ser caracterizada por esse traço, tendo eles o traço [– tenso] e [+ tenso], respectivamente.

Os demais traços são dependentes de um articulador, pois estão associados a um articulador ativo específico. Primeiramente temos os de ponto de articulação: Em Chomsky & Halle (1968), a distinção entre os sons coronais e esses outros dois grupos era feita através da combinação dos traços [± coronal] e [± anterior]. Assim, os sons labiais eram descritos com o conjunto de traços [– coronal, + anterior] e os dorsais (velares e uvulares) com o conjunto de traços [– coronal, – anterior]. Posteriormente, algumas análises passaram a utilizar os traços [+ labial], [+ coronal] e [+ dorsal]. Manteremos aqui esses traços como binários.

- **[± coronal]:** são coronais os sons produzidos com a ponta da língua como articulador ativo, o que se move em direção ao articulador passivo. São coronais, portanto, sons dentais, alveolares, retroflexos e palatais. Algumas análises também consideram as vogais anteriores como coronais. Todos os demais são não coronais.

- **[± labial]:** são labiais os sons produzidos com o lábio inferior como articulador ativo. Essa classe abrange os sons bilabiais e labiodentais.

- **[± dorsal]:** são dorsais os sons produzidos com a parte posterior da língua como articulador ativo. Inclui as consoantes uvulares e velares, além das vogais posteriores. Algumas análises, no entanto, incluem todas as vogais entre os sons dorsais.

Além desses três traços, há os seguintes:

- **[± anterior]:** são anteriores os sons produzidos com a ponta da língua na região anterior do trato vocal (que corresponde, para as consoantes, aproximadamente, aos sons que são produzidos utilizando os lábios, dentes e/ou alvéolos como articuladores).

- **[± posterior]:** são posteriores os sons produzidos com um certo recuo da língua em relação à sua posição neutra. As vogais [u] e [o], e a semivogal [w], por exemplo, são posteriores.

- **[± arredondado]:** distingue os sons que são produzidos com arredondamento dos lábios dos que não o são. São arredondadas as vogais [ɔ, o, u, y, œ], por exemplo. São não arredondadas as vogais [a, e, ɛ, ɯ, ʌ], por exemplo.

- **[± alto]:** possuem o traço [+ alto] os sons que são produzidos com uma grande elevação da língua, que se localiza numa posição bem próxima ao céu da boca. As vogais [i, u] são exemplos de vogais com o traço [+ alto], ao contrário das demais do português, que têm o traço [– alto].

- **[± baixo]:** as vogais produzidas com abertura máxima da cavidade oral apresentam o traço [+ baixo], já que a língua fica em uma posição bastante baixa em relação ao céu da boca. Em português, as vogais [a, ɛ, ɔ] apresentam o traço [+ baixo]. As demais têm o traço [– baixo].

Temos ainda alguns traços de modo de articulação:

- **[± sonoro]:** corresponde à distinção entre sons sonoros e surdos, ou seja, respectivamente, os que apresentam e os que não apresentam vibração das cordas vocais quando produzidos.

- **[± nasal]:** os sons que têm o traço [+ nasal] são produzidos com o véu palatino abaixado, permitindo a entrada da corrente de ar na cavidade nasal, que age então como uma cavidade de ressonância.

- **[± lateral]:** os sons que têm o traço [+ lateral] são produzidos com fechamento da passagem do ar na posição central da cavidade oral, mas permitindo a passagem do ar pelos lados ou por apenas um deles. Normalmente os sons laterais são coronais.

Há ainda alguns traços não relevantes para o português:

- **[± aspirado]:** são aspirados os sons produzidos com um retesamento acentuado das pregas vocais, em toda a sua duração (como no caso de [h]), ou em parte de sua duração (como na consoante aspirada [tʰ]).

- **[± glotalizado]:** os sons glotalizados apresentam um fechamento total da glote, o que interrompe por alguns milissegundos completamente a passagem do ar. Podemos pronunciar um hiato como o de *a ilha* sem interrupção nenhuma da vibração das cordas vocais. Se entre as vogais ocorrer, no entanto, um breve instante de silêncio, representamos essa interrupção seguida de abertura como uma parada glotal. A sequência *a ilha* ficaria nesse caso transcrita como [a ˈʔiʎɐ], em que a interrogação sem ponto é a transcrição da parada glotal, um som glotalizado.

Tendo visto os principais traços distintivos postulados na teoria fonológica, devemos saber a respeito deles que o que se afirma é que o conjunto de traços distintivos é potencialmente o mesmo em todas as línguas. Pode, todavia, ocorrer de determinados traços não serem utilizados distintivamente numa língua ou noutra, como dissemos com relação ao português, que não distingue sons aspirados de não aspirados.

Uma maneira comum de organizar os segmentos de acordo com seus traços seria através de uma matriz com os traços e seus valores em colunas e fileiras. Abaixo, apresentamos uma possibilidade de organização em classes naturais dos fonemas do português brasileiro em forma de árvore (Abaurre, 1992). Ressaltamos que é possível classificar esses sons em classes naturais utilizando outros traços.

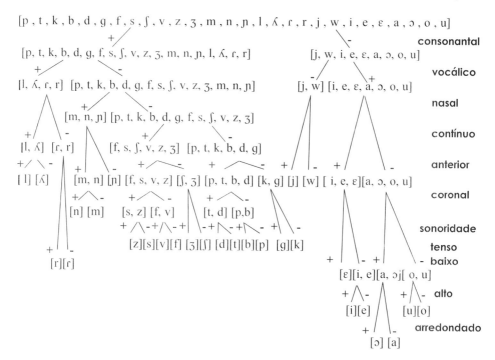

Observamos na quarta linha da árvore a classe natural composta dos fonemas [m, n, ɲ], que têm em comum os traços [+ consonantal], [– vocálico] e [+ nasal]. Isso se verifica examinando a parte da árvore que está acima dessa classe natural. Se examinarmos o que vem abaixo dela, verificamos que ela se divide em [m, n], que têm o traço [+ anterior] e [ɲ], que tem o traço [– anterior]. A classe [m, n], por sua vez, se divide em [n], que é coronal, e [m], que não é.

6. Processos

Já vimos que os sons não são realizados sempre da mesma maneira. Dependendo do contexto em que ocorrem, os sons podem sofrer modificações. Eles podem se modificar de forma que se tornem mais parecidos com um ou mais sons próximos sintagmaticamente, num processo que recebe o nome de assimilação. Podem também se modificar de forma que se tornem mais diferentes de um ou

48 Introdução à Linguística II

mais sons próximos sintagmaticamente, num processo que recebe o nome de dissimilação. Podem ainda adquirir características diferentes por estarem num contexto
prosódico específico. Em muitas línguas, é comum encontrarmos vogais que não
são pronunciadas da mesma maneira num contexto tônico e num contexto átono.
A esse tipo de processo de alteração da pronúncia de uma vogal num contexto
átono podemos dar o nome de redução. Veremos a seguir alguns dos tipos mais
comuns de processos fonológicos.

6.1. Assimilação

Assimilação é um termo genérico que se refere a qualquer processo em que um
som adquire características ou traços dos sons que o rodeiam. Como exemplo podemos
observar o sufixo transitivizador em ainu, língua falada no norte do Japão (Itô 1984).

mak-a 'abrir'   *tas-a* 'cruzar'
ker-e 'tocar'   *per-e* 'rasgar'
pis-i 'perguntar'   *nik-i* 'dobrar'
pop-o 'ferver'   *tom-o* 'concentrar'
tus-u 'agitar'   *yup-u* 'apertar'

Esse tipo de assimilação é chamado de assimilação total, em que a vogal do
sufixo é uma cópia exata da vogal da raiz. Mas além dela, há também a assimilação
parcial, que pode assumir diversas formas, algumas das quais vêm ilustradas nas
seções a seguir.

6.1.1. Assimilação de Ponto de Articulação

Um dos tipos mais comuns de assimilação é aquele em que um segmento
adquire o mesmo ponto de articulação de um outro segmento vizinho. Vejamos um
exemplo do português. Quando pronunciamos uma palavra que contém uma vogal
nasal seguida de uma oclusiva, há uma certa variação entre duas pronúncias possíveis.
Na primeira delas, pronunciamos apenas a vogal nasal e a consoante oclusiva. Na
segunda, entre elas ocorre uma consoante nasal bastante rápida. A palavra *samba*,
por exemplo, pode ser pronunciada ['sẽbɐ] ou ['sẽmbɐ]. Observem que na segunda
transcrição não estamos assinalando duas vezes a mesma nasalidade. O til e a letra
m indicam coisas distintas. O til indica que a vogal é nasal. O *m* indica que se
pronuncia uma consoante nasal entre a vogal nasal e a consoante oclusiva. Poderíamos representar essa transição como se no primeiro caso pronunciássemos ['sẽ]
e depois [bɐ], e no segundo caso pronunciássemos ['sẽ] depois [m] e depois [bɐ].

Caso essa consoante nasal seja pronunciada nessa palavra, ela sempre será um [m]. Mas isso não acontece sempre. Se tomarmos palavras como *janta* e *longo*, poderemos verificar que a consoante nasal que pode surgir em *janta* é sempre um [n] e a que pode surgir em *longo* é sempre um [ŋ]. Dizemos nesse caso que a consoante nasal assimila o ponto de articulação da consoante oclusiva que a segue.

samba	[ˈsẽmbɐ]	*[ˈsẽnbɐ]	*[ˈsẽŋbɐ]	assimilação do traço [labial]
janta	*[ˈʒẽmtɐ]	[ˈʒẽntɐ]	*[ˈʒẽŋtɐ]	assimilação do traço [coronal]
longo	*[ˈlõmgʊ]	*[ˈlõngʊ]	[ˈlõŋgʊ]	assimilação do traço [dorsal]

Observando a direção em que se dá a assimilação, podemos classificá-la em progressiva ou regressiva. Concebendo a assimilação como a propagação de uma determinada característica, podemos ver que ela se propaga para a frente, em direção ao final da palavra, ou para trás, em direção ao começo da palavra. A assimilação do primeiro tipo é denominada progressiva, enquanto a do segundo tipo é denominada regressiva.

6.1.2. Nasalização

Um tipo de processo fonológico bastante comum no português é o da nasalização. Quase toda vogal tônica que precede consoante nasal se nasaliza. Assim, palavras como *cama*, *tema*, *time*, *dono* e *rumo* apresentam a vogal da sílaba tônica nasalizada. Nas sílabas pré-tônicas há variação, pois algumas pessoas nasalizam a vogal da sílaba inicial de *panela* e outras não. Isso inclui a nasalização nos processos fonológicos que têm, além do condicionamento proveniente dos traços distintivos, também um condicionamento prosódico, ou seja, devido ao acento. Palavras do português do Brasil que apresentam consoante nasal após sílaba átona e após sílaba tônica ilustram bem a distinção. É obrigatória a nasalização regressiva se a sílaba anterior for tônica, mas é opcional se for átona: ex. [baˈnẽ.nɐ], [bɐˈnẽ.nɐ] mas não *[baˈna.nɐ], nem *[bɐˈna.nɐ]. Em suma, não é só o segmento seguinte que influencia a nasalização da vogal. A prosódia também influencia o processo.

6.1.3. Harmonia Vocálica

Em muitas línguas, ocorre um fenômeno pelo qual as vogais dentro de um determinado domínio concordam com relação a um ou mais traços, ou seja, apresentam características semelhantes. É a chamada harmonia vocálica.

Alguns exemplos tradicionais de línguas com harmonia vocálica entre as línguas europeias são o finlandês, o húngaro e o turco. Vejamos alguns exemplos

50 Introdução à Linguística II

em finlandês em que são apresentadas três formas de alguns substantivos: o nominativo (forma do sujeito), o inessivo (que indica o lugar em que algo está, por ex., na casa) e o elativo (que indica o lugar de onde algo provém, por ex., da casa).

Nominativo	Inessivo	Elativo	Significado
talo	talossa	talosta	'casa'
puu	puussa	puusta	'árvore'
rivi	rivissæ	rivistæ	'fileira'
tyø	tyøssæ	tyøstæ	'trabalho'

É fácil perceber que o inessivo é formado através do acréscimo ao nominativo de uma terminação, que pode ser [ssa] ou [ssæ], e que o elativo é formado através do acréscimo ao nominativo de outra terminação, que pode ser [sta] ou [stæ]. O que deve ser observado é que a variação existente nas formas das terminações corresponde ao tipo de vogal presente na palavra. Se ela contém vogais posteriores, como [talo] e [puu], a terminação também possui uma vogal posterior, no caso, [a]. Se ela contém vogais anteriores, como [rivi] e [tyø], a terminação também possui uma vogal anterior, nesse exemplo, [æ]. É esse tipo de fenômeno, em que há uma concordância de traços entre vogais que podem não ser idênticas, que recebe o nome de harmonia vocálica.

6.2. Dissimilação

A dissimilação, o processo pelo qual um som adquire características distintas dos sons que o rodeiam, é bem menos frequente do que a assimilação. Ilustramos seu funcionamento com outro exemplo do ainu. Alguns verbos, em vez de apresentarem um sufixo que assimila totalmente a vogal da raiz, apresentam um sufixo com uma vogal alta, a qual pode ser [i] ou [u], e que tem o valor oposto ao da raiz quanto ao traço [± posterior].

a.   *hum-i* 'picar'   *mus-i* 'fazer engasgar'

       pok-i 'abaixar'   *hop-i* 'levantar'

b.   *pir-u* 'limpar com um pano'   *kir-u* 'alterar'

       ket-u 'esfregar'   *rek-u* 'tocar, soar'

(Itô 1984:506)

6.3. Outros processos

Outros processos fonológicos que podem ocorrer nas línguas naturais podem ser determinados não só por certos traços distintivos, mas também pela prosódia (tonicidade e atonicidade, estrutura da sílaba) e pela morfologia (como a distinção entre raízes e afixos).

Um desses processos é a chamada redução vocálica, que afeta algumas ou todas as vogais em certos contextos prosodicamente menos privilegiados, como as sílabas átonas finais. Já vimos um exemplo desse tipo, no português, na seção que tratava dos alofones, com relação ao fonema /a/, e na seção que tratou da neutralização, com relação ao arquifonema vocálico anterior que podemos transcrever como /E/.

Há também a elisão, que é nada mais do que o apagamento de um som em determinado contexto. Por exemplo, em português, em sequências como *hora errada* [ˌɔɾeˈʁadɐ], em que o /a/ final de *hora* deixa de ser pronunciado.

Fenômeno parecido é o da degeminação, em que uma sequência de duas vogais idênticas é pronunciada como se fosse uma só. Ex.: *hora agá*, pronunciado [ˌɔɾaˈga].

Esses tipos de fenômenos sofrem restrições prosódicas, já que não ocorrem antes de vogal tônica de enunciado, ou seja, não ocorre em *ela compra uva*, onde *uva* teria o acento principal do enunciado, mas sim em *ela compra uva rosada*, onde esse acento incide na palavra *rosada*.

Outra distinção possível nos processos fonológicos, a qual será discutida em detalhe no capítulo sobre morfologia, é a que distingue contextos morfológicos. Como exemplo temos a que apontamos no início desta seção entre raízes e afixos. No dialeto quêchua de Puyo Pungo, por exemplo, as oclusivas surdas se sonorizam após consoantes nasais, como vemos no contraste entre *sinikpa* 'do porco-espinho' e *kamba* 'teu', onde o [pa] que marca o genitivo (ou possessivo) passa a [ba] depois de [m]. Esse processo, entretanto, só ocorre se a oclusiva fizer parte de um afixo. Se ela for parte da raiz, como em *pampalʎina* 'saia', a oclusiva se mantém surda. Neste último caso, falamos de processos morfofonológicos.

7. Notação das regras

Quando formulamos uma regra fonológica, devemos indicar os seguintes elementos: o que muda (o foco da regra), em que ele se transforma (a mudança estrutural da regra) e em que situação isso ocorre (o contexto ou descrição estrutural da regra). Podemos ter uma regra como a seguinte:

$$A \rightarrow B \: / \: C \: \underline{\quad} \: D$$

Essa regra diz que o som A (o foco) se transforma em B (o que caracteriza uma mudança estrutural) se estiver entre C e D (o contexto).

Determinadas regras fonológicas descrevem processos que ocorrem sem restrições na língua examinada, ou seja, em qualquer contexto (nesse caso, podemos considerar que C e D são nulos). Outros processos, no entanto, podem ocorrer apenas em certos contextos fonológicos ou morfológicos. Um exemplo de regra que normalmente se considera que não leva em conta fatores prosódicos ou morfológicos é a que pode representar as realizações possíveis do fonema /t/ nos falares do português do Brasil que apresentam a palatalização:

$$/t/ \rightarrow [t\int] / \_\_\_ [i]$$
$$\searrow [t] / \text{ nos demais contextos}$$

Essa regra nos diz que temos dois alofones [t , t∫] em distribuição complementar. A decisão de qual deles é o fonema se baseia na quantidade de contextos de ocorrência. Assim, o fonema /t/ é realizado como [t∫] diante de [i] e como [t] nos demais contextos.

Há regras que são restritas a contextos determinados por propriedades estritamente fonológicas, como, por exemplo, no início de uma sílaba, no final de uma sílaba. Podemos indicar isso na regra fonológica através do símbolo σ ou do símbolo $, que indicam fronteira de sílaba. Se a regra for restrita a determinados contextos morfológicos, poderemos precisar do símbolo #, que indica fronteira de morfema. Se a regra só se aplica em fronteira de palavra, podemos indicar isso através da notação ##.

Vejamos alguns exemplos de processos e suas respectivas regras.

Em bielo-russo, por exemplo, um [v] se transforma em [w] em final de sílaba.

certo [ˈpra.vɨ]   regra [ˈpra.vi.la]   verdade [ˈpraw.da]

Podemos formalizar esse processo com a seguinte regra:

$$[v] \rightarrow [w] / \_\_ \$$$

Nesse exemplo, vimos também que podemos simplesmente indicar qual som se transforma em qual outro, sem explicitar quais os traços envolvidos no processo.

Em campa axininca, falada no Peru, há a inserção de [t] entre vogais em fronteira de morfema, como nos seguintes exemplos:

/no-N-koma-i/ → [noŋkomati] 'ele remará'
/no-N-koma-aa-i/ → [noŋkomataati] 'ele remará novamente'

Esse processo pode ser formalizado com a seguinte regra:

$$\emptyset \rightarrow [t] / V \# \_\_\_ V$$

Fonologia   53

A regra indica que um vazio (Ø) precedido por fronteira de morfema (#) se transforma em [t], se antes da fronteira houver uma vogal (V) e após o vazio também houver uma vogal (V).

O último tipo de regra pode ser ilustrado com o português do Brasil, em que observamos variação na pronúncia das formas verbais terminadas em /r/, como vemos a seguir:

quer	['kɛr]	['kɛ]	querem	['kɛrẽĩ]	*['kɛẽĩ]
for	['for]	['fo]	forem	['forẽĩ]	*['foẽĩ]
sair	[sa'ir]	[sa'i]	saírem	[sa'irẽĩ]	*[sa'iẽĩ]

Sempre que o /r/ fica em final de palavra, ele pode ser elidido. É importante observarmos que essa elisão só ocorre em final de palavra.

$$/r/ \rightarrow \varnothing / \_\_ \# \#$$

Um último ponto a respeito de notação que deve ser mencionado é o que relaciona o valor de mais de um traço, ou do mesmo traço em mais de um segmento. Exemplificamos com um processo que ocorre em grego moderno, o qual afeta certas palavras como se segue:

'ontem'	[xθɛs] → [xtɛs]
'eu chego'	[fθanɔ] → [ftanɔ]
'eu separo'	['sxizɔ] → ['skizɔ]
'oito'	[ɔk'tɔ] → [ɔx'tɔ]
'asa'	[ptɛ'rɔ] → [ftɛ'rɔ]

O que está sendo alterado nesses exemplos é o modo de articulação. Se temos duas obstruintes com traço [± contínuo] com a mesma especificação, a primeira passará a ser fricativa e a segunda oclusiva, independente do que havia antes da aplicação da regra.

| C_1 | C_2 | $\rightarrow$ | C_1 | C_2 |
| [α cont] | [α cont] | | [+ cont] | [– cont] |

A notação com a letra grega [α] antes do traço indica um valor qualquer desse traço, positivo ou negativo. Havendo mais de uma ocorrência dessa letra, no entanto, todas as vezes em que ela ocorrer o sinal deverá ser o mesmo, ou seja, [α] significa numa determinada regra sempre positivo ou sempre negativo. Se tivermos [β cont] [α cont] significa que os segmentos têm valores opostos.

A seguir encontramos alguns exercícios que representam os primeiros passos da prática da análise fonológica das línguas naturais.

Exercícios

I) Verifique qual traço ou quais traços cada um dos processos a seguir afeta. Algumas vezes a mudança pode ser explicada por mais de um traço:

a) [b] → [v]   i) [u] → [ɯ]
b) [r] → [l]   j) [d] → [n]
c) [g] → [k]
d) [s] → [ʃ]
e) [u] → [y]
f) [o] → [u]
g) [θ] → [t]
h) [u] → [i]

II) ALEMÃO: Verifique se, de acordo com os dados do *corpus* a seguir, os sons [u:] e [y:] constituem par mínimo efetuando o teste da comutação. Faça o mesmo com relação aos sons [ç] e [x]. Caso algum dos pares não seja distintivo, diga em que contextos aparece cada um dos fones e se eles apresentam variação livre ou distribuição complementar.

['maxt]	poder	['mɛçtɪç]	poderoso
['daɪç]	dique	['raʊx]	fumo
['raʊxən]	fumar	['lɔx]	buraco
['bu:x]	livro	['by:çər]	livros
['brɛçən]	quebrar	['brax]	quebrei, quebrou
['ku:lə]	frescor	['ky:lə]	cova
['bru:dər]	irmão	['bry:dər]	irmãos
['bly:tə]	(eu) sangro	['blu:tə]	flor, inflorescência

III) TURCO: O turco tem 8 vogais que podem ser distinguidas em termos de 3 traços fonológicos, como representa o quadro a seguir:

	não arredondada			
		arredondada		
fechada	i	y	u	ɯ
não fechada	e	ø	o	a
	anterior		posterior	

Somente um dos traços é pertinente para o processo de harmonia vocálica que ocorre nessa língua. Com base nos seguintes dados, conclua qual é o traço pertinente e explique o processo.

1. [evde] 'na casa'
2. [ankara] 'Ancara'
3. [verdim] 'eu dei'
4. [køpry] 'ponte'

5. [aldɯm] 'eu peguei'
6. [odun] 'madeira'
7. [odasɯ] 'sua sala'
8. [gøstermek] 'mostrar'

IV) Observe as seguintes palavras do japonês. Nelas ocorre um processo de ensurdecimento de vogais, o que é notado no alfabeto fonético internacional através do diacrítico [̥] abaixo da vogal que ocorre como surda. As vogais longas foram transcritas como duas vogais. Assim [oo] é um [o] longo.

a) Formule uma regra fonológica que indique quais vogais são afetadas pelo processo e em que contextos.

[tʃikatetsɯ̥] 'metrô'	[dʒidooʃa] 'automóvel'	[çikookḭ] 'avião'
[take] 'bambu'	[takḭ] 'cachoeira'	[kḭtanai] 'sujo'
[tʃiisai] 'pequeno'	[kɯ̥tsɯ̥] 'sapato'	[gakɯ̥see] 'estudante'
[sɯɡoi] 'incrível, terrível'	[saʃimi] 'sashimi'	[sekai] 'mundo'

b) A palavra 'lá' apresenta variação entre as formas [asoko] e [asɯko]. Haverá ensurdecimento em alguma delas? Ou em ambas? Justifique.

V) Em espanhol, além dos sons [b], [d], [g], os sons [β], [ð], [ɣ] – sons correspondentes fricativos – também são realizados em palavras da língua. Baseando-se nos dados apresentados a seguir, conclua se [b] e [β], [d] e [ð], [g] e [ɣ] são fonemas distintos ou são alofones. Se forem alofones, estabeleça o contexto pertinente para a distribuição complementar:

1. [aɣusar] 'apontar (lápis)'	6. [tiɣɾe] 'tigre'	11. [aɾdiʎa] 'esquilo'
2. [ɡɾiŋɡo] 'estrangeiro'	7. [taβlaðo] 'tablado'	12. [aɾbol] 'árvore'
3. [ɡoɾdo] 'gordo'	8. [taβako] 'tabaco'	13. [buɾdo] 'duro'
4. [paɣaɾ] 'pagar'	9. [pɾendeɾ] 'prender'	14. [buskaɾ] 'buscar'
5. [tienda] 'loja'	10. [bandiðo] 'bandido'	15. [deβeɾ] 'dever'
		16. [deðo] 'dedo'

VI) Nos dados a seguir do grego moderno encontramos dois processos fonológicos. Formule as duas regras correspondentes e diga que tipos de assimilação ocorrem. OBS.: as formas nominais estão no nominativo (forma que o substantivo assume quando é sujeito de uma oração, por exemplo) e no acusativo (forma que ele assume quando é objeto direto, por exemplo). Todos os substantivos gregos dos exemplos são femininos e estão precedidos do artigo definido, que concorda com o substantivo, aparecendo a forma [i] no nominativo e uma forma variável no acusativo.

Nominativo Sg.	Acusativo Sg.	
[i aˈliθja]	[tin aˈliθja]	'a verdade'
[i ˈɔpsi]	[tin ˈɔpsi]	'o olhar'
[i ˈkɔri]	[tiŋ ˈɡɔri]	'a menina'

[i ˈpɔli]	[tim ˈbɔli]	'a cidade'
[i ˈtaksi]	[tin ˈdaksi]	'a ordem'

Alguns verbos:

[ɛrˈɣazɔmɛ]	'eu trabalho'	[sinɛrˈɣazɔmɛ]	'eu colaboro'
[katiˈkɔ]	'eu moro/habito'	[siŋgatiˈkɔ]	'eu coabito'
[ˈplɛkɔ]	'eu teço'	[simˈblɛkɔ]	'eu entrelaço'
[ˈɛrxɔmɛ]	'eu venho'	[siˈnɛrxɔmɛ]	'eu me reúno'
[tiˈrɔ]	'eu mantenho'	[sindiˈrɔ]	'eu conservo'

VII) Elabore uma regra fonológica que dê conta do processo verificado nos seguintes dados em húngaro. Os dois pontos que aparecem após algumas vogais na transcrição indicam que elas são longas.

[ˈneːp] 'povo'	[ˈdɑl] 'canção'	[ˈneːbdɑl] 'canção folclórica'
[ˈkeːz] 'mão'	[ˈkreːm] 'creme'	[ˈkeːskreːm] 'creme para as mãos'
[ˈdɛreːk] 'cintura'	[ˈbøːʃeːg] 'largura'	[ˈdɛreːgbøːʃeːg] 'medida da cintura'
[ˈhuːʃ] 'carne'	[ˈgomboːts] 'bolinha'	[ˈhuːʒgomboːts] 'almôndega'
[ˈlaːb] 'perna, pé'	[ˈtaːmas] 'apoio'	[ˈlaːptaːmas] 'apoio para o pé'
[ˈhuːs] 'vinte'	[ˈgalamb] 'pombo'	[ˈhuːz ˈgalamb] 'vinte pombos'
[ˈtiːz] 'dez'	[ˈkalɑp] 'chapéu'	[ˈtiːs ˈkalɑp] 'dez chapéus'

VIII) Verifique que tipo de processo fonológico ocorre nos seguintes dados da língua ainu, falada no norte do Japão. Escreva uma regra fonológica que corresponda ao processo encontrado.

 a. /kukoɾ ɾusuy/ → [kukon ɾusuy] 'quero ter (algo)'
 b. /koɾ ɾametok/ → [kon ɾametok] 'a valentia dele'
 c. /koɾ mat/ → [koɾ mat] 'a esposa dele'
 d. /kukoɾ kuɾ/ → [kukoɾ kuɾ] 'meu marido'

(Suzuki 1988: 81)

IX) Considere as formas fonéticas das seguintes palavras de hebraico e observe a distribuição de [v] – [b] e [f] – [p] em:

1. [bika] 'lamentado'	2. [mugbal] 'limitado'	3. [ʃavar] 'quebrado'
4. [ʃavra] 'quebrada'	5. [ʔikev] 'atrasado'	6. [bara] 'criado'
7. [litef] 'lançado'	8. [ʃefer] 'livro'	9. [para] 'vaca'
10. [mitpaxat] 'lenço'	11. [ɦaʔalpim] 'Alpes'	

a) Escreva a regra ou explique a distribuição de [v] – [b] e [f] – [p].

b) Aqui está uma palavra sem um fone. Uma lacuna aparece no lugar do som que falta: [ɦid__ik]. Baseado na distribuição encontrada no item anterior, qual das seguintes alternativas corresponde a uma afirmação correta (só uma é correta):

  i) [b] mas não [v] pode ocorrer no espaço vazio
  ii) [v] mas não [b] pode preencher o espaço
  iii) tanto [b] como [v] podem preencher o espaço
  iv) nem [b] nem [v] podem preencher o espaço

c) Qual das seguintes alternativas é correta para a palavra [word__ana]?

  i) [f] mas não [p] pode preencher a lacuna
  ii) [p] mas não [f] pode preencher a lacuna
  iii) tanto [p] quanto [f] podem preencher a lacuna
  iv) nem [p] nem [f] podem preencher a lacuna

Bibliografia

ABAURRE, Maria Bernadete (1992). *Anotações de curso 'Fonologia'.* Campinas, UNICAMP.
CHOMSKY, Noam & Morris Halle (1968). *The Sound Pattern of English.* Cambridge, MA: MIT Press.
ITÔ, Junko (1984). Melodic Dissimulation in Ainu. *Linguistic Inquiry* 15: 505-513.
ROCA, Iggy & Wyn Johnson (1999). *A Course in Phonology.* Oxford: Blackwell.
ROCA, Iggy & Wyn Johnson (1999). *A Workbook in Phonology.* Oxford: Blackwell.
SAUSSURRE, Ferdinand de (1969). *Curso de linguistica geral.* São Paulo: Cultrix.

Sugestões de Leitura

BISOL, Leda (org.) (1999). *Introdução a estudos de fonologia do português brasileiro.* Porto Alegre: Editora da PUCRS.
Esse livro reúne textos especialmente escritos por vários autores para apresentar a teoria fonológica gerativa. O primeiro capítulo faz um apanhado geral da teoria gerativa na fonologia e os capítulos seguintes tratam de assuntos como a estrutura da sílaba, do sistema vocálico e do sistema consonantal do português, bem como o acento em português. Cada um dos capítulos relaciona a discussão específica do português à teoria fonológica. São abordadas também análises de autores estruturalistas, como Mattoso Câmara.

CAGLIARI, Luiz Carlos (1997). *Análise fonológica.* Campinas: Ed. do Autor.
Livro que apresenta de forma detalhada os procedimentos de análise de sistemas fonológicos, como a verificação do status dos sons e suas oposições dentro de uma determinada língua.

CAGLIARI, Luiz Carlos (1997). *Fonologia do português: análise pela geometria de traços.* Campinas: Ed. do Autor.

O autor apresenta o modelo denominado geometria de traços, o qual foi desenvolvido a partir de meados da década de 1980 e propõe que os traços distintivos são reunidos em subgrupos, estando alguns mais estreitamente relacionados do que outros. O modelo é utilizado para analisar o sistema fonológico do português.

FERREIRA NETTO, Waldemar (2001). *Introdução à fonologia da língua portuguesa.* São Paulo: Hedra.

Encontramos nesse livro uma discussão detalhada da representação gráfica dos sons no português, bem como da formação da fonologia do português a partir do latim. Há inúmeros exemplos de diversas variedades do português, principalmente do Brasil mas também de Portugal, e capítulos que tratam das sílabas e do acento na língua portuguesa. Cada capítulo é complementado por exercícios.

GOLDSMITH, John (org.) (1995). *The Handbook of Contemporary Phonological Theory.* Oxford: Blackwell.

Composto de 24 capítulos de cunho predominantemente teórico que cobrem as principais áreas e teorias da fonologia e oito capítulos que focalizam línguas específicas, todos eles redigidos por especialistas de renome internacional, esse é um livro indispensável para quem quiser se aprofundar no estudo da fonologia.

KAGER, René (1999). *Optimality Theory.* Cambridge: Cambridge University Press.

Esse é um livro bastante didático que introduz a teoria da otimidade, surgida no início da década de 1990, a qual não foi tratada neste capítulo, mas foi mencionada brevemente no final do capítulo relativo à mudança linguística no primeiro volume. A discussão é bastante detalhada e acessível a quem tiver alguma familiaridade com a fonologia gerativa.

KENSTOWICZ, Michael (1994). *Phonology in Generative Grammar.* Oxford: Blackwell.

Esse livro apresenta de forma bastante completa uma discussão dos principais aspectos da teoria fonológica gerativa. O autor utiliza exemplos de inúmeras línguas e discute em detalhe as implicações das principais propostas teóricas. Um livro essencial para quem quiser se aprofundar no estudo da teoria fonológica.

Morfologia

Margarida Maria Taddoni Petter

Para bom entendedor meia palavra basta. Palavra de rei não volta atrás. Pesar as palavras, medir as palavras, pedir a palavra, empenhar a palavra, cortar a palavra, em quatro palavras, palavra de honra, santas palavras, última palavra... São alguns provérbios e expressões que demonstram que, para o falante, a palavra é identificada como uma unidade formal da linguagem que, sozinha ou associada a outras, pode constituir um enunciado. Se para o leigo parece evidente reconhecer *palavras*, para o linguista não é tão simples caracterizar a entidade que representa, aproximadamente, a primeira articulação da linguagem, aquela que se manifesta por meio de unidades significativas.

Para começar a compreender *as palavras* na perspectiva do linguista, vamos partir da prática da gramática tradicional, segundo a qual são atribuídos dois significados ao termo 'palavra'. O primeiro deles poderia ser ilustrado pela resposta fácil à pergunta: quantas palavras há na frase "José contou muitas estórias"? Nenhum locutor de português vacilaria em afirmar que há quatro palavras. Por outro lado, se questionarmos o número de palavras da sequência *contou, contamos, contava, contávamos, contasse,* provavelmente haveria alguma hesitação, e uma das respostas possíveis consideraria a existência de *formas diferentes de uma mesma palavra;* teríamos, então, o segundo sentido de *palavra,* decorrente de uma interpretação especial do conceito. Essa segunda acepção levaria em conta: (i) a **forma vocabular**, ou forma de palavra, e (ii) o **lexema**, a palavra como unidade abstrata, com significado lexical, CONTAR, no caso. É essa última a forma registrada pelos dicionários; corresponde à **forma de citação** padronizada, aquela que é empregada para a referência aos lexemas.

Essas primeiras observações já nos permitem esboçar uma parte das questões investigadas pela Morfologia – frequentemente definida como a área da linguística que estuda "a forma das palavras". Restaria acrescentar, para completar o domínio de investigação da morfologia, que, a partir de CONT-AR, também podemos obter uma outra série de palavras: *conto, contista, contador, conta, contagem.* Embora sejam formas associadas a CONTAR, não podemos afirmar que sejam formas diversas do mesmo lexema, pois cada novo termo possui um significado lexical próprio e constitui, portanto, um novo lexema. Esse conjunto de palavras formou-se por um processo diverso daquele da sequência anteriormente analisada (*contou, contamos, contava, contávamos, contasse*) pois criou novos itens lexicais. Na construção dos dois conjuntos de termos formados de CONT-AR pudemos constatar a atuação de dois processos morfológicos distintos: a **flexão**, no caso de *contou, contamos,* etc. – produzindo "formas de palavras"– e a **derivação**, em *conto, contista,* etc. – produzindo novos "lexemas". O primeiro deles é objeto de estudo da **Morfologia Flexional** e o segundo, da **Morfologia Lexical**.

1. Morfologia é o estudo da forma...

O *Dicionário Houaiss da Língua Portuguesa* (2001) apresenta como primeiro significado de *morfologia*: "estudo da forma, da configuração, da aparência externa da matéria". O termo foi inicialmente empregado nas ciências da natureza, botânica e geologia. Na linguística, começou a ser utilizado no século XIX. Nessa época, sob influência do modelo evolucionista de Darwin, acreditava-se que o estudo da "evolução" das 'quatrocentas ou quinhentas' raízes básicas do indo-europeu poderia levar à solução do velho enigma da origem da linguagem (Mattews, 1974:3). Hoje, essa questão está praticamente fora do âmbito da pesquisa linguística, e "o estudo da forma das palavras" assume outra abrangência e complexidade.

O estudo comparativo das línguas desenvolvido no século XIX permitiu que August von Schegel (1818) formulasse uma tipologia morfológica, reorganizada por August Schleicher (1821-1868), segundo a qual todas as línguas se distribuiriam em três tipos:

    a) isolantes: em que todas as palavras são raízes, isto é, as palavras não podem ser segmentadas em elementos menores, portadores de informação gramatical e/ou significado lexical. O chinês é uma língua isolante: wŏ măi júzi chī /eu/comprar/laranjas/comer/ "eu comprei laranjas para comer" (Crystal, 1987:293);

b) aglutinantes: em que as palavras combinam raízes (elementos irredutíveis e comuns a uma série de palavras) e afixos distintos para expressar as diferentes relações gramaticais, como o turco: kayık+lar+ımız/ barco/plural/nosso/"nossos barcos", onde distinguimos, claramente, a raiz kayık, os afixos: -lar (plural) e -ımız (possessivo 1ª pes. pl.), observando um afixo para cada informação gramatical;

c) flexionais: em que raízes se combinam a elementos gramaticais, que indicam a função das palavras e não podem ser segmentados na base de 'um som e um significado', ou um afixo para cada significado gramatical, como nas línguas aglutinantes. O latim é um exemplo de língua flexional, pois as desinências casuais trazem muitas informações – caso, número e gênero – como em bon-as, em que -as se combina à raiz bon- para indicar o caso *acusativo*, o número *plural* e o gênero *feminino*.

Sabe-se que não há nenhuma língua que seja exclusivamente isolante, aglutinante ou flexional; o que ocorre é uma tendência maior a organizar as palavras conforme um ou outro tipo. Em muitas línguas consideradas "isolantes", em que os valores gramaticais não estão marcados segmentalmente, são as variações tonais que os expressam, realizando a flexão no nível suprassegmental. Embora hoje essa tipologia seja reconhecida como tendo um caráter meramente descritivo, pois não há nenhuma "vantagem" linguística em apresentar morfologia flexional ou "desvantagem" em ter morfologia predominantemente isolante, essa classificação, por influência de Schleicher, foi interpretada por muito tempo como tendo o valor de uma escala hierárquica evolutiva, que teria, na base, as línguas isolantes – africanas, indígenas e asiáticas; no topo estariam as línguas flexionais, "mais evoluídas"– as línguas da família indo-europeia (Leroy, 1971: 34-43).

Humboldt (1836) identificou um quarto tipo de organização morfológica nas línguas do mundo, o das línguas *polissintéticas*, caracterizadas por uma morfologia complexa capaz de colocar numa única palavra muitos morfemas que seriam palavras independentes em muitas línguas analíticas. Muitos linguistas questionaram se "polissintética" consistiria uma categoria tipológica independente, uma vez que essas línguas apresentam traços flexionais e aglutinantes. No início do século XX, Whitney, Franz Boas e Sapir desenvolveram vários estudos descritivos sobre línguas polissintéticas (chamadas também *incorporantes*), a maioria delas concentrada na América do Norte, nas famílias Esquimó-Aleúte, Algonquina, Iroquesa, Na-Dene. As línguas *polissintéticas* não se confundem com as línguas que possuem palavras longas, decorrentes de processos de composição, como o alemão ou sânscrito, pois naquelas as palavras são verdadeiras *frases*, ou *palavras-sentenças* como ilustra o exemplo abaixo, de uma 'palavra' na língua Bella-Coola [Salishan] (Fortescue, 1992: 2602):

mntsk – lqsak – m – ts

62   Introdução à Linguística II

(contar – dedo – progressivo – 1ª pes. singular)

"Eu estou contando nos meus dedos"

Foi o conhecimento maior de línguas fora do domínio indo-europeu que permitiu à linguística rever o seu conceito sobre "palavra" e os mecanismos utilizados para sua identificação. Critérios semânticos – uma palavra, um significado – ou fonológicos – um acento principal por palavra – mostraram-se insuficientes, quando aplicados a várias línguas, como as polissintéticas, por exemplo. O critério sintático é considerado por muitos linguistas como o mais adequado. Seriam palavras as sequências sonoras que poderiam constituir a resposta mínima a uma pergunta e que poderiam ser usadas em várias posições sintáticas. Conforme esse princípio, o exemplo acima de língua polissintética seria uma 'palavra', pois seria a resposta mínima a uma questão do tipo: "Com o que você está contando?" Formulada em português, a resposta mínima para essa pergunta seria "dedos", uma *palavra*, da mesma forma que a 'palavra-sentença' da língua polissintética é uma *palavra*; nas duas línguas a *palavra* obedece aos critérios sintáticos de poder ocorrer isoladamente e em várias posições sintáticas.

Adotando a definição sintática de palavra – o elemento mínimo que pode ocorrer livremente no enunciado ou pode sozinho constituir um enunciado – resta examinar o que significa estudar a *"forma das palavras"*. Num sentido mais amplo, em que as palavras são signos linguísticos, poderíamos associar a *forma ao significante* do signo linguístico, sua expressão sonora, que se relaciona com o significado, o conteúdo semântico. Para Hjelmslev, *significante* e *significado* corresponderiam, respectivamente, ao *plano da expressão* e ao *plano do conteúdo*, ambos dotados de forma e substância. Nesse sentido o 'estudo da forma' deveria explicar a relação entre a "forma da expressão" e a "forma do conteúdo", ou seja, os sons organizados linguisticamente para produzir significado. Mas qual seria, então, a unidade mínima de análise: os fonemas e traços, como foram definidos pela Fonologia? A resposta é negativa, pois a Morfologia possui sua própria unidade básica. Podemos tomar como unidade mínima de análise, o signo, a *palavra*, CONTEI, por exemplo, pois pode ocorrer sozinha enquanto forma livre, como também podemos considerar como unidade de análise os signos mínimos ainda portadores de significado, mas que não podem ocorrer sozinhos, CONT-EI. Essas unidades mínimas com significado são denominadas *morfemas*.

Considerar o *morfema* ou a *palavra* como a unidade central do estudo morfológico resulta em modos diferentes de abordar a morfologia. Podemos dizer que a noção de morfema está relacionada com o estruturalismo, que tinha como problema central a identificação dos morfemas nas diferentes línguas do mundo. O privilégio dado à noção de *palavra* é próprio de estudos preocupados com o "modo pelo qual a estrutura das palavras reflete suas relações com outras palavras em construções maiores, como as sentenças, e com o vocabulário total da língua" (Anderson, 1992:7; 1988: 146; apud Rosa, 2000: 16).

Como nosso objetivo é introduzir o estudante de linguística na metodologia da análise morfológica das línguas, vamos apresentar os princípios de descrição desenvolvidos dentro do quadro teórico estruturalista, pela sua eficácia na segmentação e na análise dos processos de associação dos morfemas.

2. Identificação de Morfemas

Bloomfield, ao definir morfema como "a forma recorrente (com significado) que não pode ser analisada em formas recorrentes (significativas) menores" (1926:27), já deixava entrever que a comparação é a técnica básica para a identificação dos morfemas, os menores signos ainda portadores de significado. Assim, a tarefa primeira da análise morfológica consistirá em observar pares ou grupos de palavras que apresentam uma oposição parcial, tanto na expressão como no conteúdo. Opera-se da mesma maneira utilizada para reconhecer fonemas, verificando se a substituição, ou a comutação, de elementos diferentes, mantendo-se os recorrentes, provoca uma alteração parcial de conteúdo. Observe os dados da língua Baulê (Níger-Congo, grupo kwa), falada na Costa do Marfim (os diacríticos indicam os tons – variações de altura das sílabas das palavras, que permitem distinguir significado: [`] tom baixo; [´]tom alto):

ǹbá	*"eu chego"*
àbá	*"você chega"*
ɔ̀bá	*"ele/ela chega"*
èbá	*"nós chegamos"*
ámùbá	*"vocês chegam"*
bèbá	*"eles/elas chegam"*

A comparação dos dados da língua africana mostra que o elemento mínimo recorrente é {-bá} e que as formas {ǹ, à, ɔ̀, è, ámù, bè} se opõem na forma e no significado, como se constata pela tradução em português. Identificamos, então, sete morfemas, o que equivale dizer que podemos segmentar as formas verbais como segue:

ǹ-bá   à-bá   ɔ̀-bá   è-bá   ámù-bá   bè-bá

O morfema recorrente é portador do significado de "chegar" e os seis morfemas diversos transmitem a significação de pessoa e número. O morfema recorrente é portador do significado lexical, e os demais trazem a informação gramatical. Para grande parte dos linguistas franceses, a denominação 'morfema' restringe-se ao elemento de significado gramatical, utilizando 'lexema' para o significado lexical e 'monema' para ambos. Utilizaremos o termo "morfema" para os signos mínimos que indicam tanto o significado lexical quanto o gramatical.

64   Introdução à Linguística II

2.1. Alomorfes

A diversidade morfológica das línguas é muito grande, maior do que a diversidade sintática. Não se pode generalizar uma informação obtida pela análise do português ou de qualquer outra língua indo-europeia. No entanto, a descrição já estabelecida de muitas línguas revela funcionamento semelhante. A afirmação de que cada morfema tem uma forma única para expressar um mesmo significado é contestada por todas as línguas em diferentes graus e situações. Observe-se o quadro abaixo do português (Borba, 1987:148):

(i) feliz, crível, grato, real, mortal, legal, adequado, hábil, natural.

(ii) infeliz, incrível, ingrato, irreal, imortal, ilegal, inadequado, inábil, inatural.

Comparando-se as duas séries nota-se que em (ii) o segmento inicial tem sempre um valor negativo, mesmo que sob forma fonética diversa [ĩ], [i], [in]. A diferença fonética é, no entanto, previsível: teremos [in] antes de vogal; [i] antes de [l, r, m, n] e [ĩ] antes de qualquer outra consoante. Essas formas são variantes de um mesmo morfema, o que permite compreender que o morfema é, na verdade, resultado de uma abstração ou generalização: ele pode apresentar várias configurações fonéticas, cada uma delas é um *morfe* do mesmo morfema. O conjunto de *morfes* que representam o mesmo morfema são seus *alomorfes*. Nenhum alomorfe pode ocorrer no mesmo contexto que outro, o que significa dizer que *os alomorfes de um morfema devem estar em distribuição complementar.*

Se a escolha entre dois ou mais alomorfes depender do contexto sonoro em que ele se encontra, diz-se que houve um **condicionamento fonológico (ou fonético)**. A alomorfia fonologicamente condicionada reflete, geralmente, as restrições de combinatória de fonemas que ocorrem em cada língua. Assim, em português nenhuma sílaba pode terminar em /rs/, então */bars/ não é uma sequência permitida; já em inglês ou francês essa sequência é possível.

Quando não for possível explicar a alomorfia pelo contexto fonético, como o caso do alomorfe do plural de palavras em inglês como *ox*, *ox-en*, em que a escolha depende de signos linguísticos particulares, diz-se que houve um **condicionamento morfológico**, isto é, uma forma exige a outra simplesmente. Tal é o caso do particípio passado dos verbos em italiano, cujos alomorfes *-ato*, *-uto*, *-ito*, dependem dos alomorfes do morfema dos três grupos do infinitivo: *-are*, *-ere*, *-ire*. Assim, *comprare* "comprar", *credere* "crer", *dormire* "dormir" têm como formas de particípio passado: *comprato*, *creduto*, *dormito*. As classes do infinitivo, portanto, são relevantes para a escolha entre os alomorfes do morfema do particípio passado.

O condicionamento fonológico é interpretado por muitos linguistas como sendo um assunto para a fonologia e não para a morfologia. Como é flagrante a relação entre o nível fonológico e o morfológico, alguns autores (principalmente os do Círculo Linguístico de Praga) propuseram a existência de um nível intermediário, objeto de estudo da morfo(fo)nologia, ou morfofonêmica, que trataria da estrutura fonológica dos morfemas, de suas modificações combinatórias, das mudanças fônicas que adquirem função morfológica. Para os propósitos deste trabalho, interessa principalmente observar a interação entre a fonologia e a morfologia, manifestada nos processos fonológicos que atuam na distribuição dos alomorfes. Sendo assim, vamos analisar a **assimilação**, processo muito frequente nas mais diversas línguas:

Em *temne* (Níger-Congo, grupo atlântico, falada em Serra Leoa), o morfema do artigo definido plural de uma classe de nomes apresenta alguns alomorfes:

ɔ-baj	*"o chefe"*	am-baj	*"os chefes"*
ɔ-tik	*"o estrangeiro"*	an-tik	*"os estrangeiros"*
ɔ-kɑbi	*"o ferreiro"*	aŋ-kɑbi	*"os ferreiros"*

O morfema do definido plural pode ser descrito por {a+Nasal}, em que a consoante nasal será especificada pela consoante que a seguir, ou seja, a nasal assimila-se ao ponto de articulação da consoante do morfema seguinte: será a nasal bilabial, antes de consoantes bilabiais; alveolar, antes de consoantes alveolares; velar, antes de consoantes velares.

A descrição morfológica deverá indicar o processo fonológico que determinou a escolha do alomorfe, que poderá ser expressa por meio de uma regra:

$$\{a + N\} \rightarrow \begin{array}{l} [\,am\text{-}\,]/- \text{bilabial (labial)} \\ [\,an\text{-}\,]/- \text{alveolar (coronal)} \\ [\,aŋ\text{-}\,]/- \text{velar (dorsal)} \end{array}$$

Um tipo de assimilação bastante comum é a ***palatalização***, em que as consoantes velares ou dentais assimilam-se às vogais anteriores altas, que têm articulação semelhante às consoantes palatais. Esse fato ocorre no italiano, em /amitʃi/ "amigos", plural de /amiko/ "amigo", em que a velar seguida de /i/ assumiu o ponto de articulação da vogal anterior alta.

3. Processos Morfológicos

A associação de dois elementos mórficos produzindo um novo signo linguístico obedece a certos princípios ou mecanismos que variam em sua possibilidade de combinação nas diferentes línguas. Esses modos de combinação são *processos morfológicos* que se manifestam sob a forma de :

a) ADIÇÃO: quando um ou mais morfemas é acrescentado à *base*, que pode ser uma raiz ou radical primário, isto é, o elemento mínimo de significado lexical. Em *aprofundar*, temos os seguintes morfemas *a-profund-ar*, onde *a-* e *-ar, são morfemas aditivos*, que se acrescentaram à raiz *profund-*. *Aprofund-* é a base de *aprofundar*. São chamados **afixos** os morfemas que se adicionam à raiz; **afixação** é o processo. Dependendo da posição dos afixos em relação à base podemos ter cinco tipos:

(i) *Sufixação:* depois da base. Ex: *livro>livro-s; casa>cas-eiro*;
(ii) *Prefixação:* antes da base. Ex: *ler>re-ler; certo>in-certo*;
(iii) *Infixação:* dentro da base. Ex: em Kmu (Laos):

/rkeŋ/ "esticado" > /rmkeŋ/ "esticar" (infixo /-m-/);

(iv) *Circunfixos* são afixos descontínuos que enquadram a base, como em Georgiano (Cáucaso) :

/u...es/ "muito" – /u-lamaz-es-i/ "muito bonito" (cf. /lamaz-i/ "bonito")

/u-did-es-i/ "muito largo" (cf. / did-i/ "largo"); /-i/ é um sufixo de nominativo. Embora *u-* pareça ser um prefixo e *-es* assemelhe-se a um sufixo, nenhum dos dois tem significado isoladamente, por isso é preferível tratar a combinação dos dois como uma unidade.

(v) Os *transfixos* são descontínuos e atuam numa base descontínua, como em Hebraico:

/sagar/ "ele fechou"
/esgor/ "eu fecharei"
Essas formas podem ser analisadas em: base consonantal /s.g.r/ "fechar", e os transfixos vocálicos:
/.a.a./ 3ª pessoa singular passado
/.e.o./ 1ª pessoa singular futuro

b) REDUPLICAÇÃO: é um tipo especial de afixação, que repete fonemas da base, com ou sem modificações. Nas línguas clássicas – latim, grego e sânscrito – está associado à flexão verbal. Alguns perfeitos latinos são marcados pela repetição da consoante inicial do radical do verbo, seguida de *e-*

PRESENTE		PERFEITO
pango	"concordo"	pepĭgī
pargo	"abstenho-me de"	peperci
cano	"canto, celebro"	cecĭnī

O morfema reduplicado pode aparecer antes, no meio ou depois da raiz. Pode, também, repetir toda a raiz ou parte dela. No pidgin da Nova Guiné, repete-se a sílaba final da raiz: *lapun* "velho", *lapunpun* "muito velho". Nas línguas crioulas, os significados mais frequentemente obtidos pela reduplicação são de intensidade, iteração e distribuição. Em Fa d'Ambu, crioulo de base portuguesa da ilha de Ano Bom temos (Post, 1995:196):

Intensidade	kitsyi	"pequeno"	kitsyikitsyi	"muito pequeno"
	gavu	"bom"	gagavu	"muito bom"
iteração	nda	"andar"	ndanda	"perambular"
	fa(la)	"fala"	fafal	"tagarelar"
distribuição	dosy	"dois"	dodosy	"ambos"
	bodo	"borda"	bodobodo	"costa"

c) **ALTERNÂNCIA:** quando alguns segmentos da base são substituídos por outros, de forma não arbitrária, porque são alguns traços que se alternam com outros; como em português: *pus/pôs*; *fiz/fez*; *fui/foi*, ou em inglês, alguns plurais, como *foot/feet*; *man/men*. Em alemão, também alguns plurais se formam apenas pela alternância vocálica [fater]/[fɛter] "pai/pais", ou pela alternância e o acréscimo de sufixos [man]/[mɛner] "homem/homens". A linguística histórica trata esses processos de alternância de vogais no interior da raiz como apofonia e metafonia.

d) **SUBTRAÇÃO:** quando alguns segmentos da base são eliminados para expressar um valor gramatical. Bloomfield apresentou um exemplo clássico para explicar o masculino em francês como resultante desse processo, em que as formas masculinas podem ser derivadas das femininas pela queda da consoante final, como nos itens:

Feminino	Masculino	
ʃat	ʃa	"gato"
lɛd	lɛ	"feio"
movɛz	movɛ	"mau"
frɛʃ	frɛ	"fresco"
bɔn	bɔ̃	"bom"

Descrever essa série partindo da forma masculina, levaria a identificar uma lista muito grande de morfemas do feminino (-t, -d, -z, -ʃ, -n, nos exemplos citados), o que dificultaria uma generalização. Explicando por meio do morfema subtrativo obtém-se uma descrição mais regular.

Diferentemente do francês, pode-se dizer que no português alguns femininos são formados por subtração de morfemas do masculino, como em *órfão/órfã*; *anão/anã*; *campeão/campeã*, etc.

Os processos morfológicos que afetam traços suprassegmentais, como acento e tom, podem ser aditivos ou substitutivos. Em inglês, nos pares nome/verbo que se distinguem pela posição do acento, como se vê em ***tránsform/transfórm*** "transformação/transformar" pode-se tomar o verbo como a forma básica e derivar o nome por meio de uma mudança de acento ou assumir que ambas as formas (nome e verbo) são uma base não especificada quanto ao acento mais um padrão de acento nominal [´_], ou padrão de acento verbal [_´].

68   Introdução à Linguística II

Algumas vezes, vários processos podem aparecer combinados, como, em português, no plural da palavra ovo, em que há uma alternância o/ɔ e uma sufixação {-s}, ɔvos.

A situação examinada acima nos mostra que um único traço de conteúdo (plural, no caso) pode ser expresso por uma combinação de marcas. Inversamente, uma única marca pode simbolizar muitos traços de conteúdo, como no francês *au [o]*, que funciona como a preposição *à* "para" mais o artigo masculino *le*, em *au début* "no começo", por exemplo. Em latim, temos as desinências dos nomes, que indicam o caso (função) o gênero e o número, como *bon-i* "bons", em que {-i} significa nominativo (sujeito), masculino, plural. Em português, pode-se analisar que, na primeira pessoa do presente do indicativo de *am -o*, o *{-o}* representa cumulativamente presente do indicativo + 1ª pessoa do singular (Pontes, 1965). Esses exemplos são tratados como casos de *cumulação*, e os morfes são denominados de *cumulativos* ou *portemanteau* ("cabide", em francês).

4. Morfema zero

A noção de *morfema zero* {ø} deve ser postulada com bastante parcimônia. Segundo Gleason (1961:80), pode-se dizer que há morfema zero somente quando não houver nenhum morfe evidente para o morfema, isto é, quando a ausência de uma expressão numa unidade léxica se opõe à presença de morfema em outra, como se depreende da comparação das formas verbais (Kehdi, 1993:23):

Falávamos
Falava

Nesse caso, pode-se destacar o morfema {-mos} como expressão de primeira pessoa do plural. Quanto à *falava*, forma de primeira ou terceira pessoa do singular, não se identifica nenhum segmento que indique essas noções. Nesse caso é a ausência de marca que expressa a pessoa e o número; portanto é o *morfema zero* {ø} que traz a informação gramatical.

Seguindo Kehdi (1993:25), pode-se afirmar também que os alomorfes de plural em português: /-s,-es,-is/, incluem um alomorfe zero, presente, por exemplo, em pires, cujo número só é recuperável pelo contexto: *o pires novo / os pires novos*. Pode-se afirmar que pires é constituído do radical pires mais o alomorfe /ø/ de número (singular /plural).

A descrição de uma língua desconhecida a partir da tradução exige um cuidado adicional, pois muitas vezes a tradução pode deixar de lado alguns traços do significado ou acrescentar outros. Postular a existência de um *morfema zero* pode ser útil, em muitas situações, como um expediente temporário na análise, até que um estudo mais extenso possa confirmar ou contestar a análise proposta.

Uma descrição superficial dos nomes em Diulá (Níger-Congo, grupo mandê, Costa do Marfim, Burkina Fasso, Guiné) poderia concluir que não há marcas para o morfema do definido, comparando as formas: /mùsò/ "mulher" e /mùsô/ "a mulher". No entanto, uma observação mais atenta, com maior número de dados, demonstraria que o definido manifesta-se por meio de um tom baixo que se combina com o último tom da palavra, gerando, um tom modulado /^/ alto-baixo, no lexema investigado. Não se trata, portanto, de um morfema zero, mas sim de um morfema tonal.

5. A Ordem dos Morfemas

Todas as línguas apresentam restrições quanto à combinação de morfemas, que levam em conta a forma e a ordem linear da distribuição dos morfemas.

Construções como *ama-ría-mos* impedem qualquer desrespeito à ordem linear, tornando impossível *ama-mos-ría, *mos-ama-ría, por exemplo. Alguns linguistas, como os de orientação distribucionalista, argumentaram que somente esses casos, em que se observam combinações no interior dos segmentos internos da palavra, devem ser analisados pela morfologia, cabendo à sintaxe estudar as combinações no nível da frase e do sintagma. Essa discussão remete a uma relação difícil de negar entre a morfologia e a sintaxe, visto que a restrição à sequência *livro o* não é intrinsecamente diferente da restrição à forma *ama-mos-ría*. No âmbito estrito da morfologia, Hockett (1954:389) chegou a propor a descrição de um *padrão tático* das línguas que incluiria a enumeração das classes de distribuição característica dos morfemas.

6. Morfologia Lexical e Morfologia Flexional

Podemos agora, depois de ter aprendido a segmentar os morfemas e reconhecer seus processos de organização, voltar a um tópico apenas enunciado na introdução deste capítulo, a subdivisão dos estudos da morfologia em dois campos:

(i) um dedicado ao estudo dos mecanismos morfológicos por meio do qual se formam palavras novas – domínio da *morfologia lexical*;

(ii) outro, voltado para a análise dos mecanismos morfológicos que apresentam informações gramaticais – domínio da *morfologia flexional*.

O mecanismo básico da morfologia lexical é a derivação, por meio do qual se formam séries assistemáticas e assimétricas com muitas lacunas: *"trabalhar – trabalhador, lavrar – lavrador, carregar – carregador,* mas não *ensinar – *ensinador,* *estudar – *estudador*, porque os lugares já estão ocupados por *professor, mestre, lente e estudante"* (Sandmann, 1991, 24). Na morfologia flexional, o mecanismo básico é a flexão, que forma conjuntos sistemáticos completos ou fechados, os paradigmas flexionais das conjugações verbais, por exemplo. Na primeira temos a formação de palavras novas, na segunda as palavras são as mesmas, com modificações que indicam relações gramaticais.

Os morfemas derivacionais, embora mais numerosos, têm uma distribuição mais restrita, condicionada pelo uso. Os sufixos do português *-ção, -mento*, por exemplo, unem-se a verbos, para indicar nome de ação ou resultado de ação, como: *invenção, casamento*; enquanto os sufixos *-ismo, -ura* unem-se a adjetivos, para expressar, também, ação ou resultado de ação: *civismo, doçura*. Os morfemas flexionais, numericamente limitados, têm uma distribuição mais ampla; o sufixo flexional de plural, o *-s*, se liga a qualquer nome contável.

O acréscimo de morfemas derivacionais pode provocar a mudança de categoria gramatical das palavras; os flexionais conservam seus membros na mesma classe. Em português, podemos exemplificar alguns casos de transferência de classe:

Nome + sufixo > verbo   Ex: clarear, civilizar, coroar, mapear
Verbo + sufixo > nome   Ex: contagem, pesagem, vencedor, punição
Adjetivo + sufixo > nome   Ex: escuridão, imensidão, realidade, finalidade

A derivação lexical, por expressar diferenças vocabulares, é responsável pela maior parte da criatividade ou produtividade lexical da língua. Podemos observar sua atuação nos neologismos bastante previsíveis criados pelos sufixos *-ismo* ou *-ista* difundidos pelos jornais: *lulismo, serrismo, cirista, brizolista*.

7. Morfologia Lexical

Derivação e composição são os processos mais gerais de formação de palavras. O processo de derivação é o mais utilizado para formar novos itens lexicais. Embora a grande diversidade morfológica observada nas línguas do mundo dificulte o reconhecimento da existência de "universais morfológicos", a pesquisa, ainda incipiente na área, revela que entre os processos de afixação (prefixação e sufixação) há uma preferência pela sufixação. Raras são as línguas exclusivamente prefixais; mas muitas são exclusivamente sufixais, como o turco e o japonês.

Examinaremos, na sequência, os processos de derivação e composição no português, a partir dos trabalhos de Borba (1987) e Basílio (1987).

Na derivação acrescenta-se um afixo (sufixo ou prefixo) a uma base, como em:

Prefixo + base: *des + fazer = desfazer*

Base + sufixo: *formal + mente = formalmente*

A base de uma forma derivada é geralmente uma *forma livre*, isto é, uma forma mínima que pode constituir sozinha um enunciado, como um verbo, um adjetivo ou um advérbio. Podemos ter derivados a partir de *formas presas*, isto é, formas que não podem ocorrer sozinhas, como *morfológico*, em que se juntou o sufixo *-ico*, formador de adjetivos, à base *morfolog*, composta de *morfo + log*, que é ao mesmo tempo composta (dois radicais gregos) e presa.

A composição consiste na associação de duas bases para formar uma palavra nova. Teremos palavras compostas a partir de formas livres, como *guarda-livros (guarda + livros)* como também a partir de formas presas, como *geologia (geo + logia)*.

7.1. Derivação

Em português, raízes e radicais servem de base para a adjunção de afixos. Se tomarmos a palavra *marinha*, verificaremos que o sufixo */-inha/* foi acrescentado à **raiz** *mar-*; já na palavra *marinheiro*, o sufixo */-eiro/* foi acrescentado ao **radical** *marinh-*. A raiz é o elemento irredutível e comum às palavras derivadas *(mar-inha, mar-inheiro)*; o radical inclui a raiz e os elementos afixais que servem de suporte para outros afixos, criando novas palavras, como *marinheiro*, cujo radical é *marinh-*. Os afixos são em número limitado. Em português, por exemplo, são pouco mais de cinquenta prefixos e aproximadamente cento e quarenta sufixos. Apresentam funções sintático-semânticas definidas, que delimitam o significado e o uso possível da nova palavra formada. Assim, os prefixos combinam o seu valor semântico ao da raiz a que se unem, como nos exemplos:

inter + por = interpor; contra + senso = contrassenso; vice + rei = vice-rei.

Os sufixos também apresentam uma significação léxica, mas é mais comum terem um valor geral e abstrato, como *-dade, -ez, -ia*, que formam substantivos abstratos (liberdade, viuvez, alegria); *-ense, -este, -ício*, que formam adjetivos (catarinense, celeste, vitalício); *-ar, -ear, -izar*, que formam verbos (penar, florear, concretizar). Há sufixos que acumulam valores semânticos diversos, como *-ada* (i) ideia de coleção (filharada), (ii) ideia de golpe (agulhada), (iii) ideia de produto alimentar (feijoada), (iv) ideia de duração (temporada).

Os processos derivacionais são bastante produtivos. Tal fato pode ser explicado não só pela possibilidade elevada de combinação de raízes e afixos, mas porque: (i) em muitos casos mudam a classe da nova palavra formada, como a nominalização de verbos, processo altamente produtivo que forma substantivos a partir de verbos, como *pesar > pesagem*, (ii) envolvem noções bastante comuns e de grande generalidade, como a ideia de negação *(ilegal)*, grau *(gatinho)*, designação de indivíduos *(pianista)*, nomes abstratos *(bondade)*.

7.2. Composição

O processo de composição junta uma base a outra, com ou sem modificação de sua estrutura fônica; aglutinando-se, em *aguardente*, ou justapondo-se, em *pentacampeão*. Os elementos do composto apresentam uma relação entre um núcleo e um modificador (ou especificador), entre um determinado e um determinante. Em português, o primeiro elemento do composto que funciona como núcleo nas estruturas formadas por:

Substantivo + substantivo   Ex.: *sofá-cama, peixe-espada, mestre-sala*
Substantivo + adjetivo   Ex.: *caixa-alta, obra-prima, amor-perfeito*
Verbo + substantivo   Ex.: *guarda-roupa, porta-estandarte, beija-flor*

Nas estruturas com adjetivo, esse é sempre o especificador, independente de sua posição: *belas-artes, livre-arbítrio*.

A composição distingue-se da derivação por seu próprio mecanismo de estruturação: enquanto pela derivação se expressam noções comuns e gerais, o processo de composição permite categorizações mais particulares. A associação de dois elementos independentes do léxico em apenas um elemento cria formas compostas muitas vezes desvinculadas do significado particular de cada um de seus componentes, como em *amor-perfeito*.

8. Derivação Regressiva

Diferentemente dos processos de derivação e de composição, em que há adição de morfemas, existe, em português, um mecanismo de criação lexical em que se observa a *redução* de morfemas, conhecido como processo de *derivação regressiva*. Pode-se observá-lo em derivados do tipo: *busca*, de *buscar*; *implante*, de *implantar*, *manejo*, de *manejar*. Os derivados são, na maioria, substantivos deverbais, isto é, construídos a partir de verbos.

9. Derivação Parassintética

A derivação parassintética consiste na adição simultânea de um prefixo e um sufixo a uma base. É um processo mais produtivo na formação de verbos (*en-* + *feitiço* + *-ar* = *enfeitiçar*) do que na de adjetivos (*des-* + *alma* + *-ado* = *desalmado*). A função semântica é atribuída ao prefixo, enquanto a função sintática cabe ao sufixo, que muda a classe da palavra a que pertence a base.

Reconhece-se como construção parassintética apenas aquela em cujo processo de estruturação não se pode identificar uma etapa de prefixação antecedendo à de sufixação, como em *enraivecer*, que não pressupõe **enraiva*. Já em *insensatez* reconhecemos diferentes níveis de estruturação: o da prefixação, atribuindo valor negativo ao adjetivo *sensato*, formando *insensato*, e a sufixação de *-ez*, formando *insensatez*.

10. Morfologia Flexional

A morfologia flexional trata, principalmente, dos morfemas que indicam relações gramaticais e propiciam os mecanismos de concordância, estando mais diretamente relacionada à sintaxe. Nas línguas do mundo, as categorias gramaticais frequentemente manifestadas pelos morfemas flexionais são: para os *nomes*, as categorias de *gênero*, *número* e *caso*; para os *verbos*, as categorias de *aspecto*, *tempo*, *modo* e *pessoa*. Chegou-se até a formular a hipótese da existência de universais morfológicos relativos à flexão. Greenberg (1963:112) constatou que, frequentemente, havendo um morfema para cada categoria, a ordem de ocorrência junto ao nome é: gênero, número e caso. Bybee (1985:13-24), na tentativa de explicar certos universais morfológicos, afirma que as categorias mais relevantes são colocadas mais próximas aos radicais ou bases; no caso dos verbos, a ordem varia em função do tipo de afixos, se estes forem *sufixos* a ordem preferencial é *aspecto -tempo -modo -pessoa -número*; se forem prefixos, a ordem será invertida.

A evidência desses universais não significa que todas as línguas manifestarão todas essas categorias, nem que todas elas serão representadas pelos mesmos tipos de morfema. Para compreender o funcionamento dos morfemas flexionais vamos examinar como se apresentam os nominais nas línguas do grupo banto (Níger-Congo, bênue-congo) com exemplos do quimbundo, língua falada em Angola:

mù-tù	"pessoa"	kì-nù	"pilão"
à-tù	"pessoas"	ì-nù	"pilões"
mù-xì	"árvore"	dì-zwì	"língua"
mì-xì	"árvores"	mà-zwi	"línguas"

Identificamos claramente um morfema prefixal para o singular e outro para o plural, em cada par de palavras, mas não temos elementos para prever a forma de cada um desses morfemas. A diversidade de formas, no entanto, não é aleatória, ela obedece a um sistema chamado "classe nominal", que inclui todos os substantivos da língua numa classe de singular e noutra de plural; cada classe sendo caracterizada por um prefixo. As classes se organizam aos pares; em quimbundo

74 Introdução à Linguística II

há 18 classes nominais, com 9 emparelhamentos singular/plural. Analisando os exemplos acima temos:

a) classe 1 {*mu-*} tem como plural a classe 2 {*a-*}, refere-se aos seres humanos. Ex. mù-tù / à-tù;

b) classe 3 {*mu-*} tem como plural a classe 4 {*mi-*}, refere-se às plantas. Ex. mù-xì / mì-xì;

c) classe 5 {*di-*} tem como plural a classe 6 {*ma-*}, refere-se ao corpo, coletivos. Ex: dì-zwì / mà-zwì;

d) classe 7 {*ki-*} tem como plural a classe 8 {*i-*}, refere-se a objetos fabricados. Ex: kì-nù / ì-nù

Os valores semânticos associados às diferentes classes constituem apenas uma referência, nem sempre verificada na língua. O que atribui a classe a um substantivo é o fato de pertencer a um determinado sistema de concordância, por exemplo classe 3/classe 4, isto é, a classe de singular com a classe respectiva de plural. Trata-se de um mecanismo de flexão, que não cria novos itens na língua, apenas atualiza as raízes para que possam participar de um enunciado.

O sistema de classes nominais em que se inserem os substantivos do quimbundo rege também um mecanismo de determinação, que opera no nível do sintagma como também no nível da frase. Assim, teremos:

(1) mù-tù ú-mòxì 'uma (só) pessoa'   (2) kì-nù kì-mòxì 'um (só) pilão'
/cl 1/pessoa/ pref.pron. cl1/um/   /cl7-pilão/pref.pron.cl.7/um/
/pessoa/ uma/   /pilão/um/

Os morfemas que precedem os modificadores do substantivo concordam com este em classe.

Observe-se, abaixo, como as marcas de concordância com a classe do núcleo nominal se manifestam no nível da frase:

(3) mùtù   úmòxì   wádìkwàmà

/mù -tù/ú- mòxì/ù-á-dì-kwàmà/

/cl1- pessoa/ pref.pron.cl1-um/ índice do suj.classe 1- passado - reflexivo - ferir/

"Uma (só) pessoa se feriu" (Bonvini, 1996:81)

Podemos afirmar que o sistema de classe nominal é um *sistema de concordância*, em que todos os especificadores do núcleo nominal devem concordar com ele em classe; no exemplo acima, o prefixo pronominal (categoria dos numerais em quimbundo, conforme descrição de Bonvini) e o índice do sujeito (anafórico do sujeito, obrigatório mesmo com sujeito preenchido lexicalmente) apresentam-se sob a forma que assumem ao relacionar-se com substantivos da classe 1. Se o núcleo nominal fosse preenchido por um substantivo de outra classe, esses morfemas assumiriam outras formas, conforme o paradigma de cada categoria. Assim como o paradigma das classes nominais em quimbundo possui 18 morfemas, os paradigmas dos prefixos pronominais e os paradigmas dos índices do sujeito também possuem 18 morfemas cada um, para permitir que a flexão manifeste a solidariedade sintática dos morfemas inter-relacionados.

Considerações finais

A morfologia é uma área que tem provocado muitas controvérsias entre os linguistas, que nem sempre consideraram o nível morfológico pertinente para a construção de uma teoria da gramática. O estruturalismo tratou a morfologia como uma questão fundamental, ao valorizar a descrição da diversidade das línguas, evidenciada pela grande diferença morfológica. Para o gerativismo, essa diversidade remete a um aspecto crucial: como conciliar a proposta de uma gramática universal diante de tamanha diversidade morfológica? Esse é o desafio que o gerativismo está enfrentando hoje, ao considerar a morfologia como um problema central a investigar (Sandalo, 2001: 191-204).

Referências bibliográficas

BASÍLIO, M. (1987) *Teoria Lexical.* São Paulo: Ática.

BLOOMFIELD, L. (1966[1926]) A set of postulates for the science of language. JOOS, M. (ed.) *Readings in Linguistic I: The development of Descriptive Linguistics in America 1925-56.* Chicago: The University of Chicago Press.

BONVINI, E. (1996) "Classes d'accord dans les langues négro-africaines. Un trait typologique du Niger-Congo. Exemples du kasim et du kimbundu". Faits des langues, *L'Accord - Revue de Linguistique,* Paris: Ophrys 8 : 77-88.

BORBA, F.S. (1987) *Introdução aos estudos linguísticos.* São Paulo: Companhia Editora Nacional.

BYBEE, J. L. (1985) *Morphology: A Study of the Relation betweeen Meaning and Form.* Amsterdã: John Benjamins.

CRYSTAL, D. (1987) *The Cambridge Encyclopedia of Language.* Cambridge: Cambridge University Press.

FORTESCUE, M. (1994) Morphology, Polisynthetic. In ASHER, R.E., SIMPSON, J. M. Y. *The Encyclopedia of Language and Linguistics,* vol. 5, Oxford, New York, Seul, Tóquio: Pergamon Press.

GLEASON JR., H.A. (1961) *Introdução à linguística descritiva.* Trad. J. Pinguelo. Lisboa: Calouste Gulbenkian.

GREENBERG, J. (1963) *Some universals of grammar with particular reference to the order of meaningful elements.* In: GREENBERG, J. (ed.) Universals of Language. MIT Press, Cambridge, MA.

HOCKETT, Ch. (1966) Two models of grammatical description. JOOS, M. (ed.) *Readings in Linguistic I: The Development of Descriptive Linguistics in America 1925-56.* Chicago: The University of Chicago Press.

HOUAISS, A. (2001) *Dicionário Houaiss da língua portuguesa.* Rio de Janeiro: Editora Objetiva.

KEHDI, V.(1993) *Morfemas do português.* São Paulo: Ática.

LEROY, M. (1971) *As grandes correntes da linguística moderna.* São Paulo: Cultrix, EDUSP.

LOPES, E. (1991) *Fundamentos da linguística contemporânea.* São Paulo: Cultrix.

MATTHEWS, P.H.(1974) *Morphology. An Introduction to the Theory of Word-structure.* Cambridge: Cambridge University Press.

POST, M. (1995) Fa d'Ambu. In: ARENDS, J., PUYSKEN, P., SMITH, N. *Pidgins and Creoles – an Introduction.* Amsterdã/Filadélfia: John Benjamins.

PONTES, E.(1965) *Estrutura do verbo no português coloquial.* Belo Horizonte: UFMG.
ROSA, M.C.(2000) *Introdução à morfologia.* São Paulo: Contexto.
SANDMANN, A. J. (1991) *Morfologia geral.* São Paulo: Contexto.
SANDALO, M.F. (2001) Morfologia. In: MUSSALIM, F. & BENTES, A. C. *Introdução à linguística,* São Paulo: Cortez.

Sugestões de leitura

CÂMARA JR., J.Mattoso. *Estrutura da língua portuguesa.* Petrópolis, Vozes, 1970.
_____. *Problemas de linguística descritiva.* Petrópolis, Vozes, 1969.
Merecem uma leitura cuidadosa as obras do linguista que introduziu o estruturalismo no Brasil e renovou os estudos da morfologia portuguesa, particularmente no que se refere à flexão nominal e verbal.

GLEASON JR., H.A. *Introdução à linguística descritiva.* Trad. J. Pinguelo. Lisboa: Calouste Gulbenkian, 1961.
É um manual que apresenta de forma bastante clara a metodologia da linguística descritiva, com especial atenção para a descrição fonológica e morfológica das línguas.

KEHDI, V. *Morfemas do português.* São Paulo: Ática, 1993.
Apresenta de forma clara as técnicas de segmentação de morfemas e oferece uma análise competente de sua manifestação na língua portuguesa.

NIDA, E. *Morphology.* Ann Arbor, Michigan, University Press, 1949.
É uma obra extremamente completa sobre segmentação e classificação de morfemas. Oferece exemplos de análise de uma grande diversidade de línguas. É um texto clássico da morfologia distribucional.

ROSA, M.C. *Introdução à morfologia.* São Paulo: Contexto, 2000.
Partindo de uma abordagem gerativista da linguagem, a autora apresenta o desenvolvimento dos estudos da morfologia, com explicação clara dos conceitos básicos da análise morfológica, orientando a reflexão do leitor sobre diferentes abordagens dos fenômenos tratados.

SANDMANN, A. J. *Morfologia geral.* São Paulo: Contexto, 1991.
_____. *Morfologia Lexical.* São Paulo: Contexto, 1992.
Nas duas obras o autor discute aspectos da morfologia do português, com destaque para a formação do léxico atual do português brasileiro. Defende a tese de que o morfema {-a} do feminino dos substantivos não é flexional, discordando da análise tradicional da categoria de gênero.

Exercícios

I. Destaque os morfemas que identificam o nome de agente, no masculino singular, no feminino singular e no plural (dos dois gêneros), em Haussá (Níger, Nigéria). O tom e a duração vocálica, indicados pelos diacríticos acento grave e mácron, não devem ser considerados na análise (CARON, B. & Amfani, H. 1997: 28)

NOME DE AGENTE

Verbo		Masculino	Feminino	Plural
1.ginà	'construir'	magìni	maginìya	magìnā
2.dinkà	'costurar'	madìnki	madinkìya	madìnkā
3.jēmà	'curtir'	majèmi	majemìya	majèmā
4.kēra	'forjar'	makèri	makerìya	makèrā
5.nōma	'cultivar'	manòmi	manōmìya	manōmā
6.rina	'tingir'	marìni	marinìya	marìnā
7.sāka	'tecer'	masàki	masākìya	masàkā

II. Descreva o morfema que significa diminutivo em Agta (Filipinas) (Richards, 1981:46)

1.assaŋ	'pequeno'
2.talobag	'besouro'
3.bag	'tanga'
4.bakbakat	'avó'
5.abbiŋ	'criança'
6.bahuy	'porco'
7.alaʔassaŋ	'muito pequeno'
8.talatalobag	'joaninha'
9.balabakbakat	'avó pequena'
10.balabag	'tanga pequena'
11.balabahuy	'porco pequeno'
12.alaʔabbiŋ	'criança pequena'

III. Identifique os morfemas (Asteca de Tetelcingo – México)

1. nikwika	'Eu canto'
2. tikwuika	'Você canta'
3. nikonis	'Eu vou beber'

78 Introdução à Linguística II

4. tikwikas	'Você vai cantar'
5. nikwikatika	'Eu estou cantando'
6. tikonitika	'Você está bebendo'
7. nikwikataya	'Eu estava cantando'
8. tikonik	'Você bebeu'

IV. Depreenda os morfemas gramaticais e explique a distribuição de seus alomorfes, em Bɛŋ (Costa do Marfim) (TCHAGBALE, Z., 1984: 74):

Um/uma	o/a	uns/umas	os/as	
bāŋ	bānì	bāŋɳ̀	bānĩɳ̀	'corda'
gbīŋ	gbīnī	gbīŋɳ̀	gbīnĩɳ̀	'odor'
bɛ̀ŋ	bɛ̀nì	bɛ̀ŋɳ̀	bɛ̀nìɳ̀	'buzina'
cɛ̀	cɛ̀lɛ̀	cɛ̀ɳ̀	cɛ̀ɛ̀ɳ̀	'camarada'
sī	sīlɛ̀	sīɳ̀	sīɛ̄ɳ̀	'palmeira'
zu	zūlɛ̀	zūɳ̀	zūɔ̄ɳ̀	'peito'
tó	tólɛ̀	tóɳ̀	tóóɳ̀	'nome'
tōŋ	tōnì	tōŋɳ̀	tōnĩɳ̀	'colina'
jé	jélɛ̀	jéɳ̀	jéɛ̀ɳ̀	'boca'

V. Identifique os morfemas (Matis-Amazonas)

1. minbi nami pek	'Você come carne'
2. nami pek	'Ele come carne'
3. nuki nami pek	'Nós comemos carne'
4. minbi nami peak	'Você comeu carne'
5. mikui nami peak	'Vocês comeram carne'
6. nami peak	'Ele comeu carne'
7. abarek	'Ele corre'
8. mikui abarek	'Você correm'

VI. Identifique os morfemas e explique a alternância consonantal observada em Anhi (Gana, Costa do Marfim) (Creissels, 1989: 125):

ɔ̀ ka	ɔ̀ à-ha	ɔ̀ ŋ-gà
'ele fica'	'ele ficou'	'ele não fica'

ɔ dàfí	ɔ à-làfí	ɔ n-náfí
'ele dorme'	'ele dormiu'	'ele não dorme'
ɔ ba	ɔ à-wá	ɔ m-mà
'ele vem'	'ele veio'	'ele não vem'

VII. Indique o morfema do definido e a regra que prevê seus alomorfes, no Crioulo do Haiti:

livla	'o livro'	waa	'o rei'
sɛvjɛtla	'a toalha'	dã	'dente'
bɔ̃tea	'a bondade'	dãã	'o dente'
ʃĩmẽã	'o caminho'	ʃĩmẽ	'caminho'
ʃɛz	'cadeira'	ljõã	'o leão'
fia	'a menina'	wõtla	'a vergonha'
fi	'menina'	ʃɛzla	'a cadeira'
liv	'livro'	sɛvjɛt	'toalha'

VIII. Descreva os morfemas que ocorrem nos dados do Popoluca da Serra (México) (Richards, 1981: 25):

	1ª pes., presente	2ª pes., presente	2ª pes., passado
1. 'subir'	akiʔmpa	mikiʔmpa	mikiʔmwom
2. 'trabalhar'	ayo·ša·p	miyo·ša.p	miyo·šawom
3. 'engordar'	apʌ·pa	mipʌ·p	mipʌ·wom
4. 'construir casa'	atʌga·p	mitʌga·p	mitʌgawom
5. 'empalidecer'	apooba·p	mipooba·p	mipoobawom
6. 'ouvir'	amotoŋpa	mimatoŋpa	mimatoŋwom
7. 'comer'	awiʔkpa	miwiʔkpa	miwikwom
8. 'cortar lenha'	akʌʌba·p	mikʌʌba·p	mikʌʌbawom
9. 'espirrar'	aheetɤikspa	miheetɤikspa	miheetɤikswom

Referências bibliográficas

CARON, B. & AMFANI, H. (1997) *Dictionnaire français-haoussa.* Paris, Ibadan: Karthala, Ifra-Ibadan.

CREISSELS, D. (1989) *Aperçu sur les structures phonologiques des langues négro-africaines.* Grenoble: ELLUG.

RICHARDS, J. (1981) *Exercícios de análise gramatical.* Brasília; SIL (Summer Institute of Linguistics).

TCHAGBALE, Z. (1984) *T.D. de Linguistique – exercices et corrigés.* Abidjan: ILA (Institut de Linguistique Appliquée).

Sintaxe: explorando a estrutura da sentença

Esmeralda Vailati Negrão
Ana Paula Scher
Evani de Carvalho Viotti

1. Introdução

Saber como os itens lexicais de uma língua se estruturam em uma sentença é a parte central da competência linguística dos seres humanos, tal como é entendida pela Gramática Gerativa e como foi abordada no volume 1 desta Introdução. O falante de qualquer língua natural tem um conhecimento inato sobre como os itens lexicais de sua língua se organizam para formar expressões mais e mais complexas, até chegar ao nível da sentença.

Imaginemos o léxico de nossa língua como uma espécie de dicionário mental composto pelo conjunto de itens lexicais (palavras) que utilizamos para construir nossas sentenças. Nossa competência nos permite ter intuições a respeito de como podemos dividir esse dicionário, agrupando itens lexicais de acordo com algumas propriedades gramaticais que eles compartilham. Essas propriedades nos levam a distinguir um grupo por oposição a outro. Assim, por exemplo, no processo de aquisição de nossa língua materna, sabemos, desde muito cedo, que um item lexical como *mesa* é diferente de um item lexical como *cair*. Uma criança logo diz *caiu*, mas nunca diz *mesou*. Isso indica que ela sabe que cair faz parte de um grupo de palavras – como *chorar, querer, papar* – que pode combinar-se com um tipo particular de sufixos, como *-ou, -eu, -iu*. Ao mesmo tempo, ela sabe que *mesa* faz parte de um outro grupo de palavras – como *cadeira, berço, brinquedo* – que, por sua vez, pode se combinar com outro tipo de sufixo.

82 Introdução à Linguística II

Nossa competência linguística também nos ajuda a perceber que as sentenças de nossa língua não são o resultado da mera ordenação de itens lexicais em uma sequência linear. Sem nunca ter passado por um aprendizado formal a respeito desse assunto, sabemos que uma sequência de palavras como *menino bicicleta o da caiu* não é uma sentença do português. Ao mesmo tempo, sabemos que, para termos uma sentença do português formada por esses mesmos itens lexicais, precisamos, antes, fazer combinações intermediárias: compor *o* com *menino*; compor *da* com *bicicleta*; compor *caiu* com *da bicicleta*; e, finalmente, compor *o menino* com *caiu da bicicleta*. Sabemos, portanto, que a estrutura da sentença não é linear, mas sim hierárquica.

Essa nossa competência também nos indica que uma sentença se constitui de dois tipos de itens lexicais: de um lado, estão aqueles que fazem um tipo particular de exigência e determinam os elementos que podem satisfazê-la; e, de outro, estão os itens lexicais que satisfazem as exigências impostas pelos primeiros. Tomemos, como exemplo, uma sentença como *'O João construiu uma casa'*. Intuitivamente, sabemos que o verbo *construir* é um item lexical do tipo que faz exigências. *Construir* precisa ser acompanhado de duas outras expressões linguísticas: uma que corresponda ao objeto construído e outra, ao agente construtor. Na sentença em exame, as expressões *uma casa* e *o João* são as expressões que, respectivamente, satisfazem essas exigências impostas por construir. Isso é tão natural para nós que só nos damos conta de que as coisas são como são, se formos expostos a uma sentença fora de contexto, em que uma das exigências impostas por *construir* não esteja satisfeita. Imaginemos que alguém se aproxime de nós e nos diga, como início de conversa, *'construiu uma casa'*. Nossa reação é imediata! Perguntamos logo *'quem construiu uma casa?'*. Com isso, estamos pedindo a nosso interlocutor que acerte sua sentença, de modo a que as imposições feitas pelo verbo *construir* sejam satisfeitas.

Nosso objetivo, neste texto, é mostrar como esse nosso conhecimento linguístico pode ser usado como um guia a nos orientar no trabalho de análise da estrutura das sentenças de nossa língua.

2. Categorias gramaticais

Qualquer falante da língua portuguesa dirá que a palavra *menino* é do mesmo tipo que *garota* ou *cachorros* e de um tipo diferente das palavras *comprar, comprou, compraria* que, por sua vez, são do mesmo tipo que *cantar, cantávamos, cantarão*. Ou seja, os falantes de uma língua sabem que um certo item lexical pertence a uma determinada categoria gramatical. Alguns poderiam dizer que esse saber é consequência do conhecimento do significado do item lexical em questão. No entanto, se expusermos os falantes a sentenças com palavras inventadas, que não existem no

Sintaxe: explorando a estrutura da sentença 83

dicionário da língua, mas que exibem o comportamento gramatical próprio de uma determinada categoria de palavras, sem dúvida tal falante reconhecerá a palavra inventada como integrante da categoria condizente. Vejamos o conjunto de dados em (1), em que sentenças são construídas com o item lexical *plongar*, palavra não encontrada em nenhum dicionário da língua portuguesa:

(1) a. Os meninos plongam sempre aos domingos.
  b. Na minha infância, eu plongava todas as tardes.
  c. Uma vez, um jornalista do Estado plongou vários artistas aposentados.
  d. Quando ele chegou, nós estávamos plongando os convidados todos.

Ao tomar conhecimento dos dados em (1), qualquer falante do português classifica a palavra *plongar* como pertencente à mesma categoria de *cantar* ou *comprar*. Mais ainda, se ele tiver conhecimento da metalinguagem da teoria gramatical dirá não só que *plongar* é um verbo, mas também que é um verbo que tem um sujeito e um complemento. Ele é capaz de dizer essas coisas, pois é capaz de perceber quais são as propriedades gramaticais – morfológicas, distribucionais e semânticas – que caracterizam cada uma das categorias da língua.

Explicitando melhor essas propriedades, podemos dizer que o falante reconhece que o item lexical *plongar* pertence à mesma categoria do item lexical *cantar* porque ambos possuem a propriedade de assumir formas variadas dependendo dos traços morfológicos de seus sujeitos, que, de maneira geral, são os elementos que antecedem os verbos. Assim, em (1)a, o elemento que antecede *plongar* – seu sujeito – tem marcas de 3ª pessoa do plural. *Plongar* assume, também, marcas de 3ª pessoa do plural, concordando com esse elemento. Da mesma forma, em (1)b, *plongar* assume as marcas morfológicas correspondentes à 1ª pessoa do singular, uma vez que o elemento que o antecede – seu sujeito – é o pronome *eu*, que se refere à pessoa que fala. Ou seja, nessas sentenças *plongar* carrega marcas morfológicas que variam de acordo com os traços de pessoa e número do elemento que o antecede. Essas marcas também variam dependendo de a situação descrita pela sentença ter ocorrido em um tempo anterior ao momento da fala, como em (1)c, ou de estar ocorrendo simultaneamente a uma outra situação, como em (1)d. Ainda, as marcas variam dependendo de o evento ser episódico, como em (1)c, ou de ter uma duração no tempo, como em (1)d. Na língua portuguesa, somente itens lexicais do tipo de *plongar*, isto é, verbos, recebem sufixos que denotam o tempo e o aspecto do evento descrito pela sentença e que estabelecem uma concordância de número e pessoa com o seu sujeito. Portanto, essas marcas morfológicas permitem que distingamos a categoria gramatical dos verbos das demais categorias de palavras.

Além do critério morfológico, a posição que um item pode ocupar na estrutura sentencial é uma propriedade definidora crucial da categoria gramatical do item lexical, funcionando, assim, como um critério distribucional. Tomemos uma sentença como (2):

84 Introdução à Linguística II

(2) O menino _____ a banana.

Quando for solicitado a preencher sua lacuna, o falante certamente vai preenchê-la com itens do tipo *encontrou*, *queria*, *estava comendo*, ou seja, com verbos. O mesmo vai acontecer em contextos mais complexos, como nas seguintes sentenças:

(3) a. _____ a aula, os alunos saíram.

b. Os alunos foram saindo sem que o professor _____.

Em (3)a, o falante teria as seguintes opções para preencher a lacuna: (i) poderia usar um item como *depois*; (ii) poderia inserir uma palavra como *após*, ou (iii) poderia, ainda, usar um verbo como *terminar* no particípio passado. Entretanto, para que *depois* possa tomar o constituinte *a aula* como seu complemento será necessária a introdução de um elemento que possa estabelecer a relação entre eles, como *de*. Por outro lado, verbos e itens lexicais como *após* podem, por si mesmos, estabelecer relações com o constituinte que os segue.

Em (3)b, o falante só teria a opção de usar uma forma verbal na lacuna. A expressão *sem que* introduz uma sentença que requer um verbo flexionado e o falante sabe disso.

O fato de os verbos, nas sentenças acima, serem os itens lexicais que denotam situações que podem ser do tipo de atividades, estados ou eventos também é um critério, nesse caso semântico, com o qual os falantes operam para classificar os itens lexicais de sua língua.

Concluindo, as propriedades morfológicas, distribucionais e semânticas próprias de cada um dos itens lexicais de uma língua nos permitem agrupá-los em categorias que passam a ser definidas exatamente pelo fato de que os itens que as integram compartilham tais propriedades gramaticais. Sendo assim, o trabalho do analista da linguagem é observar o comportamento gramatical de cada um dos itens lexicais que integra o dicionário de sua língua e dividi-los em grupos de itens que exibem comportamentos comuns. Cada grupo corresponde a uma categoria gramatical.

O trabalho de agrupamento de itens lexicais de cada uma das línguas naturais em categorias gramaticais não é novo. Ao contrário, é tão antigo quanto os estudos linguísticos. Qualquer livro de gramática contém uma seção, comumente chamada "classes de palavras", em que, a partir de alguns critérios tomados como definidores, classificam-se os itens lexicais de uma língua.

O modo como tais livros nos apresentam as categorias gramaticais de nossa língua nos dá a impressão de que o trabalho de classificação dos itens lexicais do português já está pronto, restando-nos somente a tarefa de memorizar os critérios expressos sob a forma de definições, e, consequentemente, de memorizar os itens que integram cada classe. No entanto, essa completude é apenas aparente. Quem já se submeteu à tarefa de analisar a língua viva, defrontou-se com problemas, uma vez que, nesses livros, só vemos tratados os casos prototípicos. É por isso

Sintaxe: explorando a estrutura da sentença   85

que, no nosso entender, devemos não memorizar, mas iniciar-nos no trabalho de observação das propriedades gramaticais dos itens lexicais de nossa língua para, assim, ter a experiência da própria elaboração de agrupamentos que serviram de base para o estabelecimento das categorias gramaticais.

Utilizando-nos dos critérios morfológicos, distribucionais e semânticos podemos começar a levantar propriedades caracterizadoras de algumas categorias gramaticais, para que assim possamos vivenciar o processo de construção dos agrupamentos dos itens lexicais de nossa língua. Examinemos as sentenças em (4):

(4) a. A fagia sumiu no céu
 b. As fagias sumiram no céu
 c. Ele encontrou muitas fagias gigantescas.

A primeira propriedade que observamos ao comparar as sentenças em (4) é a de que a palavra *fagia* tem formas diferentes dependendo do fato de ela ser singular ou plural. O morfema plural -*s* é característico de palavras do tipo de *garota/garotas*. Em nossa língua, palavras terminadas em -*a* são, em geral, palavras marcadas como pertencentes ao gênero feminino. Marcas de gênero e número são típicas de itens lexicais que integram a categoria dos nomes ou substantivos.

Do ponto de vista distribucional, observamos que em (4)a e (4)b, o item lexical *fagia(s)* vem antecedido pelos determinantes *a*, *as*. Em (4)c, ele vem antecedido pelo quantificador *muitas* e seguido pela propriedade expressa pela palavra *gigantescas*, funcionando como o núcleo do constituinte que integra. Ainda distribucionalmente, observamos que o constituinte do qual *fagia(s)* é núcleo pode anteceder ou seguir o verbo e satisfaz exigências sintáticas e semânticas por ele impostas. Tanto o fato de serem núcleos de seu constituinte, quanto o fato de satisfazerem as imposições sintáticas e semânticas do verbo reafirmam nossa hipótese de que *fagia(s)* pertence à categoria dos nomes.

Por fim, apesar de não conhecermos o significado de *fagia(s)*, sabemos que esse item nomeia uma entidade. É a classe dos nomes que inclui os itens lexicais que desempenham o ato de nomear.

Continuemos nossa experiência de observação das propriedades com o fim de estabelecer agrupamentos de itens lexicais analisando as sentenças em (5):

(5) a. O João é um menino murge, mas não feliz.
 b. O João e o Pedro são meninos muito murges.
 c. O João está mais murge do que qualquer pessoa que eu conheça.
 d. Ele tem agido muito murgemente nesses dias.

O item lexical *murge* na sentença (5)a atribui uma propriedade ao substantivo *menino*, com o qual concorda em gênero e número. Essa concordância pode ser comprovada na comparação entre (5)a e (5)b. Essa atribuição de propriedade ao substantivo pode se dar de maneira direta ou pela intermediação de um verbo, como na sentença (5)c. O item *murge* aceita que a propriedade por ele atribuída varie em grau como em (5)b e (5)c. Em (5)b, essa variação de grau se faz de forma

86 Introdução à Linguística II

absoluta; em (5)c, ela se faz de forma comparativa. Com a sentença (5)d vemos que, se acrescentarmos o sufixo -*mente* a *murge*, formamos um novo item lexical. Esse novo item lexical parece pertencer a uma nova categoria gramatical. Sabemos isso porque, contrariamente ao que foi observado a respeito de *murge, murgemente* não aceita receber marcas morfológicas flexionais, como pode ser observado pela estranheza da sentença (6):

(6) *Os meninos têm agido muito murgementes nesses últimos dias.

Ao ser exposto às sentenças em (5), qualquer falante do português dirá que, apesar de não saber o significado do item *murge*, ele parece ser do mesmo tipo que *triste*, por exemplo. Para o falante iniciado nos estudos gramaticais, isso equivale a dizer que o item *murge* pertence à categoria gramatical dos adjetivos. Essa conclusão baseada basicamente na análise de propriedades morfológicas é corroborada pela análise da distribuição de *murge* nas sentenças. Em (5)a *murge* combina-se com o substantivo *menino*, que, subsequentemente, combina-se com o determinante *um* para formar o constituinte *um menino murge*. Portanto, *murge* é parte integrante do constituinte nucleado por *menino*. Já em (5)c, ele é um constituinte independente do item ao qual atribui uma propriedade. A utilização de itens lexicais que têm a propriedade de substituir constituintes, que aqui chamamos de PROFORMAS, pode funcionar como evidência de que *murge* tanto pode integrar um constituinte nucleado por um substantivo quanto pode formar um constituinte independente. Observem as sentenças em (7):

(7) a. O João é *isso*.

b. O João está *assim*.

Em (7)a, *isso* substitui o constituinte *um menino murge*, da sentença (5) a; em (7)b, *assim* substitui o constituinte *mais murge do que qualquer pessoa*, da sentença (5)c. Distribucionalmente, podemos dizer, então, que adjetivos ou integram constituintes nominais, ou são constituintes que têm a característica de atribuir uma propriedade a um constituinte nominal. Essa atribuição de propriedade feita pelo adjetivo é mediada por um verbo, como mostra a sentença (7)b. A conclusão de que *murge* pertence à categoria dos adjetivos nos permite agora prever outros contextos em que ele pode ocorrer. Consideremos a sentença abaixo:

(8) Eu encontrei murge o aluno que tinha feito a proposta.

Na sentença (8), *murge* nucleia um constituinte que pode estar relacionado a dois constituintes diferentes Um deles pode ser o constituinte *eu*. Nesse caso, desencadeia-se a interpretação de que eu estava murge quando encontrei o aluno que tinha feito a proposta. O outro pode ser o constituinte *o aluno que tinha feito a proposta*, levando-nos à interpretação de que murge era o estado em que estava o aluno que tinha feito a proposta, quando eu o encontrei. Mais uma vez, essas observações confirmam nossa análise de que *murge* pertence à categoria gramatical dos adjetivos.

Cabe ainda observar que a sentença (8) pode ter a ela associada mais uma interpretação: a de que *murge* pode estar qualificando, de alguma maneira, o próprio evento de *encontrar*. Essa observação poderia pôr em dúvida a análise até aqui desenvolvida. Afinal, estamos dizendo que adjetivos se associam a nomes ou a constituintes nominais e essa última interpretação parece mostrar que *murge* pode se associar a verbos. De fato, há outras palavras da categoria de *murge* que se associam a verbos, e não a nomes. É isso o que vemos a propósito de *redondo*, na seguinte sentença, usada no comercial de cerveja:

(9) Skoll, a cerveja que desce redondo.

Nesse exemplo, *redondo* está associado a *descer* e não a *cerveja*: a interpretação aqui não é a de que a cerveja estava redonda enquanto descia, mas é a de que a cerveja descia de modo redondo, suavemente, sem arestas. Aliás, é essa a imagem mostrada no comercial!

A possibilidade que temos de substituir *redondo* por *redondamente* e a falta de marca flexional de gênero (na sentença (9), temos a forma *redondo* e não *redonda*) podem nos dar uma pista do que está acontecendo nos casos de (8) e (9). Podemos dizer que, nessas sentenças, temos um caso de coincidência de formas. Na verdade, quando *murge* integra ou se relaciona a constituintes nominais, ele é um item lexical da categoria dos adjetivos. Por outro lado, quando *murge* se relaciona a verbos, ele pertence a uma outra categoria gramatical. O mesmo acontece com *redondo*. A impossibilidade de esses itens variarem de acordo com os traços de gênero e número de um nome sustentam essa proposta. Sendo assim, podemos dizer que *murge* e *murgemente* e *redondo* e *redondamente*, nesses casos, são variantes do mesmo item lexical.

Tradicionalmente, itens lexicais terminados em *-mente* são analisados como integrando uma outra categoria gramatical, a dos advérbios. Tendo em vista a discussão dos casos de (8) e (9), poderíamos nos perguntar: afinal de contas, a que categoria gramatical itens como *murge* e *redondo* pertencem: adjetivos ou advérbios? A distribuição desses itens, nas sentenças (8) e (9), parece indicar que estão no caminho certo as hipóteses que sugerem que adjetivos e advérbios em *-mente* constituem uma única categoria gramatical. Nos termos dessas hipóteses, adjetivos estão para constituintes nominais assim como advérbios em *-mente* estão para verbos.

Um outro fato que corrobora uma análise que engloba adjetivos e advérbios em *-mente* em uma única categoria é o de que esse último grupo apresenta propriedades muito diferentes das de outros itens tradicionalmente assumidos como pertencentes à categoria gramatical dos advérbios. Observemos a sentença (10):

(10) Ele pôs o carro dentro da garagem.

88 Introdução à Linguística II

Dentro é um dos itens lexicais tradicionalmente classificado como advérbio. Tanto quanto os itens lexicais terminados em *-mente*, *dentro* é invariável, no sentido de que ele não concorda em gênero e número com nenhum outro constituinte da sentença. Entretanto, em termos distribucionais ele exibe propriedades muito diferentes das dos itens terminados em *-mente*. Em primeiro lugar, ele precisa se compor com outros itens lexicais para formar um constituinte, do qual ele é o núcleo. Como tal, ele impõe exigências sintáticas e semânticas a esses itens lexicais que a ele se juntam para formar um constituinte. Dessa forma, podemos dizer que *a garagem* satisfaz condições impostas por *dentro*. Para que a combinação entre *dentro* e *a garagem* seja possível é necessária a intermediação do item *de*. O constituinte *dentro da garagem*, por sua vez, satisfaz, tanto quanto o constituinte *o carro*, as condições sintáticas e semânticas impostas pelo verbo *pôr*. O verbo *pôr* exige vir acompanhado por dois constituintes, um expressando o objeto locado e outro expressando o lugar em que esse objeto foi locado. Como se vê, portanto, o comportamento sintático e semântico de *dentro* é muito diferente do comportamento de *murge/murgemente*, pondo em dúvida análises que os agrupam na mesma categoria.

As observações feitas neste primeiro item tiveram o objetivo de exemplificar o raciocínio que fazemos para realizar os agrupamentos de itens lexicais. Elas também mostraram que, apesar do grande conhecimento que existe sobre essa questão, muito ainda há por fazer.

3. Estrutura de constituintes

Em sua superfície, as sentenças das línguas naturais são formadas por uma sequência linear de itens lexicais. Mas essa sequência não é aleatória. Assim, sabemos que uma sentença como (11)a é bem formada em português, e que uma sentença como (11)b não é possível em nossa língua.

(11) a. O menino comprou uma bicicleta nova com a mesada.

b. *A comprou uma menino nova o com bicicleta mesada.

Esse conhecimento é parte de nossa competência linguística, já estudada no volume 1 deste livro. Sem jamais ter sido formalmente ensinados a reconhecer estruturas possíveis ou impossíveis em nossa língua, temos uma intuição a respeito de como as sequências de elementos linguísticos devem se estruturar sucessivamente, de modo a formar unidades mais e mais complexas, até chegarmos à formação de uma sentença. Essas unidades são chamadas de constituintes sintáticos e são os átomos com que a sintaxe opera.

Tomemos, como exemplo, a sentença (11)a. Sabemos que o item lexical *nova* deve se juntar à palavra *bicicleta* para formar um constituinte superior – *bicicleta nova* – que, por sua vez, se junta ao item lexical *uma*, para formar um constituinte ainda superior – *uma bicicleta nova*. O mesmo acontece com as palavras *menino* e *o*, que formam um constituinte superior – *o menino*, e com os itens *mesada* e *a*, que formam um outro constituinte – *a mesada*. Esse último constituinte, por sua vez, se junta com a palavra *com*, para formar um constituinte hierarquicamente superior – *com a mesada*. O verbo *comprou* e os constituintes *uma bicicleta nova* e *com a mesada* se juntam, formando um constituinte hierarquicamente mais alto – *comprou uma bicicleta nova com a mesada*. Por fim, os constituintes complexos *o menino* e *comprou uma bicicleta nova com a mesada* se juntam para formar o constituinte hierarquicamente mais elevado, que é a sentença.

Essa organização, que parte de itens lexicais e os inclui em grupos maiores e hierarquicamente superiores, é chamada de estrutura de constituintes. A estrutura de constituintes da sentença (11)a pode ser representada pelo seguinte diagrama:

Figura 1

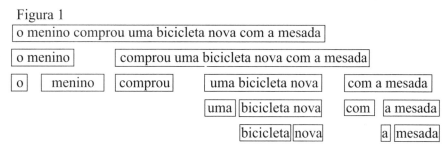

É a impossibilidade de atribuirmos uma estrutura de constituintes ao exemplo (11)b que o torna agramatical. Nossa competência linguística nos informa que não é possível juntarmos um item lexical como *a* a outro como *comprou*, para formar um constituinte superior. Da mesma forma, uma palavra como *bicicleta* não pode formar um constituinte sintático com *mesada*. E assim por diante.

Em resumo, as sentenças das línguas naturais não são formadas por sequências lineares de itens lexicais. Elas são formadas a partir da estruturação hierárquica de seus constituintes, em que palavras são agrupadas em sintagmas e sintagmas são agrupados em sintagmas mais altos, até que se chegue ao nível da sentença. Nossa competência linguística nos permite ter intuições sobre o modo de estruturação das sentenças nas línguas naturais. Entretanto, muitos fatos linguísticos, vários dos quais de natureza eminentemente sintática, podem nos ajudar a corroborar nossas intuições sobre a estrutura de constituintes de nossa língua. Na próxima seção, vamos examinar alguns deles.

3.1. Evidências para a estrutura de constituintes

Alguns fenômenos da língua que constituem evidência sintática para o fato de que a sentença é uma estrutura hierárquica de constituintes são relacionados às

90 Introdução à Linguística II

possibilidades de distribuição dos constituintes em diversas posições na sentença. Tomemos como exemplo a seguinte sentença:

(12) O João vai comprar o último livro do Chomsky na Borders' amanhã.

Para obtermos certos efeitos discursivos, os vários constituintes dessa sentença podem ser colocados em posição inicial. Esse tipo de deslocamento pode ser chamado de TOPICALIZAÇÃO:

(13) a. Amanhã, o João vai comprar o último livro do Chomsky na Borders'.
   b. Na Borders', o João vai comprar o último livro do Chomsky amanhã.
   c. O último livro do Chomsky, o João vai comprar na Border's amanhã.
   d. Do Chomsky, o João vai comprar o último livro na Borders' amanhã.
   e. Comprar o último livro do Chomsky, o João vai amanhã, na Borders'.

Ainda, podemos deslocar os constituintes da sentença para realizar uma operação que é chamada de CLIVAGEM. Nessa operação, constituintes da sentença são não só movidos para uma posição frontal, mas também são 'ensanduichados' entre o verbo *ser* e o conectivo *que*. Esse deslocamento serve para construirmos sentenças de foco, como as em (14):

(14) a. É o João que vai comprar o último livro do Chomsky na Borders' amanhã.
   b. É o último livro do Chomsky que o João vai comprar na Borders' amanhã.
   c. É na Borders' que o João vai comprar o último livro do Chomsky amanhã.
   d. É amanhã que o João vai comprar o último livro do Chomsky na Borders'.

Da mesma maneira, alguns constituintes podem ser deslocados para a posição final da sentença. Comparem-se as sentenças em (15):

(15) a. O João contou [toda a história sobre aquele terrível mal-entendido] [para a Maria].
   b. O João contou [para a Maria] [toda a história daquele terrível mal-entendido].

Uma outra possibilidade de deslocamento que evidencia a estrutura de constituintes de uma sentença construída com um verbo transitivo direto é a PASSIVIZAÇÃO. De uma sentença como (12), podemos construir uma sentença como (16)a. E, de uma sentença como (15)a, podemos construir uma sentença como (16)b:

(16) a. O último livro do Chomsky vai ser comprado pelo João amanhã na Borders'.
   b. Toda a história daquele terrível mal-entendido foi contada pelo João para a Maria.

Todos os casos acima apontados envolvem movimento de constituintes. Os movimentos evidenciam o fato de que a sentença é estruturada em constituintes, precisamente porque não é possível deslocarem-se partes de constituintes, nem sequências que não formem um constituinte:

(17) a. *[Último], o João vai comprar o livro do Chomsky amanhã na Borders'.
   b. *[Chomsky], o João vai comprar o último livro do amanhã na Borders'.
   c. *O João contou [toda a história daquele] [para a Maria] [terrível mal-entendido].
   d. *[Toda a] o João contou história sobre aquele terrível mal-entendido para a Maria.

Sintaxe: explorando a estrutura da sentença   91

Uma outra evidência de natureza distribucional para a estrutura de constituintes de uma sentença é o que tem sido chamado de FRAGMENTOS DE SENTENÇAS. Considere-se o seguinte diálogo:

(18) A: Aonde o João foi?

B: Ao cinema.

Ao invés de dar a resposta completa à pergunta de A, B prefere usar uma forma curta, ou seja, um fragmento de sentença. Só constituintes podem servir como fragmentos de sentença em respostas. Voltando à sentença (12), vejamos quais os constituintes que nós conseguimos evidenciar a partir do uso de construções que envolvem fragmentos de sentenças:

(19) A: Quem vai comprar o último livro do Chomsky amanhã?
B: O João.

(20) A: O que o João vai comprar amanhã?
B: O último livro do Chomsky.

(21) A: De quem o João vai comprar o último livro amanhã?
B: Do Chomsky.

(22) A: Quando o João vai comprar o último livro do Chomsky?
B: Amanhã.

(23) A: Onde o João vai comprar o último livro do Chomsky?
B: Na Borders'.

(24) A: O que o João vai fazer?
B: Comprar o último livro do Chomsky.

(25) A: O João vai comprar o último livro do Chomsky amanhã?
B: Vai.

Notem que, em (25), conseguimos isolar um constituinte – o verbo auxiliar *vai* – que não havíamos conseguido separar pelas construções que envolvem movimento. É importante sempre se ter em mente que nem todos os constituintes são evidenciados pelas mesmas construções.

Uma outra evidência sintática que comprova a estrutura de constituintes e que já não diz mais respeito à sua distribuição na sentença é a PRONOMINALIZAÇÃO. As línguas naturais utilizam-se de proformas para retomar a referência de entidades e eventos já mencionados na sentença ou no discurso. As proformas, no entanto, só substituem constituintes sintáticos. Portanto, toda vez que pudermos substituir uma sequência de palavras por uma proforma, vamos estar diante de um constituinte sintático. Voltemos à sentença (12), que aqui retomamos em (26)a, e vejamos os constituintes que podem ser substituídos por proformas:

(26) a. O João vai comprar o último livro do Chomsky na Borders' amanhã.
b. *Ele* vai comprar o último livro do Chomsky na Borders' amanhã. (o João)
c. O João vai comprá-*lo* na Borders' amanhã. (o último livro do Chomsky)
d. O João vai comprar o último livro do Chomsky *lá* amanhã. (na Borders')

92 Introdução à Linguística II

    e. O João vai *fazê-lo* amanhã. (comprar o último livro do Chomsky na Borders')

    f. O João vai *fazê-lo*. (comprar o último livro do Chomsky na Borders' amanhã)

Um outro recurso que temos para evidenciar constituintes cujo núcleo é o verbo é o que envolve um fenômeno linguístico conhecido como ELIPSE. Respeitadas certas condições discursivas, algumas partes da sentença podem ser elididas, como no seguinte diálogo:

(27) A: A criança não vai parar de gritar.

    B: Eu acho que ela vai ~~parar de gritar~~, mas só se você parar de dar bola para ela.

Vejamos como esse recurso se aplica à sentença (12):

(28) a. O João vai comprar o último livro do Chomsky na Borders' amanhã e a Maria também [~~vai comprar o último livro do Chomsky na Borders' amanhã~~].

    b. O João vai comprar o último livro do Chomsky na Borders' amanhã e a Maria também vai [~~comprar o último livro do Chomsky na Borders' amanhã~~].

    c. O João vai comprar o último livro do Chomsky na Borders' amanhã e a Maria vai [~~comprar o último livro do Chomsky na Borders'~~] na segunda-feira.

    d. O João vai comprar o último livro do Chomsky na Borders' amanhã e a Maria vai [~~comprar o último livro do Chomsky~~] na Brentano's.

Os exemplos em (28) mostram que a elipse se aplica sobre um constituinte da sentença coordenada, que é idêntico a um constituinte da primeira sentença. No caso de (28)a, esse constituinte é integrado pelo verbo auxiliar, o verbo principal e seu complemento, e os constituintes denotadores de tempo e lugar que modificam o verbo. Já em (28)b, o constituinte elidido não inclui o verbo auxiliar. Em (28)c, por sua vez, o constituinte elidido não inclui o advérbio de tempo. E, finalmente, em (28)d, o constituinte elidido deixa de fora constituintes denotadores de lugar. Essas possibilidades evidenciam que aquilo que a gramática tradicional chama *predicado* tem uma estrutura bastante complexa, sendo formado por vários constituintes hierarquicamente relacionados.

Como nos demais casos, para que o fenômeno linguístico da elipse possa ocorrer, é necessário que o elemento elidido seja um constituinte sintático. Portanto, uma sentença como (29) não é possível em português:

(29) *O João não vai comprar o último livro do Chomsky na Borders' amanhã, mas a Maria vai comprar o último livro[~~do Chomsky na Borders' amanhã~~].

Em resumo, nesta seção vimos vários fatos sintáticos que evidenciam que as sentenças das línguas naturais não podem ser entendidas apenas como uma sequência linear de palavras. Elas são formadas por constituintes hierarquicamente estruturados. O que fizemos com os exemplos analisados acima foi um mero exercício para corroborar nossa intuição sobre a estrutura de constituintes. Entretanto, esses fatos sintáticos assumem um papel especial quando deparamos com um certo tipo de sentença ambígua. Nesses casos, além de evidenciar a estrutura de constituintes das sentenças das línguas naturais, esses fatos servem também para

Sintaxe: explorando a estrutura da sentença   93

mostrar que existem ambiguidades que são causadas pela possibilidade de estarmos diante de duas ou mais estruturas sintáticas distintas. Vamos tratar de alguns casos desse tipo na próxima seção.

3.2 Ambiguidades estruturais

Tomemos a seguinte sentença:

(30) O Pedro viu a menina com o binóculo.

Essa sentença tem duas possíveis interpretações. Pela primeira, entende-se que o Pedro viu a menina através do binóculo que ele trazia com ele. Pela segunda, entende-se que a menina que o Pedro viu usava ou carregava um binóculo. Em outras palavras, pela primeira interpretação, a expressão *com o binóculo* é entendida como o instrumento que possibilitou ao Pedro ver a menina. Pela segunda, diferentemente, a mesma expressão é entendida como algo que qualifica a menina que o Pedro viu.

Muitos poderiam argumentar que essa ambiguidade só existe porque a sentença está fora de contexto. Em contextos apropriados, ela deixaria de ser ambígua: um contexto específico nos levaria a uma interpretação e não a outra. Isso não deixa de ser verdade. Entretanto, a sintaxe tem como um de seus objetivos o estabelecimento de princípios gerais que se apliquem de maneira uniforme a um tipo de sentença, independentemente do contexto particular em que ela foi enunciada. Portanto, sua análise não vai poder se basear nas variáveis de contexto, que são inúmeras, e, por essa razão, resistem a uma generalização. O que a sintaxe vai fazer é investigar a possibilidade de a ambiguidade de uma sentença como (30) estar associada a diferentes estruturas. Apliquemos algumas das construções apresentadas na seção anterior para fazer essa investigação. Comecemos por aquelas que envolvem movimento de constituintes:

(31) a. [Com o binóculo], o Pedro viu a menina.
     b. Foi [com o binóculo] que o Pedro viu a menina.

(32) a. [A menina com o binóculo], o Pedro viu.
     b. Foi [a menina com o binóculo] que o Pedro viu.

Nas sentenças (a), acima, usamos a topicalização, e nas sentenças (b), usamos a clivagem. A primeira observação que deve ser feita é que, com esses movimentos, a ambiguidade desaparece. Nas sentenças em (31), só é possível termos a primeira interpretação, ou seja, a de que o Pedro viu a menina através do binóculo. Nas sentenças em (32), paralelamente, só temos a segunda leitura, ou seja, aquela conforme a qual a menina que o Pedro viu carregava ou usava um binóculo. Notem, ainda, que, no caso de (31), o constituinte que foi deslocado para a realização da topicalização ou da clivagem foi *com o binóculo*. Poderia ter sido, também, *a menina*:

94   Introdução à Linguística II

(33) a. [A menina], o Pedro viu com o binóculo.

    b. Foi [a menina] que o Pedro viu com o binóculo.

Diferentemente, nas sentenças em (32), o constituinte deslocado foi *a menina com o binóculo*. Considerando-se que, ao mover constituintes diferentes, acabamos por desfazer a ambiguidade da sentença, estamos diante de uma forte evidência de que essa ambiguidade é causada pela possibilidade de a sentença apresentar duas estruturas sintáticas diferentes.

Vejamos, agora, os resultados da passivização:

(34) a. [A menina] foi vista pelo Pedro [com o binóculo].

    b. [A menina com o binóculo] foi vista pelo Pedro.

De novo, com a aplicação da passiva, a ambiguidade da sentença original se desfaz. Em (34)a tem-se apenas a possibilidade da primeira leitura, e em (34)b tem-se apenas a possibilidade da segunda interpretação. Ainda, da mesma forma que aconteceu com a topicalização e a clivagem, os constituintes que foram deslocados para a construção da passiva foram diferentes. Em (34), apenas a menina foi movido para a posição de sujeito da sentença. Diferentemente, em (34)b, o constituinte que agora ocupa a posição de sujeito é *a menina com o binóculo*. Eis aqui, portanto, uma outra evidência de que a ambiguidade da sentença (30) é de natureza sintática: uma única ordenação linear esconde duas estruturas hierárquicas distintas. A aplicação do teste de fragmento de sentença confirma essa ideia:

(35) A: Quem o Pedro viu com o binóculo?
    B: A menina.

(36) A: Quem o Pedro viu?
    B: A menina com o binóculo.

O mesmo acontece com a pronominalização:

(37) a. O Pedro a viu com o binóculo. (a = a menina)

    b. O Pedro a viu. (a = a menina com o binóculo)

A primeira leitura, ou seja, a de que o Pedro viu a menina através do binóculo está associada à possibilidade de *a menina* e *com o binóculo* serem dois constituintes separados. Por outro lado, a leitura segundo a qual a menina que o Pedro viu usava ou carregava um binóculo está associada à possibilidade de *a menina com o binóculo* ser um único constituinte sintático. Todos os movimentos e substituições de constituintes revelam essas possibilidades e evidenciam o caráter estritamente sintático da ambiguidade da sentença (30).

Passemos, agora, à análise de uma outra sentença ambígua:

(38) Os meninos comeram as maçãs verdes.

A primeira interpretação que se pode fazer dessa sentença é a de que, considerando-se que existam, no cenário, maçãs vermelhas e maçãs verdes, os meninos comeram as maçãs verdes. A segunda leitura possível é a de que os meninos comeram as maçãs antes de elas amadurecerem, quando elas ainda estavam verdes.

Como já foi dito a propósito da sentença (30), concordamos que só nos damos conta dessa ambiguidade porque a sentença está fora de contexto. Contextos específicos nos levariam a uma única interpretação, fazendo-nos automaticamente excluir a outra possibilidade. Entretanto, neste texto, queremos mostrar que a ambiguidade de uma sentença como (38), tanto quanto a de uma sentença como (30), é causada pela possibilidade de ela apresentar diferentes estruturas sintáticas.

No caso de (38), uma outra possibilidade de explicação para a ambiguidade poderia ser levantada. Talvez ela se deva à possibilidade de que, em nosso léxico, existam duas palavras *verde*, que têm o mesmo som e grafia, mas sentidos diferentes: um deles corresponderia à cor verde e o outro seria equivalente a não maduro(a). Entretanto, podemos argumentar contra essa explicação, mostrando que casos de ambiguidade semelhantes acontecem em sentenças construídas com palavras que não apresentam a mesma duplicidade de sentido que *verde*. Observe-se a sentença (39):

(39) Os meninos comeram as cenouras cruas.

A ambiguidade é a mesma apresentada pela sentença anterior. Duas leituras são possíveis. A primeira é a de que, de um conjunto de cenouras cozidas e cruas, os meninos comeram as cruas e deixaram as cozidas. A segunda é a de que os meninos comeram as cenouras quando elas ainda estavam cruas. Nesse caso, no entanto, não podemos nos valer de uma explicação de caráter lexical. Em ambos os casos, o sentido das palavras *crua* é o mesmo. Portanto, mantemos a ideia de que a ambiguidade de (38) (e também de (39)) é de natureza estritamente sintática. As construções que usamos para evidenciar a estrutura de constituintes vão nos ajudar a comprovar essa ideia.

Como fizemos anteriormente, comecemos pela topicalização e pela clivagem:

(40) a. [As maçãs verdes], os meninos comeram.
    b. Foram [as maçãs verdes] que os meninos comeram

(41) a. [As maçãs], os meninos comeram [verdes].
    b. Foram [as maçãs] que os meninos comeram [verdes].

Nas sentenças (a), acima, temos casos de topicalização, e nas sentenças (b), temos casos de clivagem. Com esses movimentos, a ambiguidade que existia na sentença original desaparece. Nas sentenças em (40), só é possível termos a interpretação de que os meninos comeram as maçãs verdes e não as vermelhas. Nas sentenças em (41) só temos a leitura de que os meninos comeram as maçãs antes de elas amadurecerem. Em (40), o constituinte que foi deslocado para a realização da topicalização ou da clivagem foi *as maçãs verdes*. Diferentemente, nas sentenças em (41), o constituinte deslocado foi *as maçãs*. Novamente, estamos diante do fato de que, ao mover constituintes diferentes, desfazemos a ambiguidade da sentença. Isso indica que a ambiguidade é causada pela possibilidade de a sentença apresentar duas estruturas sintáticas diferentes.

Vejamos, agora, os resultados da passivização:

(42) a. [As maçãs verdes] foram comidas pelos meninos.

   b. [As maçãs] foram comidas verdes pelos meninos.

Da mesma forma que na topicalização e na clivagem, com a aplicação da passiva a ambiguidade da sentença original se desfaz. Em (42)a, tem-se apenas a possibilidade de primeira leitura e, em (42)b, tem-se apenas a possibilidade da segunda interpretação. Os constituintes que foram deslocados para a construção da passiva foram diferentes. Em (42)a, o constituinte que foi movido para a posição de sujeito da sentença foi *as maçãs verdes*. Diferentemente, em (42)b, apenas *as maçãs* ocupa a posição de sujeito. Estamos, mais uma vez, diante de uma evidência de que a ambiguidade da sentença (38) é de natureza sintática. Corroboram essa ideia os testes de fragmento de sentença, em (43) e (44), e o de pronominalização, em (45):

(43) A: O que os meninos comeram?
   B: As maçãs verdes.

(44) A: O que os meninos comeram verde?
   B: As maçãs.

(45) a. Os meninos as comeram. (as = as maçãs verdes)

   b. Os meninos as comeram verdes. (as = as maçãs)

A leitura segundo a qual os meninos comeram as maçãs verdes e não as vermelhas está associada à possibilidade de *as maçãs verdes* serem um único constituinte sintático. Diferentemente, a leitura segundo a qual os meninos comeram as maçãs antes de elas amadurecerem está associada à possibilidade de *as maçãs* e *verdes* serem dois constituintes sintáticos separados. Mais uma vez, construções que movem ou substituem constituintes revelaram essas possibilidades de maneira inequívoca, evidenciando o caráter estritamente sintático da ambiguidade da sentença (38).

4. Predicados e argumentos

A ideia de que usamos as línguas naturais para a expressão do pensamento, ou seja, a ideia de que as línguas naturais se relacionam a representações mentais não é nova. É com base nessa ideia que vamos desenvolver esta seção sobre predicados e argumentos.

Imaginem uma fotografia em que aparecem uma criança e um gato. A fotografia foi tirada em um lugar qualquer, uma saleta, por exemplo, em que havia, além da criança e do gato, uma poltrona vermelha, uma mesa, um cesto de palha contendo vários novelos de lã e algumas revistas sobre a poltrona, e um quadro pendurado na parede atrás da poltrona. Perto da criança e do gato havia muitos pedaços de fios de lã arrebentados.

Ao comentar uma fotografia como essa, podemos descrever várias situações diferentes, dependendo do que se mostrar mais relevante para nós. E cada pessoa que se proponha comentar a mesma fotografia poderá descrevê-la de modo diferente, realçando uma determinada situação e minimizando a importância de outra. Assim, as sentenças que seguem, em (46), são expressões de algumas situações ou propriedades possivelmente reveladas pela fotografia:

(46) a. Criança adora gato.
    b. O gato está correndo pela sala.
    c. O gato arrebentou um monte de lã.
    d. Um monte de lã arrebentou.
    e. Nossa! Houve uma guerra da criança contra o gato!
    f. Tem um cesto de palha sobre a poltrona.
    g. Esse gato é amigo da criança.
    h. A destruição dos novelos pelo gato vai irritar a mãe.
    i. A poltrona é vermelha.
    j. O quadro na parede é agradável aos olhos.

As sentenças de (46)a a (46)d expressam situações diferentes. Situação é um termo geral para descrevermos atividades, estados ou eventos. Cada uma dessas situações é descrita, em termos gerais, por uma única palavra, nesse caso o verbo das sentenças. Assim, tem-se a situação de *adorar* em (46)a, de *correr* em (46)b e de *arrebentar* em (46)c e (46)d, todas descritas por um verbo. Essas situações envolvem um número de participantes de um certo tipo, desempenhando papéis específicos dentro dela.

Assim, a situação de *adorar*, expressa em (46)a, requer a presença de dois participantes que são os constituintes *criança* e *gato*. Cada um deles desempenha um papel diferente nessa situação: um adora e o outro é adorado. De modo paralelo, o evento de *correr*, em (46)b, também envolve a presença de participantes. Na verdade, nesse caso, apenas um participante é requerido e *o gato* é o constituinte que satisfaz esse requerimento. Esse participante também desempenha um papel específico dentro da situação descrita, que é o de corredor. O constituinte *pela sala* não está na sentença para preencher um requisito do verbo *correr*. Dizemos, então, que, em (46)a, *criança* e *gato* são OS ARGUMENTOS do PREDICADO *adorar*. Sobre (46)b, dizemos que *o gato* é o único ARGUMENTO do PREDICADO *correr*. Podemos, então, caracterizar os argumentos de um predicado como os elementos que são capazes de satisfazer suas exigências e que desempenham papéis específicos determinados por ele. A expressão, *pela sala*, por outro lado, não se caracteriza como argumento: além de não ser requerida pelo predicado, não desempenha nenhum papel designado por ele.

98   Introdução à Linguística II

Podemos representar essas situações e seus participantes ou, em outros termos, esses predicados e seus argumentos como (47)a e (47)b.

(47) a. adorar   (criança, gato)
     b. correr   (o gato)

Assim, dizemos que *adorar* é um predicado de dois lugares, porque ele toma dois argumentos, cada um desempenhando um papel diferente. De *correr*, dizemos que ele é um predicado de um lugar, porque ele toma apenas um argumento, que também desempenha um papel específico.

Voltemos às possibilidades de descrição da fotografia. As sentenças em (46)c e (46)d expressam duas situações semelhantes. Cada uma delas define participantes diferentes, no entanto. A situação em (46)c requer a presença de dois participantes, os constituintes *o gato* e *um monte de lã*, que vão, cada um, desempenhar um papel diferente: o de arrebentador e o de arrebentado. Em (46)d, apenas um participante se faz necessário, *um monte de lã*. Esse participante também desempenha um papel nessa situação, o daquele que é arrebentado. Assim, em (46)c, *o gato* e *um monte de lã* são argumentos do predicado de dois lugares *arrebentar*; em (46)d, *um monte de lã* é argumento do predicado de um lugar *arrebentar*. Reparem que o papel desempenhado pelo constituinte *um monte de lã* é o mesmo em (46)c e (46)d e, por isso, em (48)a e (48)b, temos uma possibilidade inicial de representação dos predicados nessas sentenças:

(48) a. arrebentar   (o gato, um monte de lã)
     b. arrebentar   (um monte de lã)

Os verbos são considerados os predicados por excelência, mas todas as outras categorias lexicais também podem funcionar como tal. É o caso das preposições, dos nomes e dos adjetivos, que discutimos a seguir.

Tomemos, inicialmente, as sentenças (46)e e (46)f. Observem o comportamento das preposições *contra* em (46)e, e *sobre* em (46)f. Notem que, tanto quanto os verbos, elas descrevem uma situação, ainda que estática, da qual participam certas entidades. A preposição *contra*, por exemplo, expressa uma situação que envolve dois participantes em uma relação particular de oposição ou antagonismo. No caso da sentença (46)e, esses participantes são *a criança* e *o gato*. Esses constituintes satisfazem os requerimentos impostos pela preposição *contra* e desempenham os papéis que ela lhes atribui. A preposição *sobre*, em (46)f, expressa uma situação de representação do espaço, que envolve dois participantes: *um cesto de palha* e *a poltrona*. Esses constituintes satisfazem as exigências impostas pela preposição *sobre* e desempenham os papéis que são determinados por ela.

Temos, portanto, que, na sentença em (46)e, existe um predicado de dois lugares, que é a preposição *contra*, que toma como argumentos os constituintes *a criança* e *o gato*. Em (46)f, o predicado de dois lugares *sobre* toma, como seus argumentos, os constituintes *um cesto de palha* e *a poltrona*. As representações que, inicialmente, podemos propor para esses predicados são:

(49) a. contra   (a criança, o gato)

      b. sobre   (um cesto de palha, a poltrona)

Passemos, agora, à observação da sentença (46)g. Essa sentença expressa a situação estativa de o gato ser amigo da criança. A sentença (46)a também expressa uma situação estativa: a de que criança adora gato. Mas existe uma grande diferença entre as sentenças (46)a e (46)g, no que diz respeito ao tipo de verbo que participa de sua construção. Podemos dizer que o verbo *adorar*, em (46)a, é um verbo que tem valor predicativo, no sentido de que ele determina três coisas: (i) o número de participantes envolvidos na situação que ele descreve; (ii) as características que esses participantes devem ter – se precisam ser [± humanos], [± animados], etc.; e (iii) o papel que cada um desses participantes desempenha na evento descrito. Diferentemente, o verbo *ser*, em (46)g, não exibe essa capacidade. Ele é um verbo puramente gramatical, no sentido de que sua função é a de simplesmente carregar as marcas de flexão de tempo, aspecto, modo e pessoa. Ele não tem valor predicativo. Se o verbo *ser* não tem valor predicativo, o que é que está funcionando como predicado na sentença (46)g? É o nome *amigo*. Vejam que é o termo *amigo* que requer pelo menos dois participantes na situação que ele descreve, que determina as características que esses participantes precisam ter e que estabelece quais os papéis que eles vão ter na situação descrita. Em (46)g, os constituintes *esse gato* e *a criança* são esses participantes. Dizemos, então, que *amigo*, na sentença em exame, é um predicado de dois lugares, que toma as expressões *esse gato* e *a criança* como seus argumentos. Portanto, nomes, em determinados contextos, também podem ser considerados predicados.

Mas que contextos são esses? Será que nomes só podem ser predicados em sentenças construídas com verbos que não têm valor predicativo, como *ser*? Não. Para entendermos melhor como isso pode ocorrer, passemos à análise da sentença (46)h. Nessa sentença, temos uma situação expressa pelo verbo *irritar*, na qual estão envolvidos dois participantes – *a destruição dos novelos pelo gato e a mãe* – ambos satisfazendo as imposições do verbo. Portanto, nessa sentença, há um predicado de dois lugares, que é o verbo *irritar*, e seus dois argumentos são *a destruição dos novelos pelo gato* e *a mãe*. Mas notem que essa não é a única relação de predicação que existe nessa sentença. Dentro do argumento *a destruição dos novelos pelo gato* também existe uma relação de predicação, dessa vez estabelecida pelo nome *destruição*. Vejam que *destruição* expressa uma situação estática, que envolve dois participantes: *o gato* e *os novelos*. Cada um deles desempenha um papel específico, respectivamente, o de destruidor e o de destruído. Mais uma vez, portanto, estamos diante de um predicado de dois lugares, que toma dois argumentos.

Dessa forma, vemos que nomes, tanto quanto verbos e preposições, também podem se comportar como predicados. As representações dos nomes que funcionam como predicados nas sentenças (46)g e (46)h estão a seguir:

100 Introdução à Linguística II

(50) a. amigo   (esse gato, a criança)

     b. destruição   (o gato, os novelos)

Finalmente, passemos às sentenças (46)i e (46)j, com especial atenção para os adjetivos *vermelha*, em (46)i, e *agradável* em (46)j. Novamente, estamos diante de sentenças construídas com o verbo *ser* que, como já vimos, é um verbo que não tem valor predicativo. Nessas sentenças, a predicação está sendo feita pelos adjetivos, que expressam propriedades que precisam ser atribuídas a entidades. Na sentença (46)i, a propriedade *vermelha* é atribuída à entidade expressa pelo constituinte *a poltrona*. Da mesma forma, em (46)j, a propriedade *agradável* se aplica à entidade expressa pelo constituinte *o quadro na parede* e atinge a entidade denotada pelo constituinte *os olhos*. O predicado de um lugar *vermelho* toma o constituinte *a poltrona* como seu único argumento. O predicado de dois lugares *agradável*, por sua vez, toma os constituintes *o quadro na parede* e *aos olhos* como seus argumentos. Sua representação pode ser feita da seguinte forma:

(51) a. vermelho   (a poltrona)

     b. agradável   (o quadro na parede, aos olhos)

O que fizemos até aqui, então, foi observar a relação entre predicados e argumentos em funcionamento em uma língua natural, o português brasileiro. Concluímos que verbos, nomes, preposições, adjetivos e advérbios podem ser predicados e que, nesse caso, determinam o número de participantes da situação que expressam, as características que esses participantes devem ter e o papel que cada um deles desempenha na situação. É importante enfatizar que a noção de predicado que estamos usando não corresponde exatamente à noção de predicado de que faz uso a gramática tradicional. Para nós, todas as categorias lexicais – nomes, verbos, adjetivos, advérbios e também as preposições – podem ser consideradas predicados. Predicados são itens capazes de impor condições sobre os elementos que com eles compõem o constituinte do qual são núcleos. Argumentos, por outro lado, são os itens que satisfazem as exigências de combinação dos predicados.

Retomemos, em mais detalhe, a ideia de que os predicados impõem exigências a seus argumentos. Essas exigências são de dois tipos: semânticas e sintáticas. No que diz respeito às exigências semânticas, elas estão relacionadas aos papéis dos participantes na situação descrita. Tecnicamente, chamamos esses papéis de PAPÉIS TEMÁTICOS. Um predicado atribui tantos papéis temáticos quantos forem os argumentos associados a ele. Papéis temáticos são, portanto, os papéis desempenhados por todo argumento de um predicado e atribuídos a esses argumentos pelo próprio predicado que os seleciona. Intuitivamente, podemos dizer, de um predicado como *adorar*, na sentença (46)a, que ele atribui os papéis temáticos de EXPERIENCIADOR (aquele que adora, o adorador), e o de TEMA (o objeto adorado). De um predicado como *correr*, na sentença (46)b, podemos dizer que ele, tendo apenas um argumento, atribui apenas um papel temático, que é o de AGENTE (aquele que corre, o corredor).

Vejamos, agora, o que acontece com um predicado como *arrebentar*, presente nas sentenças (46)c e (46)d. Na sentença (46)c, o verbo se comporta como um predicado de dois lugares, atribuindo dois papéis temáticos a seus argumentos: o de AGENTE (o arrebentador), e o de PACIENTE (o objeto arrebentado). Diferentemente, em (46)d, o verbo se comporta como um predicado de um lugar, atribuindo apenas um papel temático a seu argumento: o de paciente, ou seja, o de objeto arrebentado.

Será que podemos dizer que a alternância entre, de um lado, um predicado de dois lugares com atribuição de dois papéis temáticos e, de outro, um predicado de um lugar com atribuição de apenas um papel temático, observada para o verbo *arrebentar*, é uma idiossincrasia e indica que estamos diante de dois verbos diferentes e não de um único verbo? A discussão dessa questão teve seu início no capítulo sobre Competência Linguística do volume 1 deste livro. Tratando de verbos como *quebrar, terminar, abrir* e *xerocar*, sugerimos que fenômenos como esses apontam para a sistematicidade nas relações entre léxico e sintaxe, observada em vários conjuntos de fatos linguísticos do português e de outras línguas. Uma possível análise para essas alternâncias é admitir que, no léxico, podem acontecer operações que afetam as propriedades dos predicados relativamente ao número de argumentos que eles podem tomar, e, consequentemente, ao tipo de papéis temáticos que eles podem atribuir. Isso dá conta da possibilidade das seguintes sentenças com o predicado *abrir*.

(52) a. O João abriu a porta do carro com o arame.
    b. O João abriu a porta do carro.
    c. O arame abriu a porta do carro
    d. A porta do carro abriu.

O que acontece com um predicado como *abrir* é algo parecido com o que acontece com *arrebentar*, visto acima. Na sentença (52)a, o verbo *abrir* se comporta como um predicado de três lugares, atribuindo três papéis temáticos a seus argumentos: o de AGENTE (o que abre), o de PACIENTE (o objeto que é aberto) e o de INSTRUMENTO (o objeto com que se abre um outro objeto). Por outro lado, em (52) b e em (52)c, o verbo se comporta como um predicado de dois lugares, atribuindo a seus argumentos, em (52)b, os papéis temáticos de AGENTE e de PACIENTE e, em (52)c, os papéis temáticos de INSTRUMENTO e de PACIENTE. Finalmente, em (52)d, o verbo *abrir* é um predicado de um lugar, atribuindo a seu único argumento, o papel temático de PACIENTE.

O mapeamento das informações semânticas contidas no léxico precisa se manifestar nas sentenças de modo explícito. A sintaxe fornece um esqueleto estrutural sobre o qual são projetados os itens lexicais que trazem para a sintaxe toda a informação semântica a eles associada. Vejamos como essa projeção se realiza, tomando, como exemplo, a seguinte sentença:

(53) O João comprou batatas.

No léxico, *comprar* é um predicado que toma dois argumentos, um que expressa o objeto comprado e outro que expressa o comprador. No caso da sentença em análise, esses argumentos são representados pelos constituintes *batatas* e *o João*. Na sintaxe, *comprar* vai ser mapeado em uma posição de NÚCLEO, já que esse é o termo responsável por todas as exigências impostas aos outros termos da sentença. Uma primeira generalização que podemos fazer, então, é a de que predicados são mapeados em posição de NÚCLEO. Será que os dois argumentos de *comprar* se juntam ao verbo simultaneamente? Evidências de várias ordens, que não caberiam nesta introdução à análise sintática, demonstram que não. Um dos argumentos, que chamamos de ARGUMENTO INTERNO, junta-se primeiramente ao verbo, ocupando uma posição que chamamos de COMPLEMENTO. O núcleo e seu complemento formam um subconstituinte, ao qual se junta o segundo argumento, denominado ARGUMENTO EXTERNO. Chamamos a posição ocupada pelo argumento externo de ESPECIFICADOR. Com isso, formamos o constituinte verbal, que pode ser representado por um diagrama arbóreo, como o seguinte:

Figura 2

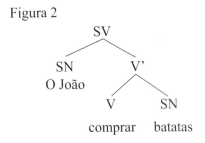

Esse diagrama representa os passos de estruturação mencionados acima. O verbo é mapeado na sintaxe na posição de núcleo. Notem que o rótulo dessa posição é V, que corresponde à categoria gramatical do predicado que está sendo mapeado. Em seguida, a ele se junta seu argumento interno, que, no nosso exemplo, corresponde ao constituinte *batatas*, cujo núcleo é um nome. Por isso, o rótulo desse constituinte é SN, que significa sintagma nominal. Com isso, forma-se o subconstituinte representado no diagrama pelo rótulo V'. A esse subconstituinte junta-se o argumento externo do verbo, *o João*, também nucleado por um nome, daí o rótulo de SN. Com isso, fecha-se o sintagma verbal, representado pelo rótulo SV. Nessa configuração, dizemos, então, que o argumento interno, *batatas*, ocupa a posição de complemento, e o argumento externo, *o João*, ocupa a posição de especificador.

Em resumo, o esqueleto estrutural que a sintaxe constrói tem por base as seguintes relações:

i. a relação que se estabelece entre o núcleo e seu complemento;
ii. a relação que existe entre o subconstituinte formado pelo núcleo + complemento e o especificador.

Notem que, por essa análise, o que tradicionalmente se conhece por sujeito e objeto resulta de uma configuração estrutural ao invés de receber uma definição nocional. Dessa forma, sujeito é o constituinte que ocupa a posição de especificador e objeto direto é o constituinte que ocupa a posição de complemento do verbo. Com isso, evita-se o uso definições problemáticas como as que dizem que sujeito é aquele que pratica a ação expressa pelo verbo.

Mais ainda. Essa análise prevê que todas as categorias podem ter um complemento e um especificador a elas associados. Assim, passemos agora à verificação de como as projeções de cada categoria – nomes, adjetivos e preposições – se realizam, usando como exemplos os predicados em (54).

(54) a. A destruição dos novelos pelo gato.
   b. O quadro na parede é agradável aos olhos.
   c. O cesto de palha está sobre a poltrona.

Comecemos por (54)a. Já vimos que *destruição* é um predicado que toma dois argumentos, um que expressa o objeto destruído e outro que expressa o destruidor. Em (54)a, são os constituintes *os novelos* e *o gato* que representam esses argumentos. Se *destruição* é o predicado, ele vai ocupar a posição de núcleo da representação sintática. Essa posição corresponde à posição N (de nome). O argumento interno, ou seja, o objeto destruído, junta-se primeiramente ao núcleo do predicado, ocupando a posição de complemento. O resultado parcial é um subconstituinte rotulado N', ao qual se junta o argumento externo. O resultado final é um constituinte rotulado SN – sintagma nominal, que pode ser representado por um diagrama arbóreo, como o seguinte:

Figura 3

Por razões de natureza sintática, em português, não podemos ter argumentos de um nome sem que eles sejam introduzidos por uma preposição. Portanto, ao argumento interno de *destruição* precisamos acrescentar a preposição *de*, de modo a obter *dos novelos*; e a seu argumento externo, acrescentamos a preposição *por*, de modo a obter *pelo gato*. Algumas peculiaridades do português também nos forçam a fazer uma outra operação para que possamos ordenar linearmente os constituintes do sintagmas, de modo a obtermos a sequência *a destruição dos novelos pelo gato*.

Quanto a (54)b, temos que o predicado deve ser *agradável*, já que, como foi visto, o verbo ser não tem valor predicativo. Esse predicado também toma dois argumentos, um que expressa o objeto que tem a propriedade de ser agradável – *o quadro na parede* – e outro que expressa a entidade atingida por essa propriedade que o objeto denotado tem – *os olhos*. Sendo predicado, *agradável* ocupa a posição de núcleo da representação sintática, que, nesse caso, recebe o rótulo A, da categoria adjetivo. Mais uma vez, o argumento interno, representado pela entidade afetada pela propriedade de ser agradável, ocupa a posição de complemento e se junta ao núcleo do predicado, resultando no subconstituinte *agradável aos olhos*, rotulado A'. A esse subconstituinte vai se juntar o argumento externo *o quadro na parede*. O resultado final será um constituinte *o quadro na parede agradável aos olhos*, rotulado SA, representado pelo seguinte diagrama arbóreo:

Figura 4

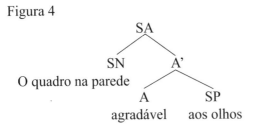

Finalmente, (54)c tem a preposição sobre como um predicado de dois argumentos: um que expressa um objeto – *o cesto de palha* – e outro que expressa o lugar sobre o qual esse objeto se encontra – *a poltrona*. Na sintaxe, *sobre* ocupa a posição de núcleo da representação, nesse caso a posição P (de preposição), à qual se junta, primeiramente, o argumento interno, que ocupa a posição de complemento. Disso resulta um subconstituinte rotulado P'. O argumento externo se junta a esse conjunto e o resultado final é um constituinte rotulado SP, como no diagrama arbóreo a seguir:

Figura 5

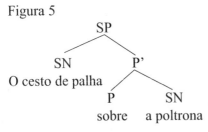

Uma última observação se faz necessária. As sentenças podem conter constituintes que não são previstos como exigências dos predicados no léxico. É isso o que acontece com o constituinte *rapidinho*, na sentença abaixo:

(55) O João comprou batatas rapidinho.

Onde é que podemos colocar constituintes como esses em nossa estrutura? Eles não ocupam nem a posição de complemento, nem a de especificador. Na verdade, eles ocupam uma outra posição na estrutura, a posição de ADJUNTO, que apresentamos na Figura 6:

Figura 6

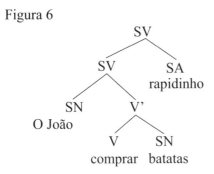

Reparem que ao incluirmos o adjunto na estrutura, criamos uma projeção que repete o rótulo do sintagma verbal. Isso acontece porque adjuntos não formam um novo nível hierárquico. Essa é a grande diferença sintática que existe entre argumentos e adjuntos. Quando argumentos são mapeados na sintaxe, o núcleo projeta um novo nível hierárquico. Quando um adjunto entra na estrutura, isso não acontece. Ele é somente um outro segmento da mesma categoria. Assim, na estruturação da sentença (55), ilustrada na Figura 6, vemos que o núcleo verbal *comprar* se compõe, primeiramente, com seu complemento, o sintagma nominal *batatas*. Nesse momento, o núcleo projeta um nível hierárquico superior, que tem o rótulo de V', na Figura 6. Essa nova expressão complexa, formada pelo verbo e seu complemento, por sua vez, compõe-se com o argumento externo, o sintagma nominal *o João*. Nesse momento, há a projeção de um novo nível hierárquico superior, que, desta vez, toma o rótulo de SV. Fecha-se, assim, a projeção do núcleo *comprar*. Com isso, queremos dizer que foram projetadas, na sintaxe, todas as expressões linguísticas exigidas pelo verbo, nomeadamente, o argumento que corresponde ao objeto comprado e o argumento que corresponde ao agente comprador. Desse momento em diante, o núcleo *comprar* não pode mais projetar níveis superiores, porque todas as suas exigências já foram satisfeitas.

Na sentença em exame, a presença do advérbio *rapidinho* não se deve a uma exigência do verbo *comprar*. Por isso, quando ele é mapeado na sintaxe, não há que se falar em uma nova projeção hierárquica. Antes, ele é mapeado como um constituinte que se aplica a uma projeção fechada do tipo SV, e a mantém com a mesma estruturação hierárquica que ela apresentava anteriormente. Essa é a razão pela qual dizemos que um adjunto é um segmento da categoria à qual ele se aplica.

5. Conclusão

A sintaxe é a área da Linguística que estuda a estrutura das sentenças. Os princípios envolvidos na estruturação das sentenças de nossa língua são parte de nossa competência linguística. Portanto, estudar a estrutura das sentenças envolve, como um primeiro passo, trazer à tona um conhecimento que qualquer falante da língua tem. Os alicerces desse conhecimento são:

i. sabermos organizar os itens lexicais em categorias gramaticais, estabelecidas de acordo com as características morfológicas, distribucionais e semânticas por eles exibidas;

ii. sabermos que a sentença resulta da projeção dessas categorias em constituintes hierarquicamente estruturados, fazendo com que ela não seja apenas uma sequência linear de itens lexicais;

iii. sabermos que esses constituintes se organizam a partir de um núcleo cujas exigências sintáticas e semânticas devem ser satisfeitas pelos elementos que vão se compor com ele.

Nosso objetivo, neste texto, foi justamente o de dar o primeiro passo, no estudo da estruturação das sentenças.

Exercícios

A. Determine a que categorias gramaticais pertencem as palavras em caixa alta (palavras inventadas) nas seguintes sentenças, retiradas, em sua forma original, de obras de Machado da Assis. Argumente em favor de sua análise.

(1) a) Como eu estava cansado, SEFLEI os olhos três ou quatro vezes.
    b) Disse isso SEFLANDO o punho e proferi outras ameaças.
    c) José Dias sorriu deliciosamente, mas fez um esforço grande e SEFLOU outra vez o rosto.
    d) O beijo de Capitu SEFLAVA-me os lábios.

(2) a) E a voz não lhe saía DOLMA, mas velada e esganada.
    b) Já agora acabo com as coisas DOLMAS.
    c) A cabeça da minha amiga sabia pensar DOLMO e depressa.
    d) Senti que não poderia falar DOLMAMENTE.

(3) a) Fiquei tão MUPESTRE com esta ideia, que ainda agora me treme a pena na mão.
    b) As horas tristes e compridas eram agora breves e MUPESTRES.
    c) Ele me explicou por estas palavras MUPESTRES.

Sintaxe: explorando a estrutura da sentença 107

(4) a) Era o pai de Capitu, que voltava da repartição um pouco mais BODRO, como usava às vezes.

b) Não quero saber dos santos óleos da teologia; desejo sair daqui o mais BODRO que puder, ou já...

c) (...) íamos sempre muito BODRO, logo depois do almoço, para gozarmos o dia compridamente.

B. A definição usual de advérbio é:

"Advérbio é uma palavra invariável que modifica um verbo, um adjetivo ou outro advérbio, exprimindo circunstância de tempo, lugar, modo, dúvida, etc."

Examine o comportamento da palavra LÁ, usualmente classificada como advérbio, nas sentenças abaixo. Diga se a definição acima pode se aplicar a cada uma delas. Se não, diga a que categoria você acha que LÁ pertence, em cada um dos exemplos.

(5) LÁ é maravilhoso.
(6) Eu detestava LÁ.
(7) Ele saiu de LÁ.
(8) Aquele homem LÁ disse coisas ótimas.
(9) Eu cheguei LÁ em Santos.
(10) Eu cheguei LÁ atrasado.
(11) LÁ, tudo acontecia como se ninguém soubesse de nada.

C. Dentre as construções discutidas no item 3 do texto (topicalização, clivagem, pronominalização, fragmento de sentença, elipse), utilize as que forem apropriadas para descobrir as diferentes possibilidades de estruturação sintática das sentenças que seguem:

(12) O professor vai presentear os alunos com notas altas.
(13) Os alunos andavam entusiasmados pelo Museu.
(14) O presidente parecia confiante no Senado.

D. Nas expressões abaixo, os predicados, que são os núcleos de sua projeção, aparecem em caixa alta. Diga qual a posição que os demais constituintes ocupam na projeção desses predicados: complementos, especificadores ou adjuntos. Para treino, faça uma árvore para cada projeção. Ignore os artigos e os verbos de ligação.

(15) professores CONSCIENTES de sua responsabilidade
(16) a CONSCIÊNCIA da responsabilidade
(17) um JOGADOR de futebol da Itália
(18) o João JOGA basquete nos Estados Unidos
(19) o pé SOBRE a mesa
(20) o pé sobre a mesa é FALTA de educação
(21) trabalhadores IRRITADOS com seus baixos salários

108 Introdução à Linguística II

(22) alunos irritados com a falta de professores é COMUM
(23) um ALUNO de Física de cabelo encaracolado
(24) a Cecília CONHECEU um aluno de Física de cabelo encaracolado
(25) a PROFUNDEZA do oceano ao sul do Equador
(26) o oceano ao sul do Equador é PROFUNDO
(27) líderes governistas CONTRA deputados da oposição
(28) líderes governistas contra deputados da oposição é o RESUMO da história política do país
(29) olhos SENSÍVEIS à claridade
(30) a sensibilidade à claridade CAUSA problemas sérios para a visão

E. Levando em consideração as exigências lexicais dos predicados em caixa alta, localize, nas sentenças abaixo, o elemento que atende a cada uma dessas exigências.

(31) As escolas não PUNEM os alunos que FALTAM às aulas.
(32) Ao APLICAR o exame, o diretor não ESCOLHEU os melhores alunos.
(33) Como os governadores não PROPUSERAM emendas à Constituição aos deputados e senadores, o presidente já ANUNCIOU apoio ao projeto.
(34) Como FORAM ANALISADAS mais de mil propostas, vê-se que a escolha deve ter sido difícil.
(35) Os alunos aprovados ganham bolsas para ESTUDAR e VIVEM nos alojamentos da faculdade.
(36) Nos primeiros anos de vida pode-se DIZER se uma criança será um adulto introvertido ou expansivo. Isso é o que se CHAMA traço de personalidade.
(37) Que animais o diretor do zoológico DISSE que a comida que COMERAM FOI COMPRADA direto do CEAGESP?

F. Considere os pares de sentenças abaixo. As sentenças (a) têm um argumento presente a mais do que a variante (b). Considerando as exigências lexicais feitas pelo verbo em cada sentença, imagine uma explicação para essa possibilidade. Contraste os pares entre (38) e (41) com as impossibilidades apresentadas pelos pares entre (42) e (45) (o sinal * que antecede os exemplos em (b) marca a agramaticalidade das sentenças):

(38) a) A Maria está lavando suas camisetas importadas.
     b) As camisetas importadas lavam fácil.

(39) a) A tempestade afundou o barco.
     b) O barco afundou.

(40) a) Poirot prendeu o criminoso.
     b) O criminoso foi preso.

(41) a) As crianças já comeram o bolo.
     b) As crianças já comeram.

(42) a) O Pedro vai comprar aquela casa de esquina.
     b) *Aquela casa de esquina compra fácil.

(43) a) O professor escreveu o artigo.
     b) *O artigo escreveu.

(44) a) A atitude do marido chateava a Ana.
     b) *A Ana era chateada.

(45) a) As crianças devoraram o bolo.
     b) *As crianças devoraram.

Bibliografia

CHOMSKY, N. (1981). *Lectures on Government and Binding: the Pisa Lectures.* Dordrecht: Foris.
CHOMSKY, N. (1986). *O conhecimento da língua: sua natureza, origem e uso.* Tradução Anabela Gonçalves e Ana Teresa Alves. Lisboa: Editorial Caminho.
FRANCHI, C. (1997). *Teoria da predicação.* Ms. Unicamp/USP.
FRANCHI, C., E. V. NEGRÃO & A. L. de P. MULLER. (1998). "Um exemplo de argumentação em sintaxe". *Revista da ANPOLL*, n. 5, pp. 37-63, jul-dez.
HAEGEMAN, L. (1994). *Introduction to Government and Binding Theory.* Cambridge, Mass.: Blackwell, 2nd Ed.
JESPERSEN, O. (1948). *The Philosophy of Grammar.* Londres: George Allen&Unwin Ltd.
MIOTO, C., M.C. FIGUEIREDO-SILVA E R.V. LOPES. (1999). *Manual de sintaxe.* Florianópolis: Insular.
RADFORD, A. (1989). *Transformational Grammar.* Cambridge: Cambridge University Press.
RAPOSO, E. (1992). *Teoria da gramática: a faculdade da linguagem.* Lisboa: Editorial Caminho.

Sugestões de leitura

FRANCHI, C., E. V. NEGRÃO & A. L. de P. MULLER. (1998). Um exemplo de argumentação em sintaxe. *Revista da ANPOLL*, n. 5, pp. 37-63, jul-dez.
Um artigo que leva o leitor, passo a passo, a construir uma análise sintática para a estrutura de constituintes de sentenças ambíguas.

MIOTO, C. M.C., FIGUEIREDO-SILVA e R.V. LOPES. (1999). *Manual de Sintaxe.* Florianópolis: Insular.
Um livro de introdução aos estudos de sintaxe tendo por base a Gramática Gerativa. É destinado a estudantes de graduação em Letras ou Linguística ou a todos que se interessarem por uma abordagem formal para o tratamento sintático das línguas naturais.

A semântica lexical

Antonio Vicente Seraphim Pietroforte
Ivã Carlos Lopes

Conta-se que um determinado professor explicava o conceito saussuriano de *signo* escrevendo, com uma das mãos, no quadro negro, a palavra "nariz" e apontando, com a outra, para o seu próprio nariz. Ensinava que a palavra escrita é o *significante* e o órgão para o qual apontava, o *significado*. Recolhida durante uma aula, essa história é engraçada porque mostra um equívoco a respeito do ponto de vista saussuriano, pois a personagem do relato propaga um conceito de língua há algum tempo colocado sob suspeita por muitas correntes da ciência da linguagem.

O signo é uma relação entre um *significante* e um *significado*, e não entre uma palavra e uma coisa, como entendeu o professor acima mencionado. Ao apontar para seu nariz e para a palavra escrita no quadro negro, ele entendeu, erroneamente, que *significante* é o mesmo que "palavra" e, *significado*, o mesmo que "coisa". Saussure, no entanto, não diz isso. Ao definir uma relação entre um *significante*, a imagem acústica do *signo*, e um *significado*, o seu conceito, o sentido do signo deixa de depender de um referente fora da língua, como é o caso do nariz, e passa a ser determinado por uma relação entre duas grandezas linguísticas: uma imagem acústica, de ordem fonológica, e um conceito, de ordem semântica.

A ideia de que o significado é a coisa é bastante antiga. Na mitologia judaico-cristã ela aparece logo depois da cena da criação:

Javé Deus disse: "Não é bom que o homem esteja só, vou fazer-lhe um auxiliar que lhe convenha". Javé Deus plasmou do solo todos os animais e todas as aves do céu. Conduziu-os à presença do homem, para ver que nome lhes daria: todo ser teria o nome que o homem lhe desse. E o homem deu nome a todos os animais domésticos, às aves do céu e a todos os animais do campo.

(Gên, II, 18-20)

Nessa passagem, a relação estabelecida é entre nomes e coisas, ou seja, entre os nomes dos animais e seus referentes, apresentados diretamente ao homem por seu criador. Séculos depois, o Satã do poeta inglês Milton, em seu *Paraíso perdido*, tem um ponto de vista diferente. Ao cair no inferno, declama o anjo rebelde:

Adeus, felizes campos, onde mora
Nunca interrupta paz, júbilo eterno!
Salve, perene horror! Inferno, salve!
Recebe o novo rei cujo intelecto
Mudar não podem tempos, nem lugares:
Nesse intelecto seu, todo ele existe;
Nesse intelecto seu, ele até pode
Do Inferno Céu fazer, do Céu Inferno.

Milton – *O paraíso perdido*. (s. d.) São Paulo, Edigraf, p. 15.

Para Satã, tanto o *inferno* quanto o *céu* são definidos no discurso que ele, em seu intelecto, é capaz de articular. Os conceitos de ambos os signos, portanto, são determinados pelo discurso, e não por meio de um referente externo à linguagem dado previamente, como ocorre no capítulo citado do Gênesis, em que o homem dá nome aos animais. Sem uma referência fora da língua, cabe ao discurso determinar os conceitos de *céu* e o de *inferno* e, por isso um pode ser tomado pelo outro, dependendo do ponto de vista.

A fim de formar uma primeira ideia da distinção entre essa tradicional concepção de linguagem-nomenclatura e a perspectiva saussuriana, que data do início do século XX, precisamos de algumas noções elementares a seu respeito. Uma e outra concepção dão origem a modos contrastantes de edificar a semântica.

1. Concepções de linguagem, signo, sentido

Um trecho de um conhecido poema de João Cabral de Melo Neto, "Paisagem do Capibaribe", vai nos ajudar a introduzir questões de ampla abrangência acerca das concepções de linguagem nos estudos da linguística e campos afins.

[...]
Na paisagem do rio
difícil é saber

onde começa o rio;
onde a lama
começa do rio;
onde a Terra
começa da lama;
onde o homem,
onde a pele
começa da lama;
onde começa o homem
naquele homem.

Difícil é saber
se aquele homem
já não está
mais aquém do homem;
mais aquém do homem
ao menos capaz de roer
os ossos do ofício;
capaz de sangrar
na praça;
capaz de gritar
se a moenda lhe mastiga o braço;
capaz
de ter a vida mastigada
e não apenas
dissolvida
(naquela água macia
que amolece seus ossos
como amoleceu as pedras).

João Cabral de Melo Neto – *O cão sem plumas*, "Paisagem do Capibaribe, II".
In: *Serial e antes.* (1997) Rio de Janeiro, Nova Fronteira, p. 79-80.

A par da contundente denúncia de condições de vida e trabalho aviltantes de populações situadas num tempo (anos 1940) e num espaço (Pernambuco) determinados, esse trecho traz um questionamento sobre os limites entre as coisas postas em cena: onde a fronteira entre o rio e a lama? Entre a lama e a terra, entre a terra e o homem?... Esse recuo para aquém do evidente, essa problematização daquilo que parecia ponto pacífico – traço marcante do refletir – pode ser encarado, nesse caso, como algo mais do que a mera caracterização de uma certa terra e uma certa gente. Aponta para uma discussão decisiva nos estudos da linguagem e que formularemos nos seguintes termos: devemos tomar a segmentação do mundo em classes como qualquer coisa da ordem do "já dado" ou do "construído"? Em outras palavras, seria a estruturação do mundo em categorias algo previamente constituído nas próprias coisas ou dependeria ela das diferentes maneiras de olhar para o mundo? Se aderirmos à primeira hipótese, levantaremos uma teoria escorada no referente externo à linguagem, ou seja, nas "próprias coisas", supondo portanto que o homem tem acesso direto a elas, independentemente de quaisquer filtros interpostos pela sua inserção sócio-histórica ou cultural. Para essa visão, as línguas naturais seriam como que nomenclaturas apensas às coisas de um mundo preliminarmente discretizado, recortado. A segunda dessas hipóteses nos leva, ao contrário, a uma teoria da linguagem que privilegia os diferentes modos de mirar as coisas, concedendo prioridade ao ponto de vista, não ao objeto. Isso implica, por exemplo, que dois observadores pertencentes a comunidades linguísticas distintas não veem nunca exatamente o mesmo mundo. Sendo a semântica o estudo sistemático do *sentido* nas línguas naturais, cada uma dessas maneiras de construir a teoria da linguagem resultará numa semântica peculiar.

Último capítulo a integrar a história da linguística no Ocidente, a semântica, cujos desenvolvimentos mais notáveis são obra do século XX, assumiu diferentes faces na dependência das tradições a que se filia esta ou aquela de suas tendências. A questão do significado daquilo que se diz constituiu uma interrogação permanente dos estudos sobre a linguagem desde seus primórdios. Essa reflexão pode ser vista historicamente sob a forma de oscilações entre os três vértices de um triângulo assim constituído (Rastier, 1990: 7):

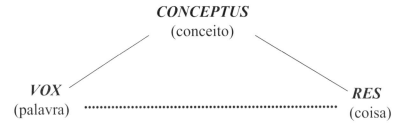

Um dos destacados comentadores de Aristóteles durante a Idade Média, São Tomás de Aquino, assim se manifestava sobre esse problema: "As palavras são os signos dos pensamentos, e os pensamentos, similitudes das coisas. [...] as palavras referem-se às coisas designadas mediante os conceitos" (*Suma teológica*, *apud* Rastier, 1990: 7). Considerações semelhantes pontuam a história dos estudos ocidentais sobre a linguagem, o signo e o sentido, e contam também com seus adeptos em nossos dias. Há hoje toda uma semântica do referente, desenvolvida na esteira de nomes como Carnap e Frege, na qual se reconhece a herança da tradição lógico-gramatical dominante no mundo ocidental, desde os antigos gregos, passando pela escolástica na Idade Média, pela lógica de Port-Royal na Idade Moderna e por seus inúmeros desdobramentos nos séculos XVIII e XIX. Nessa concepção, os estudiosos sempre acreditaram, com alguma variação terminológica de um autor para outro, que as palavras remetem aos conceitos e que estes, por sua vez, representam as coisas. Uma outra vertente, tributária por sua vez da não menos ilustre herança retórico-hermenêutica, pode ser caracterizada como um ponto de vista que, em vez das relações linguagem-coisas, prefere examinar o que se passa entre o fazer persuasivo de um locutor e o fazer interpretativo de um interlocutor; já não se trata das relações linguagem-coisas ou linguagem-mundo, e sim das relações entre o que se diz e como se diz, ou, em termos mais modernos, entre significantes e significados. A linguística inaugurada ao raiar do século XX no *Curso* de Saussure liga-se muito mais profundamente à segunda dessas tradições, a que estamos chamando, com François Rastier, de tradição retórico-hermenêutica. A expressão é por certo muito ampla, mas diz respeito à postulação de um estudo da linguagem humana orientado pelo que se passa em seu interior, e não numa instância qualquer situada fora dela. A noção de que o significado não é um objeto do mundo, mas uma construção de linguagem, está apoiada na teoria do signo desenvolvida no *Curso de Linguística geral*; a concepção de que o sentido se constitui na diferença está assentada na tese saussuriana de que a língua é forma.

De fato, fazer das coisas do mundo a pedra angular da semântica, tal como é o caso na tradição lógica, é instaurar a semântica com base em certos pressupostos filosóficos. Se as expressões das línguas humanas apontam para conceitos situados fora delas e concebidos como independentes desta ou daquela língua natural, isso quer dizer que tais conceitos são universais, logo imutáveis para todo e qualquer ser humano, pouco importando em que cultura este tenha nascido e sido criado. Além disso, se os conceitos, por sua vez, são garantidos pelas coisas do mundo, também chamadas de referentes, é preciso então assumir que o mundo é o mesmo para todos. Nesse raciocínio, diz Rastier, "as palavras teriam um sentido porque as coisas têm um ser (como afirma Aristóteles em sua *Metafísica*)" (Rastier s/d: 18). Essa concepção da linguagem nos levaria, assim, a admitir que, só havendo um mundo "real", a verdade, que é garantida por esse mundo, é consequentemente uma coisa única. Eis a principal razão, prossegue o linguista, pela qual a semântica do referente não costuma trabalhar com essas "porções de significados", com esses "fragmentos" de coisas que são os semas da semântica componencial – a noção de sema será definida adiante, no item "Semântica e léxico" –: a semântica do referente trabalha, no fundo, com essências. Encarada como essência, a coisa não admite cisão. No triângulo acima reproduzido, aquele vértice *Res* significa, em última análise, o *Ser*. Se o sentido do que dizemos é fundamentado no próprio ser e se o verdadeiro ser só pode ser visto como *uno* – tendo em vista que, se fosse múltiplo, estaria colocada a questão de saber qual deles seria o real –, então o problema da interpretação pode ficar relegado a segundo plano ou até mesmo negligenciado. Qualquer um tem o direito, entretanto, de questionar essa ideia de unicidade necessária.

A tradição retórico-interpretativa, por seu turno, prefere transferir o eixo da produção do sentido para o que se passa, não entre linguagem humana e mundo, mas sim "de homens para homens", ou seja, prefere enxergar a produção do sentido como fenômeno humano, de uma ponta a outra. Diante daquele triângulo a que acabamos de aludir (palavra-conceito-coisa), ela faz suas próprias escolhas, carregadas de consequências: (i) põe entre parênteses o polo do referente, evitando decidir sobre a natureza última do real, problema que lhe aparece como desprovido de pertinência para a compreensão do sentido e, mais ainda, como uma aderência *metafísica*, que a teoria da linguagem pode abandonar sem hesitação; (ii) concebe de outra maneira o polo do conceito e, por conseguinte, (iii) também o vértice da "palavra" é interpretado de modo diverso daquele da tradição lógica. Contra a ideia de que as coisas do mundo seriam as mesmas para todo observador e de que já viriam previamente discretizadas, bastando às línguas naturais colar-lhes rótulos designativos, insurgiu-se Saussure, na virada entre os séculos XIX e XX. O vértice do "conceito" será visto de preferência, a partir de seus ensinamentos, como o que ele denomina "significado", em ligação com o vértice da "palavra", posição ocupada pela ideia saussuriana de "significante". A distinção mais relevante entre o tradicional "conceito" e o "significado" saussuriano reside no caráter específico e relacional deste último: ao contrário dos "conceitos" da tradição lógica, encarados como universais, os "significados" saussurianos (i) só valem, a rigor, no interior de uma determinada língua, e (ii) só se definem na sua relação com os seus significantes, por um lado, e com os demais significados de sua classe, por outro. Ora, tanto significado quanto significante fazem parte da linguagem humana: são as duas faces do signo linguístico, tal como essa noção se define no *Curso*. Uma das características do signo frequentemente evocadas pela linguística de filiação saussuriana é o fato de as diversas línguas naturais estabelecerem, cada qual para uso próprio, diferentes estruturações do "mundo" por elas concebido. Por isso, nessa perspectiva, tanto o polo da "palavra" quanto o do "conceito" são variáveis segundo a inserção sócio-histórica das expressões que estejam em pauta; consequência disso, entre outras, é ter de admitir que não existem jamais traduções exatas entre duas línguas.

Ilustrando: em 1973, o grupo de rock britânico Pink Floyd gravou um dos discos mais célebres da sua longa carreira, intitulado *The dark side of the moon*. A capa mostrava, contra um fundo negro, um raio de luz branca que vinha do lado esquerdo, atravessava, no centro do quadro, um prisma e saía decomposto, à direita, nas cores do arco-íris. Entre nós, brasileiros, só quem deteve um pouco o olhar se deu conta de que o espectro à direita do prisma compreendia seis cores, em vez das sete que esperaríamos. A razão muito simples para isso é que, em inglês, o arco-íris de fato só conta com seis cores: na região superior do espectro, onde temos em português o *roxo* e o *anilado*, a língua inglesa junta tudo em um só *purple*. Na língua bassa, falada na Libéria, o mesmo conjunto do arco-íris se divide em não mais que duas faixas, uma compreendendo o que conhecemos como cores "frias" e outra, as cores "quentes". Ninguém imaginaria tratar-se de diferenças nos fenômenos naturais observados, nem tampouco na acuidade visual de uns e outros povos. A estruturação do mundo em classes, ou seja, a maneira de ver é que varia, de uma cultura para outra, sem que se possa apontar quem é que está com a razão nessa história.

Outra mudança de perspectiva relevante, trazida pelo olhar não referencialista, é na concepção de "verdade": já não se trata de invocar, como garantia final da verdade, o "mundo real" idêntico para todos, mas sim de admitir que a verdade é sempre uma construção dos homens e que por isso é necessário acolher seu caráter múltiplo, problemático, variável em função dos pontos de vista humanos. Alguma garantia de verdade, quando se admita, será decorrente não de uma objetividade invariável e absoluta, mas de uma assunção intersubjetiva, que é por vocação algo mais cambiante, mais instável e sujeito a controvérsias. Todo consenso é provisório. Dito isso, é necessário ressalvar, a bem da justiça, que foi a existência de uma antiga tradição presa ao referente, nos estudos da linguagem, que tornou possível a emergência de um ponto de vista não referencialista; se este ocupa algum lugar nos estudos da linguagem hoje, isso de certa forma deve ser creditado àquela, contra a qual ele pôde se erguer.

O linguista dinamarquês Louis Hjelmslev, em uma das páginas mais belas da linguística, formula assim a ideia de que o sentido emana da linguagem:

> A linguagem – a fala humana – é uma inesgotável riqueza de múltiplos valores. A linguagem é inseparável do homem e segue-o em todos os seus atos. A linguagem é o instrumento graças ao qual o homem modela o seu pensamento, seus sentimentos, suas emoções, seus esforços, sua vontade e seus atos, o instrumento graças ao qual ele influencia e é influenciado, a base última e mais profunda da sociedade humana. Mas é também o recurso último e indispensável do homem, seu refúgio nas horas solitárias em que o espírito luta com a existência, e quando o conflito se resolve no monólogo do poeta e na meditação do pensador. Antes mesmo do primeiro despertar de nossa consciência, as palavras já ressoavam a nossa volta, prontas para envolver os primeiros germes frágeis de nosso pensamento e a nos acompanhar inseparavelmente através da vida, desde as mais humildes ocupações da vida cotidiana aos momentos mais sublimes e mais íntimos dos quais a vida de todos os dias retira, graças às lembranças encarnadas pela linguagem, força e calor. A linguagem não é um simples acompanhante, mas sim um fio profundamente tecido na trama do pensamento; para o indivíduo, ela é o tesouro da memória e a consciência vigilante transmitida de pai para filho. Para o bem e para o mal, a fala é a marca da personalidade, da terra natal e da nação, o título de nobreza da humanidade. O desenvolvimento da linguagem está tão inextricavelmente ligado ao da personalidade de cada indivíduo, da terra natal, da nação, da humanidade, da própria vida, que é possível indagar-se se ela não passa de um simples reflexo ou se ela não é tudo isso: a própria fonte do desenvolvimento dessas coisas.

(Hjelmslev, 1975: 1-2)

Com essas considerações, Hjelmslev contraria a opinião comum de que há um mundo objetivo, dotado de referentes e de acontecimentos, que são refletidos pela linguagem. Para ele, na mesma linha de pensamento de Saussure, dá-se justamente o contrário. Já que a linguagem está presente em todas as atividades humanas, é possível indagar se ela pode ser considerada como fonte, e não como um reflexo dessas "coisas". É em torno dessa indagação que afirmamos há pouco que o ponto de vista contrário, das coisas para a linguagem, é posto sob suspeita.

Não se quer dizer com isso que o mundo físico não exista fora da linguagem. Simplesmente, segundo a concepção não referencialista, ao estudioso da linguagem não compete pronunciar-se sobre a verdade ou falsidade absolutas, assim como ele deve abster-se de tentar explicar por que é que existe alguma coisa, em vez de coisa alguma. Saussure, Hjelmslev e aqueles que compartilham sua visão sobre a

118 Introdução à Linguística II

linguagem não se referem ao mundo físico em suas considerações, mas ao mundo de sentido construído pelo homem. Para eles, não é pertinente, portanto, estudar o mundo material, mas estudar como as línguas o interpretam e categorizam, atribuindo-lhe sentido. Eis um ponto de partida para uma semântica linguística, preocupada com a unidade e diversidade dos sentidos nas línguas naturais, e não mais subordinada às categorias ditadas por alguma instância hierarquicamente superior (o Real, o Pensamento, o Cérebro, etc.). A semântica assim concebida será menos ligada às noções lógicas e mais próxima de muitas questões oriundas da herança retórica, mas num enfoque renovado.

2. Semântica e léxico: lexemas e destinos de lexemas

A intuição de que os dois planos da linguagem, o plano da expressão (significantes) e o do conteúdo (significados), podem ser descritos pelos mesmos princípios, permitiu aos linguistas efetuar uma transposição dos métodos já aplicados com êxito à descrição dos fonemas às unidades do conteúdo. A fonologia já descrevera as unidades do plano da expressão seguindo um procedimento metódico de decompô-las em seus traços distintivos. Dessa maneira pode-se organizar o sistema fonológico de uma língua, evidenciando suas classes internas. O conjunto das consoantes oclusivas orais do português, por exemplo, está distribuído como se vê abaixo:

	Oral	Oclusivo	Bilabial	Dental	Velar	Vozeado
/p/	+	+	+	−	−	−
/t/	+	+	−	+	−	−
/k/	+	+	−	−	+	−
/b/	+	+	+	−	−	+
/d/	+	+	−	+	−	+
/g/	+	+	−	−	+	+

Cada unidade assim descrita comporta pelo menos um traço em comum com as demais (no nosso exemplo são dois traços, oral e oclusivo) e também ao menos um traço que a diferencia do resto da série. Pelos mesmos princípios, é possível desvendar a composição das unidades de um campo lexical, e agora já estaremos situados no domínio da semântica. No lugar dos traços distintivos próprios da fonologia, introduziremos os traços distintivos próprios do conteúdo, isto é, os chamados *semas*. Observemos, para ilustrar, como estão formadas algumas unidades do campo lexical dos chapéus; na tabela a seguir, os lexemas estão dispostos em linhas e os semas que os compõem, em colunas:

	para cobrir a cabeça	com copa	com copa alta	com abas	com abas largas	com pala sobre os olhos	de matéria flexível	ajustável à cabeça	mas-culino
boné	+	+	-	-	-	+	+	+	+/-
gorro	+	+	-	-	-	-	+	+	+/-
sombreiro	+	+	-	+	+	-	+	-	+
panamá	+	+	-	+	-	-	+	-	+
cartola	+	+	+	+	-	-	+	-	+
coco	+	+	-	+	-	-	-	-	+
boina	+	+	-	-	-	-	+	-	+/-
quepe	+	+	-	-	-	+	-	-	+
chapelina	+	+	-	+	+/-	-	+	-	-

Já com um quadro parcial como esse, podemos perceber que tal tipo de descrição, denominada análise *componencial* ou *sêmica*, ordena da maneira mais explícita os conteúdos focalizados dentro de um campo lexical, pondo à mostra o que esses itens lexicais possuem em comum, bem como aquilo que faz a especificidade de uns e outros. Obviamente, esse método tem também suas limitações: traços como "de matéria flexível" e "com copa alta", por exemplo, não se prestam bem a uma análise binária, sendo notoriamente uma questão de gradações ao longo de um eixo contínuo. A análise em termos de "presença (+) / ausência (-)" dos traços distintivos é na verdade um expediente útil para introduzirmos categorizações em grandes linhas, mas deve ser refinada com ajuda de ferramentas descritivas aptas ao processamento do contínuo. Tal discussão, contudo, ultrapassa os limites desta breve exposição.

Uma unidade lexical da língua portuguesa, escolhida arbitrariamente, vai nos ajudar a ilustrar esses rudimentos da análise sêmica do léxico: trata-se do lexema *faca*. Diremos, por brevidade e comodidade, que um lexema é uma entrada de dicionário. Definindo semema como um conjunto de semas, podemos afirmar que a cada lexema deve corresponder no mínimo um *semema*, ou seja, uma acepção aceita culturalmente, no âmbito da língua em apreço. É costume, nos dicionários, separar os diferentes sememas ou acepções de um mesmo lexema por números. Nesse raciocínio, o semema de "vaca" comporta os semas: boi + fêmea + adulto. Classificam-se diversos tipos de semas. Por exemplo, os lexemas pertencentes ao campo lexical dos assentos, de que o semanticista Bernard Pottier fez uma descrição hoje clássica, comportam semas funcionais ("para sentar-se"), morfológicos ("com/sem pés", "com/sem encosto"), matéricos ("de matéria rígida"), etc., podendo-se, por meio de suas combinações, estabelecer um quadro preciso das distinções entre lexemas como *cadeira, banco, poltrona, pufe* e outros. Esse tipo de análise introduziu, ainda nos anos 1960, uma série de princípios úteis para o desenvolvimento dos estudos semânticos posteriores. Vamos apresentar agora uma rápida aplicação desses princípios, indo da *faca* dos dicionários às facas de João Cabral de Melo Neto.

Dicionário Contemporâneo da Língua Portuguesa – Caldas Aulete, 5ª ed., 1964:

> **FACA**[1], *s.f.* Instrumento cortante formado por uma lâmina curta de ferro ou aço e um cabo. [...]

Aurélio:

> **FACA** 1. *S.f.* Instrumento cortante, contituído de lâmina e cabo.

Michaelis – Moderno dicionário da língua portuguesa:

> **FACA** *sf* 1. Instrumento cortante formado por uma lâmina com gume engastada em um cabo. [...]

Dicionário Houaiss da Língua Portuguesa:

> [1]**FACA** *s.f.* (s. XV cf. Fich IVPM) 1. Instrumento constituído por lâmina cortante presa a um cabo; cuchila. [...]

Em todas essas definições, a faca é apresentada como um "instrumento". Um instrumento, por seu turno, é

> *Instrumento S. m.* 1. Objeto, em geral mais simples do que o aparelho, e que serve de agente mecânico na execução de qualquer trabalho [...] 2. *P. ext.* Qualquer objeto considerado em sua função ou utilidade. [...] (*Aurélio*)

> *Instrumento s. m.* (1048 cf. JM) 1 Objeto simples ou constituído por várias peças, que se usa para executar uma obra, levar a efeito uma operação mecânica, fazer alguma observação ou mensuração (em geral trabalhos delicados e de precisão); dispositivo, apetrecho, ferramenta. 2 *p. ext.* Todo objeto que serve de ajuda para levar a efeito uma ação física qualquer. 3 *p. ext.* Qualquer objeto considerado em relação à sua função, ao uso que dele se faz; utensílio. [...] (*Houaiss*)

Isso situa, de início, a faca numa posição bem peculiar nessa qualidade de instrumento: podemos dizer que um instrumento está colocado entre a categoria dos objetos e a dos sujeitos, uma vez que, sem deixar de ser um "objeto", segundo os dicionários, ele atua como um meio para fazer algo; ora, o fazer não é visto culturalmente como atributo dos objetos, mas dos sujeitos. Um instrumento é um adjuvante da ação. Essa posição intermediária ocupada por ele permite vê-lo ora mais como objeto, ora mais como sujeito. Há uma diferença de "agentividade" entre instrumentos de tipos distintos. O que decidirá se um determinado instrumento vai aparecer mais com feições de sujeito ou de objeto é o discurso que o puser em

A semântica lexical 121

cena, já que, ao ser empregada num determinado texto, uma unidade linguística qualquer sofre sempre algumas especificações. Na passagem do sistema virtual da língua ao processo de seu uso discursivo, uma unidade, por exemplo, uma palavra, sofre simultanteamente duas transformações:

(i) uma mobilização desigual dos semas contidos em seu semema, pois a atualização em discurso corresponde a uma seleção dos semas que ganharão destaque no texto em pauta;

(ii) o núcleo sêmico – o conjunto daqueles semas já reconhecidos nas definições dos dicionários – é acrescido de semas contextuais.

Somados, esses dois fenômenos produzirão um efeito de relevo ou de perspectiva, projetando semantismos de "primeiro plano" e semantismos de "planos secundários", num dispositivo comparável aos processos perceptivos de que se ocupa a psicologia da *Gestalt* (forma-fundo). Assim, num catálogo de facas de colecionador, projetadas por designers e vendidas como peças de joalheria, essas podem ser apresentadas como objetos de fruição estética – pelos materiais de que são feitas, pelas linhas de seu perfil, etc. – ou de evocação de modelos marcados pelo tempo (históricos) ou pelo espaço (exóticos); nesses casos, não será tanto pelo que permite fazer, mas sobretudo pelo seu próprio "ser" que será avaliada esta ou aquela peça: valor de troca, mais do que valor de uso, e isso demonstra que estamos lidando com os limites da definição de faca, pois como conceberíamos um "instrumento" que não serve para ser usado? Em outras palavras, um utensílio não utilitário? Bem outros já serão os valores em foco, obviamente, num catálogo de facas para sobrevivência na selva ou para uso militar.

Do que acabamos de dizer decorre que a linguagem, longe de precisar atrelar-se a algum referente-coisa do mundo, cria por si própria um mundo para o homem, que é o mundo do sentido. Nesse mundo, estamos às voltas não com um "real" único e ontológico, mas com um número variável de *realizados* (grandezas de linguagem historicamente atestadas em discurso) e de *realizáveis* (grandezas calculáveis mas não necessariamente presentes em discurso), para usarmos os termos de Hjelmslev. É por isso que, ainda no século XVIII, Georg Christoph Lichtenberg pode brincar, sem se machucar, com imagens como a de "uma faca sem lâmina, à qual falta o cabo". Mesmo que pareça insólito, esse objeto não é semanticamente equivalente a "nada": não se trata de ir buscar o referente, a coisa em si, mas as significações realizáveis dessa expressão, as quais incluem os semas "instrumento", "cortante", "com lâmina", "com cabo". Pela mesma razão, "por mais que a 'flecha' tenha desaparecido das armas modernas, 'ela continua a ferir'", conforme bem colocou Italo Calvino (citado por Denis Bertrand em seus *Caminhos da semiótica literária*, cap. 5). Nenhuma dessas discursivizações da *faca* ou da *flecha* exige, para ser interpretada, que verifiquemos a existência "real" da coisa no mundo: independentemente disso, seus efeitos de sentido nos tocam, pedindo interpretações, e é o que importa.

Mesmo um pequeno conjunto de definições, como essas que acabamos de transcrever de dicionários usuais da língua portuguesa, já exibe alguns matizes de significado dignos de nota. Perceba-se que o *Michaelis*, diferentemente dos demais, opta por reiterar o traço "afiado", duplamente declarado em *"... cortante ... com gume"*. O *Caldas Aulete*, por outro lado, vai além dos outros em grau de especificidade: "instrumento cortante formado por uma lâmina curta de ferro ou aço e um cabo". Das duas partes componentes da faca, lâmina e cabo, essa definição explicita as propriedades da primeira, que é dita "curta" [dimensão] e "de ferro ou aço" [matéria]. O primeiro desses dois traços só pode ser afirmado mediante um cotejo tácito com outros "instrumentos" comparáveis: a faca é curta, confrontada ao facão ou ao sabre, mas já será considerada longa, perante o canivete de bolso. Em outras palavras, esse primeiro traço semântico situa-se num ponto relativamente à direita, sobre um *continuum* que leva das propriedades objetiváveis (α) às subjetivadas (μ), tal como as expõe Bernard Pottier (Pottier, 1992: 100):

esse livro é: *quadrado*   *volumoso*   *interessante*
               OBJ.   (normas definíveis em termos relativos)   **SUBJ.**

Quanto à segunda propriedade atribuída pelo *Caldas Aulete* à lâmina, a de ser feita "de ferro ou aço", e que estaria evidentemente posicionada mais à esquerda sobre essa mesma linha, trata-se de um indício mais sintomático da época de redação do verbete. Esse dicionário é anterior à multiplicação das redes de *fast food*, onde tudo, pratos, copos e talheres, é feito de plástico descartável e destinado a ir para o mesmo cesto de lixo após a refeição.

Examinemos algumas das metamorfoses sofridas pela *faca* sob a pena de João Cabral. Dentre as numerosas manifestações dessa figura da agressão e do assassinato, que retorna obsessivamente na obra do poeta, destacamos suas aparições em dois poemas do volume *A escola das facas*.

A escola das facas

O alísio ao chegar ao Nordeste
baixa em coqueirais, canaviais;
cursando as folhas laminadas,
se afia em peixeiras, punhais.

Por isso, sobrevoada a Mata,
suas mãos, antes fêmeas, redondas,
ganham a fome e o dente da faca
com que sobrevoa outras zonas.

O coqueiro e a cana lhe ensinam,
sem pedra-mó, mas faca a faca,
como voar o Agreste e o Sertão:
mão cortante e desembainhada.

J. C. de Melo Neto – *A escola das facas* (1975-1980), in: *A educação pela pedra e depois*. (1997) Rio de Janeiro, Nova Fronteira, p. 109.

A semântica lexical **123**

Nesse texto, o semema de faca é acrescido de certos semas contextuais, como "faminta" e "com dente(s)"; este lhe empresta uma característica morfológica de animal e aquele, uma intencionalidade rudimentar, também animal, representada pela fome. Essa fome – no poema a seguir será a vez da sede da peixeira – faz já desse vento-faca um sujeito, um sujeito ainda não humano, mas já animado e mostrado também como macho e agressivo (cortante), empenhado em buscar algum objeto para saciar-se. Os principais elementos figurativos presentes nesse texto (Zona da Mata, Agreste, Sertão, peixeiras, punhais) são postos em cena de maneira mais extensa no segundo poema, "As facas pernambucanas". A associação observada na "Escola das facas" entre faca e ar, mediante sua especificação pelo vento, cederá lugar, no próximo texto, a ligações entre as facas e dois outros elementos da natureza, a *água* no caso da peixeira e o *fogo*, no do punhal.

As facas pernambucanas

O Brasil, qualquer Brasil,
quando fala do Nordeste,
fala da peixeira, chave
de sua sede e de sua febre.

Mas não só praia é o Nordeste,
ou o Litoral da peixeira:
também é o Sertão, o Agreste
sem rios, sem peixes, pesca.

No Agreste, e Sertão, a faca
não é a peixeira: lá,
se ignora até a carne peixe,
doce e sensual de cortar.

Não dá peixes que a peixeira,
docemente corte em postas:
cavalas, perna-de-moça,
carapebas, serras, ciobas.

Lá no Agreste e no Sertão
é outra a faca que se usa:
é menos que de cortar,
é uma faca que perfura.

O couro, a carne de sol,
não falam língua de cais:
de cegar qualquer peixeira
a sola em couro é capaz.

Esse punhal do Pajeú,
faca de ponta só ponta,
nada possui da peixeira:
ela é esguia e lacônica.

Se a peixeira corta e conta,
o punhal do Pajeú, reto,
quase mais bala que faca,
fala em objeto direto.

J. C. de Melo Neto – *A escola das facas* (1975-1980), in: *A educação pela pedra e depois.* (1997) Rio de Janeiro, Nova Fronteira, p. 117-118.

Novas especificações do semema de *faca* se observam nesse poema. Subdividem-se agora claramente os tipos de facas pernambucanas, numa categorização orientada da costa para o interior. A faca pernambucana do litoral é a *peixeira*, apresentada com os semas "de cortar" e (especificação suplementar) "para cortar peixes". Uma vez que a carne do peixe está assinalada como "doce e sensual de cortar", os semas "doce" e "sensual" passam a compor, metonimicamente, o semema da peixeira. Contrapõe-se à região costeira um conjunto composto por "Agreste + Sertão", conjunto que se destaca pela privação tanto pragmática, material ("*sem rios, sem* peixes, pesca") quanto cognitiva ("lá, se *ignora* até a carne peixe, doce e sensual de cortar"). O *punhal* dessa região é dado, no texto, como uma faca destituída da capacidade de cortar, pois seu semema exclui o "de cortar" para incluir outra especificação sêmica, "de perfurar". Também esta faca do Sertão + Agreste está marcada pela metonímia com figuras materiais da civilização típica da região, o couro e a carne de sol. Desses, o couro é mostrado como obstáculo a toda ação da peixeira. Ao darmos mais um passo na abstração, notaremos que a peixeira cumpre aí um papel de sujeito. Com efeito, a posição sintática das facas evolui. A peixeira surge como "algo de que o Brasil fala" e depois passa a fazer coisas; o punhal surge como "outra faca que se usa", mas depois passa também à posição de sujeito das orações. O couro é o antissujeito contraposto à peixeira, que não somente é invulnerável à ação dessa faca litorânea, como ainda pode tirar-lhe todo corte, privando-a de seu poder de ação. A não ser pela sua condição comum de facas, o punhal e a peixeira contrapõem-se em tudo na encenação do texto ("Esse punhal do Pajeú, / faca de ponta só ponta, / *nada possui* da peixeira"). A partir da transformação da "outra faca" em "punhal", entra em pauta uma nova oposição: a faca litorânea é do gênero feminino, contrariamente ao punhal sertanejo, do gênero masculino. Daí por diante, passam a motivar-se pela oposição cultural entre o masculino e o feminino.

A peixeira ganha, com aquela metonímia do "doce e sensual" da carne do peixe, algo de desacelerado, sendo essa desaceleração aquilo que permite a essa faca, além de cortar, contar. Esse "contar" admite ao menos duas leituras: (i) contar (enumerar) as postas de peixe que a peixeira vai cortando; (ii) contar (narrar) uma história. Tanto uma operação como outra exigem um certo tempo, uma certa duração. Duas acepções provenientes do mesmo étimo, lat. *computare*. Em contraposição, o punhal do Pajeú é dito "reto" e "quase mais bala que faca", ele tem a rapidez da linha reta (a menor distância entre dois pontos) e da bala disparada pelas armas de fogo. Entra aí também novo traço no semema do punhal, um traço /fogo/, por intermédio dessa bala, que repercute aquele "sol" da carne de sol. Esse fogo vem fazer contrapeso à /água/, metonimizada na peixeira. Graficamente:

Peixeira	*Punhal*
- de cortar	- de perfurar
- a lâmina	- a ponta
- metonímia: a carne "doce e sensual" do peixe, ligada à água do mar	- metonímia: a carne de sol, ou seja, carne /seca/; o fogo - metonímia: o couro e sua dureza/, por oposição à / doçura/ da carne do peixe
- feminino	- masculino
- duração	- instantaneidade

Nosso percurso das facas dicionarizadas às facas de João Cabral permitiu-nos apreender, já nessa análise abreviada, algumas das transformações por que passa o semantismo das palavras, por ocasião de seu emprego em discurso. A incorporação de traços semânticos provenientes do contexto é processo observável a cada novo uso discursivo, alterando parcialmente a identidade das acepções das unidades de que se trata. Não significa que a passagem ao discurso implique um abandono completo das acepções dicionarizadas: significa sua transformação parcial, no interior de limites aceitos intersubjetivamente pelos falantes da língua focalizada.

3. Há um grau zero da linguagem?

A ideia de que existe um referente para as palavras encontra ecos na concepção de que há um grau zero da linguagem. Nesse nível de realização, a linguagem deve referir-se às "coisas" objetivamente, ou seja, por meio de denotações, de modo que há uma relação direta entre as palavras e elas. Além do mais, o discurso deve relatar os acontecimentos em ordem cronológica. As frases devem ser escritas em ordem direta. Nesse ponto de vista, em grau zero, a linguagem reflete o mundo objetivo. Contudo, se há uma ordem direta, há também um tipo de linguagem em que pode haver desvios dessa ordem. Essa linguagem desviada é a chamada linguagem figurada, ou seja, conotativa. Assim, aprende-se que há uma linguagem própria, utilizada nos discursos científico, filosófico e jornalístico, por exemplo, e uma linguagem figurada, utilizada nos discursos poéticos. A linguagem própria ganha, desse modo, o estatuto de verdadeira e objetiva e a figurada, o estatuto de inventada e subjetiva.

Nesse ponto de vista, o grau zero retrata o mundo das coisas como um reflexo seu e o sentido emana delas. Ora, no ponto de vista de Saussure e de Hjelmslev, essas considerações precisam ser revistas. Se é da linguagem que emana o sentido, é a partir de mecanismos de linguagem que se constroem efeitos de sentido tanto de denotação quanto de conotação. Assim, a linguagem produz efeitos de sentido e não é reflexo das coisas. Já vimos no primeiro volume que tanto a denotação quanto a conotação são construções discursivas. É no discurso que se constroem metáforas, metonímias, etc.

4. As relações entre as palavras

As palavras são definidas umas em relação às outras. Por isso, na própria estruturação do sistema lexical, elas estabelecem diversos tipos de relações entre si. Vamos examinar seis dessas relações: a sinonímia, a antonímia, a hiperonímia/ hiponímia, a homonímia, a paronomásia e a polissemia.

A sinonímia

Dois termos são chamados sinônimos, quando apresentam a possibilidade de se substituir um ao outro em determinado contexto. "Novo" é "sinônimo de "jovem", porque, no contexto *homem novo*, pode ser substituído por "jovem". No entanto, não existem sinônimos perfeitos, a não ser nas terminologias (por exemplo, em botânica, o nome científico de uma planta e seu nome popular), porque eles não são intercambiáveis em todos os contextos. Na expressão *livro novo*, não se pode substituir a palavra "novo" por "jovem". Mesmo quando os termos podem substituir-se no mesmo contexto, eles não são sinônimos perfeitos porque as condições de emprego discursivo são distintas: um apresenta mais intensidade do que o outro (por exemplo: adorar/amar); um implica aprovação ou censura, enquanto o outro é neutro (por exemplo: beato/religioso); um pertence a uma linguagem considerada vulgar, enquanto o outro não (por exemplo: trepar/fazer amor); um pertence a uma variedade de língua antiga ou muito nova e outro não (por exemplo: avença/acordo); um pertence a um falar regional e outro não (por exemplo: fifó/lamparina); um pertence à linguagem técnica, enquanto outro pertence à fala geral (por exemplo: escabiose/sarna); um pertence à fala coloquial e outro não (por exemplo: jamegão/assinatura); um é considerado de um nível de língua mais elevado do que o outro (por exemplo: rórido/orvalhado), etc.

No discurso, o enunciador pode tornar sinônimas palavras ou expressões que em outro contexto não o são. Por exemplo, o discurso político e econômico cria sinônimos, para substituir palavras ou expressões que têm uma carga negativa. Diz-se, então, "compressão das despesas de custeio" no lugar de "arrocho salarial do funcionalismo"; "excitação altista dos preços" em vez de "inflação"; "desaquecimento da economia" em lugar de "recessão".

Por outro lado, o discurso pode desfazer sinonímias. As palavras *belo, sublime* e *bonito*, por exemplo, podem perfeitamente ser usadas no mesmo contexto. No entanto, muitos são aqueles que, ao discuti-las como conceitos estéticos, definem diferenças que determinam aplicações específicas para cada uma delas. O texto que segue faz parte de um manual de introdução ao estudo da filosofia:

> O Belo decorre do equilíbrio resultante da perfeita combinação de todos os elementos esteticamente relevantes.
> O Sublime nasce da exacerbação do Belo. Ele é alcançado, segundo Kant, quando ao Belo aliam-se elementos que trazem à consciência certa ideia de infinito. Há nesta categoria uma grandiosidade que ultrapassa a dimensão humana.
> O Bonito é a forma diminuída do Belo; é o apoucamento do Belo. Não alcança a harmonia e a realização cabal deste.
>
> Antônio Xavier Teles – *Introdução ao estudo da filosofia*. (1974) São Paulo, Ática, p. 113.

As diferenças entre as três palavras são feitas no discurso, o que quer dizer que elas podem ser desfeitas por meio dele.

A antonímia

Na antonímia dá-se o contrário da sinonímia. Nela, significados contrários são realizados por meio do léxico. Bonito vs. feio, alto vs. baixo, pequeno vs. grande, etc. são palavras antônimas. Assim como não existe semelhança total de sentido entre sinônimos, não há oposição absoluta entre antônimos. Palavras diferentes podem ter um mesmo antônimo, desde que tenham ao menos um sentido em comum: "fresco" e "jovem" têm o antônimo "velho", porque "fresco" significa, quando se refere a alimentos, "que acabou de ser preparado, novo". Por isso, usam-se as expressões *pão fresco* e *pão velho*. Uma só e mesma palavra pode ter tantos antônimos quantos forem seus significados: "preto" opõe-se a "colorido" em *TV em branco e preto*, a "mais claro em seu gênero" em *pão preto*, a limpo em *tinha as unhas pretas*, etc.; "negro" opõe-se a "destinado ao bem" em *magia negra*, a "legal" em *mercado negro*, etc.

Há antônimos que expressam oposições polares: dar vs. receber; morto vs. vivo; comprar vs. vender. Outros definem os limites de um contínuo que, por sua vez, pode ser recortado por gradações: rico vs. pobre (pode-se ter mais ou menos rico, mais ou menos pobre).

A aplicação desses antônimos sujeitos a gradação depende do ponto de vista colocado em discurso. Tomando como exemplo o eixo da magnitude das coisas, vê-se que ele está organizado em torno de *pequeno vs. grande*. O tamanho das "coisas", no entanto, depende do enunciador que as avalia em seu discurso, pois é a partir de sua percepção que as palavras antônimas determinadas sobre o eixo *pequeno vs. grande* estabelecem um critério de avaliação. O que é grande, de um ponto de vista, pode ser pequeno, de outro.

Na obra *Viagem ao centro da Terra*, de Júlio Verne, Axel, o jovem assistente do professor Lidenbrock, é obrigado a subir no campanário na igreja de Vor Frelsers Kirke, em Copenhague. A obrigação é uma aula, seu professor o expõe às alturas para tomar lições de abismo. Mais tarde, quando chegam na Islândia e escalam o vulcão Sneffels, é isto o que ele aprendeu em suas lições (Verne, 1999: 93-94):

> Eu ocupava o cume de um dos dois picos do Sneffels, o do sul. Dali, minha visão alcançava a maior parte da ilha. A ótica, comum a todas as grandes altitudes, destacava os contornos, enquanto as partes centrais pareciam afundar. Eu diria que um desses mapas de relevo de Helbesmer estava aberto a meus pés. Via os vales profundos cruzarem-se em todos os sentidos, os precipícios abrirem-se como poços, os lagos transformarem-se em charcos, os rios tornarem-se córregos.
>
> Júlio Verne – *Viagem ao centro da Terra.* (1999) São Paulo, Ática, p. 93-94.

Sobre o Vulcão, para Axel os precipícios são vistos como poços, os lagos, como charcos e os rios, como córregos. Sua percepção das "coisas" é alterada pelas alturas, de modo que o eixo *pequeno vs. grande* orienta as transformações de seu ponto de vista. Essa relação de magnitude, estabelecida entre os contrários *grande vs. pequeno*, faz com que as palavras *precipício* e *poço, lago* e *charco*, e *rio* e *córrego* sejam tomadas, no discurso de Axel, na mesma relação antonímica que está estabelecida entre os termos *grande* e *pequeno* do eixo semântico que orientou a sua percepção. Como se vê, o discurso estabelece antônimos. Pode ele também desfazê-los, ao criar novos significados para as palavras. Na frase *Uma voz quente* (= sensual, vibrante) *deixa Maria gelada* (= paralisada), os sentidos de "quente" e "gelada" fazem com que eles não sejam antônimos nesse contexto.

A hiperonímia e a hiponímia

A hiperonímia e a hiponímia são fenômenos derivados das disposições hierárquicas de classificação próprias do sistema lexical. Há significados que, pelo seu domínio semântico, englobam outros significados menos abrangentes. Na taxionomia animal, por exemplo, *mamífero* engloba *felino, canídeo, roedor, primata*, etc.

O semema da palavra *animal* tem um domínio semântico muito abrangente. A palavra *animal* opõe-se às palavras *vegetal* e *mineral* no critério de classificação das "coisas" do mundo. *Animal* e *vegetal* opõem-se a *mineral* pela presença do sema /vivo/, e opõem-se entre si porque *animal* tem o sema /capaz de locomoção/ e *vegetal*, não.

	vivo	capaz de locomoção
animal	+	+
vegetal	+	-
mineral	-	-

No discurso da taxionomia animal das ciências biológicas, a presença de coluna vertebral, de glândulas mamárias, etc., é convertida em semas que, ao serem convocados para compor o semema de um de seus termos técnicos, diminuem os domínios de seu campo semântico. O semema de *animal* é abrangente porque é formado por menos semas que a palavra *mamífero* que, além dos semas /vivo/ e / capaz de locomoção/, tem o sema /com glândulas mamárias/, utilizado para opor os animais mamíferos aos demais. Dentre os mamíferos, por sua vez, outros semas são estabelecidos para especificar ainda mais a classificação animal, dividindo-os entre roedores, cetáceos, felinos, canídeos, marsupiais, etc. Esse modo de classificar o mundo envolve um adensamento de semas, de modo que a quantidade de semas é inversamente proporcional à extensão do sentido da palavra: quanto mais semas, mais específica é a sua aplicação e vice-versa.

Essa disposição sêmica permite que se construa uma árvore de classificação, que coloca os termos com menos semas no alto e os termos com mais semas, a seguir:

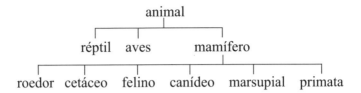

Nesse tipo de disposição hierárquica, há uma relação entre significados englobantes e englobados de acordo com o domínio semântico da cada termo da classificação. O significado de *animal* é englobante dos significados de *réptil*, *aves* e *mamíferos*, cujos significados são englobados por ele. O significado de *mamífero*, por seu vez, é englobante em relação aos significados de *roedor*, *cetáceo*, *felino*, *canídeo*, *marsupial* e *primata*, seus englobados. O termo englobante é chamado hiperônimo dos demais e, os englobados, hipônimos seus. Ser um ou outro depende de como é enfocada a sua posição na taxionomia, pois *mamífero* é hiperônimo de *primata* mas é hipônimo de *animal*.

Essa categorização sêmica é também construída pelo discurso. Esse critério de classificação taxionômica é baseado no enfoque dado a determinadas características animais e na exclusão de outras. A entomologia, recentemente, tem optado por classificar os insetos de acordo com o formato de seus pênis, abrindo mão, assim, do antigo critério baseado em outras partes do corpo, como o formato das asas ou do exoesqueleto.

No entanto, mesmo mudando os critérios de classificação pela especificação de outros semas, uma hierarquia entre termos *englobantes vs. englobados* é articulada, e as definições de hiperonímia e hiponímia dependem dessa relação de englobamento.

A homonímia

A homonímia resulta da coincidência entre significantes de palavras com significados distintos. Entre *manga* fruta e *manga* da camisa há apenas uma coincidência entre imagens acústicas iguais. Geralmente, a explicação desse fenômeno é diacrônica. Certas palavras com significantes e significados distintos nas línguas de partida terminam por apresentar o mesmo significante na língua de chegada.

A *manga* da camisa tem sua origem no latim *manica*, que quer dizer "parte da vestimenta que recobre os braços", já a *manga* fruta tem sua origem no tâmul *mankay*, que quer dizer "fruto da mangueira". Ambas têm origens distintas, com significados e significantes diferentes. No entanto, a partir de uma sonorização que transforma o fonema /k/ em /g/, em português elas passam a ter significantes idênticos.

130 Introdução à Linguística II

A paronomásia

Na paronomásia, significantes com imagens acústicas semelhantes podem ter seus significados aproximados em um engenho poético ou em um equívoco de vocabulário. Confundir *retificar* com *ratificar* é comum devido à semelhança entre os significantes, embora os significados sejam contrários. Já *gritar, grifar, grafar* e *gravar* não se confundem, nem *escravo* e *escrevo*, mas nos versos do poema *Greve*, de Augusto de Campos, a semelhança entre os significantes é utilizada para reforçar uma aproximação entre os significados.

> arte longa vida breve
> escravo se não escreve
> escreve só não descreve
> grita grifa grafa grava
> uma única palavra
> greve

Augusto de Campos – Poesia. (1979) São Paulo, Duas Cidades, p. 109.

As palavras *gritar, grifar, grafar* e *gravar* não se relacionam, por seus sentidos, com a palavra *greve*, nem a palavra *escravo* se relaciona com a palavra *escrevo*. A palavra *gritar* pertence ao campo semântico dos sons, as palavras *grifar* e *grafar*, ao campo semântico da escrita, e a palavra *gravar*, a ambos os campos. O poema *Greve* tematiza a atitude política de paralisar o trabalho, em sinal de protesto, quando não há condições aceitáveis para realizá-lo, e um dos modos de atuação em uma greve é divulgá-la por meio da palavra, gritada em megafones, ou por meio de comunicados escritos ou gravados. Desse modo, os significados de *gritar, grifar, grafar, gravar* e *greve*, aproximados pelo discurso dos versos do poema, têm seus significantes aproximados em paronomásias. Primeiro, *gritar* e *grifar* pela permutação do fonema /t/ em /f/; em seguida, *grifar* e *grafar* pela permutação do fonema /i/ em /a/; depois, *grafar* e *gravar* pela permutação do fonema /f/ em /v/; e, finalmente, *gravar* e *greve* pela permutação do fonema /a/ em /e/ e pela perda do /r/ no final de *gravar*.

O mesmo se dá com as palavras *escravo* e *escrevo*. A palavra *escravo* pertence ao campo semântico dos regimes de trabalho e *escrevo*, ao campo semântico da escrita. Uma das formas de denunciar um trabalho mal remunerado, capaz de motivar a deflagração de uma greve, é denunciá-lo como um trabalho escravo. Como o campo semântico da escrita já está realizado no poema por meio das palavras *grifar, grafar* e *gravar*, a denúncia da comparação do trabalho com a escravidão pode ser relacionada com sua expressão por meio da escrita, fruto do fazer *escrever*. Desse modo, com os significados de *escravo* e *escrevo* aproximados pelo tema da greve, constrói-se outra paronomásia.

A polissemia

Tanto a homonímia quanto a paronomásia são fenômenos da ordem do significante. A homonímia entre a *manga* da camisa e a *manga* fruta, bem como a paronomásia entre *escravo* e *escrevo* dizem respeito, respectivamente, a identidades e semelhanças entre suas imagens acústicas. Os próprios termos técnicos são cunhados referindo-se aos significantes, *homónymos*, do grego, quer dizer "que tem o mesmo nome", e *parónymos*, também do grego, quer dizer "nome próximo de outros".

Quando se utiliza o termo polissemia, o critério de definição muda do significante para o significado. Assim, palavras polissêmicas, que possuem mais de um significado para o mesmo significante, opõem-se às palavras monossêmicas, que possuem apenas um. Na polissemia, a um único significante correspondem vários significados: por exemplo, ao significante *vela* correspondem os significados "objeto para iluminação formado de um pavio constituído de fios entrelaçados, recoberto de cera ou estearina"; "peça que causa a ignição dos motores"; "pano que, com o vento, impele as embarcações", etc.

A polissemia e a monossemia estão relacionadas ao uso discursivo que se faz de uma mesma palavra. Em geral, são os vocabulários técnicos que, por meio de definições construídas em seus discursos, operam modificações sêmicas que transformam palavras polissêmicas em monossêmicas. No discurso jurídico, *roubo* opõe-se a *furto* porque o primeiro é cometido mediante intimidação por parte do assaltante, já o segundo, não; nele o assaltado é espoliado sem saber. No vocabulário coloquial, ambas as palavras são usadas apenas com o sentido de "tomar para si algo que pertence a outrem". O direito, em sua necessidade de definir dois tipos diferentes de crime para aplicar diferentes penalidades, operou em seu discurso uma redução do campo semântico das duas palavras utilizando o sema/com intimidação/para fazer a distinção necessária. Assim, elas são transformadas em duas palavras monossêmicas com significados específicos no discurso jurídico. No discurso coloquial, ambas podem ser usadas como sinônimas, já que são intercambiáveis nos mesmos contextos. No discurso jurídico, não; nele elas não são sinônimas.

A polissemia está na base de inúmeros jogos de palavras.

a) Qual é a diferença entre o estudante e o rio?
   O estudante deve deixar seu leito para seguir seu curso, enquanto o rio segue seu curso sem deixar seu leito.

b) Qual é o cúmulo da covardia?
   Recuar diante de um relógio que adianta.

Pode-se explorar a polissemia, usando a mesma palavra com sentido diferente. Um exemplo é a conhecida frase de Pascal: *O coração tem razões* (= motivações, motivos) *que a própria razão* (= faculdade de julgar, de raciocinar) *desconhece.*

132   Introdução à Linguística II

A linguagem humana é polissêmica, pois os signos, tendo um caráter arbitrário e ganhando seu valor nas relações com os outros signos, sofrem alterações de significado em cada contexto. A polissemia depende do fato de os signos serem usados em contextos distintos:

a) A babá tomou a mão da criança (segurou).
b) Os EUA tomaram Granda (ocuparam).
c) Agora ele só toma água (bebe).
d) A Cidade Universitária toma vários alqueires (ocupa).
e) Depois que ele virou universitário, tomou um ar insuportável (assumiu).

Exercícios

1) Em seu livro *Estruturas léxicas do português* (Vilela, 1979), Mário Vilela mostra a construção de vários campos semânticos. Utilizando-se de um dicionário da língua portuguesa, preencha os campos abaixo colocando o sinal + para marcar a presença do sema especificado e o sinal – para marcar sua ausência. Caso a presença do sema seja facultativa, preencha com o sinal +/–.

• campo semântivo de cursos de águas (adaptado de Vilela, 1979: 140-141):

semas \ palavras	curso de águas	volume grande	volume pequeno	deságua no rio	deságua no mar	feito pelo homem
rio						
afluente						
levada						
ribeira						
ribeiro						
arroio						

• campo semântico de *vias de comunicação* (adaptado de Vilela, 1979:141-142):

semas \ palavras	via de comunicação	em meios urbanos	com dupla saída	com impressão de vastidão	para automóveis	caminho principal	rua principal	caminho estreito	com plantas	com jardim
via										
rua										
ruela										
avenida										
travessa										
beco										
estrada										
caminho										
vereda										
senda										

A semântica lexical   **133**

2) A partir das palavras e dos semas dados, construa o campo semântico especificado, repetindo os mesmos procedimentos do exercício anterior.

* campo semântico: *verbos de cozinhar* (adaptado de Vilela, 1979:143-144)
* palavras: cozinhar, ferver, cozer, assar, grelhar, torrar, tostar, fritar, estufar, escalfar, refogar e guisar.
* semas: ação de preparar alimentos
  > por ação do fogo
  > utilizando água
  > utilizando gordura
  > fogo direto
  > com utensílio especial
  > para o alimento ovo
  > para os alimentos carne e peixe
  > para o alimento legume
  > para o alimento pão

* campo semântico: *som* (adaptado de Vilela, 1979:145-146)
* palavras: som, ruído, eco, tom, timbre, estrondo, detonação, estalido, estampido, grito, clamor
* semas: algo audível
  > contínuo
  > refletido
  > homogêneo
  > agudo
  > musical
  > intensivado
  > por seres vivos
  > localizado

3) As palavras *espírito* e *alma* são geralmente usadas como sinônimas. Verifique se na citação abaixo, extraídas do livro *A grande tríade*, de René Guénon, é possível manter essa relação entre elas, justificando sua resposta por meio de uma análise sêmica.

> Pode-se ainda formular a pergunta: como é possível que, apesar da falta de simetria que apontamos entre eles, o espírito e a alma sejam, no entanto, tomados às vezes, de certo modo, como complementares, sendo então o espírito considerado em geral como princípio masculino e a alma como princípio feminino? que, sendo o espírito o que, na manifestação, está mais próximo do polo essencial, a alma se acha, em relação a ele, do lado substancial; assim, um em relação ao outro, o espírito é *yang* e a alma *yin*, e é por isso que eles são muitas vezes simbolizados, respectivamente, pelo Sol e a Lua. Isso pode, além disso, justificar-se ainda de modo mais completo, dizendo-se que o espírito é a luz emanada diretamente do Princípio, enquanto a alma apresenta apenas um reflexo dessa luz.
>
> René Guénon – *A grande tríade*. (s. d.) São Paulo, Pensamento, p. 73.

134 Introdução à Linguística II

4) A partir da citação do exercício 3, mostre como a polissemia das palavras *espírito* e *alma* foi transformada em monossemia no discurso religioso de René Guénon. Use a análise sêmica para justificar sua resposta.

5) As palavras *lixo* e *luxo* pertencem a campos semânticos contrários, no entanto, o poeta Augusto de Campos utiliza a permutação dos fonemas /i/ e /u/ para construir uma paronomásia em seu poema concreto *Luxo*. Analise o tema discursivizado e mostre como essa aproximação é realizada no texto do poema.

Augusto de Campos – *Poesia*. (1979) São Paulo, Duas Cidades, p. 119.

6) A palavra *são*, a terceira pessoa do plural do presente do indicativo do verbo ser, a palavra *são*, com o sentido de sadio, e a palavra são, com sentido de santo, são homônimas. Consultando o *Dicionário Houaiss da língua portuguesa*, demonstre essa homonímia por meio de uma análise etimológica.

7) Em seu texto *A sistemática das isotopias* (Greimas, 1975: 96-125), François Rastier analisa o poema *Salut*, de Mallarmé, mostrando as metáforas construídas no discurso do poema em torno dos temas do brinde e da navegação. Demonstre como isso pode ser feito a partir da tradução de Augusto de Campos do mesmo poema. Utilize as palavras destacadas em itálico para sua demonstração.

> Nada, esta *espuma*, virgem verso
> A não designar mais que a copa;
> Ao longe se afoga uma tropa
> De sereias vária ao inverso.
>
> Navegamos, ó meus fraternos
> Amigos, eu já sobre a *popa*
> Vós a *proa* em pompa que topa
> A onda de raios e de invernos;
>
> Uma *embriaguez* me faz arauto,
> Sem medo ao *jogo do mar alto*,
> Para erguer, de pé, este brinde.
>
> Solitude, recife, estrela
> A não importa o que há no fim de
> Um branco afã de nossa vela.

Augusto de Campos, Décio Pignatari e Haroldo de Campos – *Mallarmé*. (1991) São Paulo, Perspectiva, p. 33.

Bibliografia

BERTRAND, Denis – *Caminhos da semiótica literária*. Trad. Grupo CASA. Bauru, SP, EDUSC, 2002.
GREIMAS, Algirdas Julien – *Semântica estrutural*. Trad. Haquira Osakabe e Izidoro Blikstein. São Paulo, Cultrix/EDUSP, 1976.
GREIMAS, A. J. e outros (1975). *Ensaios de semiótica poética*. São Paulo, Cultrix.
HJELMSLEV, L. (1975). *Prolegômenos a uma teoria da linguagem*. São Paulo, Perspectiva.
PARRET, Herman (1987). "Lettre sur les passions". Versus, 47-48, maio-dezembro de 1987, n. 2, p. 16.
POTTIER, B. (1992). *Sémantique générale*. Paris, PUF.
RASTIER, F. (1990). "La triade sémiotique, le trivium et la sémantique linguistique". *Nouveaux Actes Sémiotiques*, 9.
_____ s/d. "De la signification au sens: pour une sémiotique sans ontologie". Ensaio disponível em www.revue-texto.net. Acesso: maio/2002.
VILELA, M. (1979). *Estruturas léxicas do português*. Coimbra, Almedina.

Sugestões de leitura

BERTRAND, Denis – *Caminhos da semiótica literária.* Trad. Grupo CASA. Bauru, SP, EDUSC, 2002.
Bom roteiro para iniciação, não apenas à abordagem semiótica da literatura, como também a uma série de questões semânticas mais gerais e à transição histórica entre a semântica estrutural da palavra e a semiótica do discurso. Destaque para os capítulos 1, "Percurso do método", e 5, "Acesso à figuratividade".

GREIMAS, Algirdas Julien – *Semântica estrutural.* Trad. Haquira Osakabe e Izidoro Blikstein. São Paulo, Cultrix/EDUSP, 1976.
Obra fundadora do que mais tarde viria a chamar-se "Escola semiótica de Paris", e na qual o pensador lituano, após uma discussão sobre a significação dos lexemas, encaminha a reflexão para a integração da semântica lexical numa teoria do sentido situada na dimensão do discurso. Reavaliações constantes viriam a trazer, nas décadas seguintes, muitas mudanças à teoria greimasiana, mas esse livro, publicado pela primeira vez em 1966, continua a valer como um clássico.

VILELA, Mário – *Estruturas léxicas do português.* Coimbra, Almedina, 1979.
Esse livro trata da análise sêmica aplicada à língua portuguesa. Nos dois primeiros capítulos, há uma exposição teórica em que se define léxico e o modo de analisá-lo de acordo com o estruturalismo europeu e norte-americano. Em seguida, dezesseis campos semânticos são analisados de acordo com a teoria dos semas. Escrita em uma linguagem clara, a obra é uma boa introdução a esse modelo de análise semântica, principalmente pelas aplicações da teoria em campos semânticos específicos.

Semântica formal

Ana Lúcia de Paula Müller
Evani de CarvalhoViotti

1. Introdução

A definição de semântica como a área da linguística que estuda o significado das línguas naturais é bastante consensual. Essa definição é, no entanto, pouco esclarecedora, porque, para entendê-la, precisamos definir, antes, o que é significado. E essa é uma tarefa árdua! Especialmente porque os semanticistas têm diferentes visões a respeito do que seja o significado e a significação. É por isso que podemos dizer que há semântica de todo tipo. Há semântica textual, semântica cognitiva, semântica lexical. Há semântica argumentativa, semântica discursiva... Todas elas estudam o significado, cada uma do seu jeito. Tamanha variedade mostra que o estudo do significado pode ser feito de vários ângulos. Podemos, por exemplo, investigar a relação entre expressões linguísticas e representações mentais. Lembremo-nos de uma tira do Garfield, em que alguém oferece a ele um pedaço de bolo. Ao invés de pegar o pedaço de bolo que a pessoa está dando para ele, ele pega todo o resto do bolo. Quando a pessoa expressa surpresa por essa atitude, Garfield diz algo como *'nós não vamos discutir semântica, vamos?'* Essa semântica a que o gato guloso se refere é justamente aquela que tem por objetivo o estudo das relações entre as expressões linguísticas e os conceitos mentais que as pessoas têm a elas associados. Evidentemente, a representação mental que Garfield tem da expressão linguística *pedaço* é bastante diferente da representação que a maioria das pessoas têm da mesma palavra.

Podemos, ainda, investigar a relação que existe entre expressões linguísticas, ideologia e cultura. Uma das questões de interesse, dentro desse ponto de vista, que vem sendo debatida já há alguns anos por linguistas que estudam o inglês, diz respeito ao uso de palavras como *chairman* para designar tanto o homem quanto a mulher que esteja ocupando um cargo de chefia. *Chairman* é uma palavra composta da palavra *man*, que designa ser humano do sexo masculino. Com o avanço do movimento feminista e com o fato de que mais e mais mulheres têm ocupado cargos de chefia em vários setores profissionais, a propriedade do uso de uma palavra como *chairman* passou a ser questionada, mostrando uma clara pressão das mudanças culturais e ideológicas sobre a língua.

Podemos também investigar a rede de relações que uma expressão estabelece com as outras expressões da mesma língua. É isso o que o linguista faz quando estuda a origem das palavras e compõe uma rede de palavras aparentadas, que têm parte de seu significado em comum com as demais.

E assim por diante...

Provavelmente essas perspectivas não são totalmente incompatíveis, pois o significado possui realmente vários ângulos. O que as diversas teorias semânticas fazem é recortar o objeto de estudo de formas diferentes, privilegiando o estudo de alguns aspectos envolvidos na análise do significado. Consequentemente, todas elas vão encontrar limites em seu alcance. Nenhuma teoria científica escapa a essa limitação, na medida em que todas elas precisam, necessariamente, recortar seu objeto de estudo.

2. O que estuda a Semântica Formal?

Dentre as várias possibilidades de investigação do significado, uma delas se concentra no estudo da relação que existe entre as expressões linguísticas e o mundo. Não se pode negar que uma das características importantes das expressões linguísticas é que elas são *sobre* alguma coisa. Tomemos, como exemplo, a sentença em (1):

(1) Tem um rato na cozinha.

Se alguém enuncia essa sentença em uma situação em que realmente há um rato em uma cozinha presente no contexto da enunciação, diremos que esse falante disse a verdade, porque a sentença descreve com fidelidade a situação. É essa referência a situações externas à língua que sugere que os significados estão de alguma forma ligados ao mundo, a algo que tomamos (ou construímos) como independente da língua. Sugere, pelo menos, que é assim que nós interpretamos grande parte de nossos enunciados.

A Semântica Formal considera como uma propriedade central das línguas humanas o *ser sobre* algo, isto é, o fato de que as línguas naturais são utilizadas para estabelecermos uma referencialidade, para falarmos sobre objetos, indivíduos, fatos, eventos, propriedades, ..., descritos como externos à própria língua. Assim, a referencialidade é tomada como uma das propriedades fundamentais das línguas humanas. Por essa razão, na Semântica Formal, o significado é entendido como uma relação entre a linguagem por um lado, e, por outro, aquilo sobre o qual a linguagem fala. Esse 'mundo' sobre o qual falamos quando usamos a linguagem pode ser tomado como o mundo real, parte dele ou mesmo outros mundos ficcionais ou hipotéticos.

Conhecer o significado de uma sentença, dentro desse paradigma, é, em parte, conhecer suas condições de verdade. Conhecer as condições de verdade de uma sentença significa saber em que circunstâncias, no mundo, aquela sentença pode ser considerada verdadeira ou falsa. Para exemplificar, voltemos à nossa sentença (1). Quando ouvimos alguém enunciá-la, podemos não saber se ela é verdadeira ou falsa. Sabemos, entretanto, em que situações ela seria verdadeira. Diversas coisas poderiam variar. O rato poderia estar na pia ou no armário, a cozinha poderia ser grande ou pequena. Mas, de qualquer maneira, teria de haver um rato na cozinha!

Evidentemente, podemos não saber se há ou não um rato na cozinha, mas certamente sabemos dizer em que situações a sentença (1) seria verdadeira. Esse conhecimento é semântico (e, portanto, gramatical) em sua natureza: ele faz parte do nosso conhecimento do significado de (1).

A Semântica Formal, portanto, se apoia no fato de que, se não conhecemos as condições nas quais uma sentença é verdadeira, não conhecemos seu significado. Ela afirma que o significado de uma sentença é o tipo de situação que ela descreve e que a descrição dessas situações possíveis é equivalente às condições de verdade da sentença. No caso da sentença (1), a teoria diz que seu significado é a descrição de uma situação em que há um rato na cozinha. À primeira vista, essa explicação não parece muito esclarecedora. Mas vamos ver que ela dá uma contribuição relevante para o estudo do significado, na medida em que ela pressupõe a investigação dos passos que tomamos para chegar ao significado de uma sentença a partir do significado de suas partes. Exemplificando novamente com a sentença (1): o que queremos saber é como construímos as suas condições de verdade a partir do significado de *tem, um rato, na cozinha, um, na, rato* e *cozinha*.

Uma outra propriedade central das línguas naturais é sua produtividade. As línguas naturais nos permitem produzir e compreender constantemente significados novos. E isso não só pela sua flexibilidade na criação de palavras novas, mas principalmente porque elas nos permitem produzir e compreender sentenças completamente novas. Isso é possível porque a partir do significado dos itens

140　Introdução à Linguística II

lexicais e da maneira como eles se compõem derivamos o significado das unidades complexas. Ou seja, cada parte de uma sentença contribui de forma sistemática para seu significado. Em outros termos, cada parte de uma sentença contribui para as suas condições de verdade.

Vamos dar alguns exemplos simples de como é possível analisar composicionalmente o significado de uma sentença:

(i) A composição de um sujeito com seu predicado: Quando compomos um sujeito e um predicado, descrevemos um conjunto de situações nas quais o indivíduo sobre o qual o sujeito fala pertence ao conjunto das entidades sobre as quais o predicado fala. A sentença (2), por exemplo, afirma que a cidade de São Paulo pertence ao conjunto das entidades poluídas.

(2) São Paulo é poluída.

(ii) A denotação de sentenças coordenadas: Quando compomos duas sentenças por coordenação o resultado é uma situação que é a soma das situações descritas por cada uma das sentenças individualmente. A sentença (3) ilustra esse fato, pois descreve uma situação em que a cidade de São Paulo é simultaneamente poluída e perigosa.

(3) São Paulo é poluída e São Paulo é perigosa.

É a introdução de uma estrutura sentencial que possibilita à semântica avançar para além do estudo do significado das palavras. Se tudo o que soubéssemos fosse o significado individual das palavras que compõem as sentenças (4) e (5), não seríamos capazes de diferenciar seus significados.

(4) João matou o bandido.

(5) O bandido matou João.

Vemos então que o significado de uma sentença não é determinado apenas pelo significado de suas palavras, mas também por sua estrutura gramatical. Em (4) e (5), as regras sintáticas do português determinam qual é o sujeito e qual é o objeto na sentença. Essa estrutura gramatical está relacionada à estrutura argumental do verbo que, por sua vez, determina, por exemplo, quem é o agente e quem é o paciente de *matou* nas sentenças em questão.

A Semântica Formal pode ser descrita como um programa de pesquisa que procura responder às seguintes perguntas: O que "representam" ou "denotam" as expressões linguísticas? Como calculamos o significado de expressões complexas a partir dos significados de suas partes?

No item 3, vamos apresentar a noção de denotação, e, no item 4, vamos discutir algumas relações semânticas entre palavras e entre sentenças, que participam do cálculo geral do significado das expressões linguísticas.

3. Denotações

Algumas expressões nominais são usadas para representar diretamente um indivíduo do mundo, isto é, são usadas para referir. Esse é o caso de nomes próprios em (6), das descrições definidas em (7), e dos pronomes em (8).

(6) Fernando Henrique Cardoso, Fernanda Montenegro, São Paulo, rua Luciano Gualberto, rio Pinheiros

(7) o maior rio do mundo, o jogador mais velho da Seleção, o maior escritor brasileiro, o autor de 'Dona Flor e seus dois maridos', os moradores de Carapicuíba, o primeiro clone animal.

(8) eu, vocês, ele, mim

O significado de sentenças com sujeitos formados por expressões referenciais, como (9) e (10), pode ser descrito como atribuindo uma propriedade ao indivíduo que o sujeito denota ou refere. Em (9), estamos afirmando que o indivíduo denotado pela descrição definida *o maior escritor brasileiro* possui a propriedade de ser inteligente. Usando uma linguagem algébrica, podemos descrever o significado de (9) afirmando que o indivíduo denotado por *o maior escritor brasileiro* pertence ao conjunto dos indivíduos inteligentes. Podemos descrever o significado de (10) do mesmo modo.

(9) *O maior escritor brasileiro* é inteligente.

(10) *A quarta sinfonia de Beethoven* é eterna.

Por outro lado, não existe uma maneira trivial de atribuir uma referência a expressões nominais como *nada* em (11) ou *nenhum escritor brasileiro* em (12).

(11) Nada é eterno.

(12) Nenhum escritor brasileiro é bonito.

Não é possível descrever o significado de (11) como a afirmação de que *ser eterno* é uma propriedade que se atribui ao indivíduo denotado por nada. Não podemos descrever o significado de (11), afirmando que o indivíduo denotado por *nada* pertence ao conjunto das coisas eternas. Veja que não podemos dizer que *nada* denota o vazio, ou, mais tecnicamente, o conjunto vazio. Se isso fosse verdade, em (11) estaríamos afirmando que o conjunto vazio está contido no conjunto das coisas eternas. Mas isso não impede que outras coisas além do conjunto vazio pertençam ao conjunto das coisas eternas. Teríamos o conjunto vazio, mas poderíamos ter também a quarta sinfonia, o diamante da coroa inglesa, etc. Lembremo-nos de que o conjunto vazio está contido em todos os conjuntos. E não é isso que queremos dizer quando enunciamos (11).

O significado da sentença (11) é mais fielmente descrito se dissermos que a propriedade de *ser eterno* não pode ser atribuída verdadeiramente a nenhuma

142 Introdução à Linguística II

entidade. Em outros termos, estamos afirmando que o conjunto das coisas eternas é vazio. Quando prestamos atenção, vemos que, entre (9) e (11), houve uma mudança na direção da atribuição de uma propriedade a uma entidade. Em (9), é o predicado que atribui uma propriedade ao sujeito. Em (11), é o sujeito que atribui uma propriedade ao predicado. Já o significado de (12) pode ser descrito como uma situação em que não existe uma relação entre a propriedade de *ser um escritor brasileiro* e a propriedade de *ser bonito*. Em termos de teoria dos conjuntos, dizemos que não há nada que pertença à intersecção do conjunto dos indivíduos que são escritores brasileiros com o conjunto dos indivíduos bonitos.

Vemos, portanto, que a noção de referência/denotação deve ser estendida, pois as palavras podem representar não só indivíduos do mundo, mas também podem representar objetos mais complexos, como propriedades e relações entre propriedades. A noção de referência, portanto, deve ser entendida de uma maneira mais ampla do que o *falar sobre* indivíduos concretos no mundo real. Uma semântica baseada nessa noção reconhece que também falamos de indivíduos que habitam outros 'mundos' como o *Saci-Pererê* e *Brás Cubas*. Mais ainda, reconhece que também usamos a língua para descrever nossos estados mentais. Assim, por exemplo, a diferença entre (13) e (14) é que (13) é uma afirmação sobre o mundo real e (14) é uma afirmação sobre o mundo dos sonhos de Jorge.

(13) O presidente do Brasil aumentou o imposto de renda.

(14) Jorge sonhou que o presidente do Brasil aumentou o imposto de renda.

4. Relações semânticas no nível da palavra e no nível da sentença

Imagine que alguém diga a sentença (15).

(15) Suzana continua a amar o seu primeiro namorado.

Mesmo sem nos darmos conta, uma série de outras informações 'silenciosas' acompanham a enunciação dessa sentença. Assim, por exemplo, por meio de (15), sabemos certamente que (16) e (17) são verdadeiras. Com mais esforço, talvez pudéssemos também imaginar (18) e (19), mas não teríamos certeza da verdade dessas sentenças. Quanto a (20), vemos que ela traz uma suposição que não pode ser exclusivamente baseada na informação que obtemos a partir da sentença (15).

(16) Suzana amava seu primeiro namorado.

(17) Existe alguém que foi o primeiro namorado de Suzana.

(18) ??Suzana é romântica.

(19) ??Suzana já teve mais de um namorado.

(20) ???Suzana é infeliz.

Como diz Pires de Oliveira (2001), uma sentença estabelece uma trama de sentidos com outras sentenças. As relações semânticas entre palavras, expressões e sentenças têm sido um tema tradicional da semântica. Como as sentenças são compostas de palavras e de sintagmas, certas propriedades e relações semânticas entre palavras e sintagmas correspondem a propriedades equivalentes no nível sentencial. Mais adiante, tratamos de algumas dessas relações. Antes, porém, é necessário entendermos a diferença que existe entre as noções de sentido e de referência.

4.1. As noções de sentido e referência

Uma vez que assumimos que a linguagem fala sobre entidades, estados, propriedades e eventos de alguma forma concebidos/construídos como externos a ela, podemos nos perguntar sobre o significado de uma sentença como (21). Sob esse prisma, o significado de (21) pode ser descrito como em (22), onde dizemos que duas expressões linguísticas – *o organizador do livro Introdução à Linguística I* e *José Luiz Fiorin* apontam para/referem-se ao mesmo indivíduo no mundo real.

(21) O organizador do livro *Introdução à Linguística I* é José Luiz Fiorin.

(22) O indivíduo que organizou o livro *Introdução à Linguística I* é o indivíduo nomeado pela expressão *José Luiz Fiorin*.

A sentença (22) parece descrever bastante bem o significado da sentença (21). Entretanto, se é verdade que (22) explicita o significado de (21), teríamos de aceitar (23) como sinônima de (21). Isso porque, tanto em (21) como em (23), estamos afirmando uma relação de igualdade entre um indivíduo e ele mesmo. Essa relação está ilustrada em (24).

(23) José Luiz Fiorin é José Luiz Fiorin.

(24) ♟ = ♟

No entanto, as sentenças (21) e (23) não dizem a mesma coisa. Não poderíamos afirmar que elas são sinônimas. A sentença (21) é informativa, aprendemos algo com ela. Sua veracidade não pode ser estabelecida *a priori*. Ela precisa ser verificada no mundo. Diferentemente, a sentença (23) nos diz a obviedade de que um indivíduo é igual a ele mesmo. Essa é uma verdade estabelecida independentemente dos fatos do mundo. O que será que não está funcionando bem em nossa descrição do significado de (21)?

O problema está em descrever o significado de uma expressão linguística levando em conta apenas sua referência, isto é, o objeto para o qual ela aponta.

144 Introdução à Linguística II

Estamos deixando de lado a descoberta feita pelo filósofo Gottlob Frege no final do século XIX de que a noção de significado de uma expressão abarca dois conceitos fundamentais: o de SENTIDO e o de REFERÊNCIA. A referência de uma expressão é a entidade (ou as entidades), o objeto ou o indivíduo que ela aponta no mundo. No caso de uma sentença, sua referência é seu valor de verdade. Já o sentido de uma expressão é o modo como apresentamos esse objeto, o caminho pelo qual chegamos a ele.

Assim, podemos entender por que (21) é uma sentença informativa e (23) não é: as expressões *o organizador do livro Introdução à Linguística I* e *José Luiz Fiorin* têm a mesma referência, ou seja, elas apontam para o mesmo indivíduo no mundo. Entretanto, elas possuem sentidos diferentes. Elas nos informam que o indivíduo José Luiz Fiorin pode ser encontrado no mundo por caminhos diferentes. Por isso é que podemos dizer que aprendemos algo com a sentença (21) e não com a sentença (23).

O fato de que o significado de uma sentença possui tanto um sentido quanto uma referência explica por que nem sempre a substituição de duas expressões com a mesma referência preserva a verdade de um raciocínio. Em (25), por exemplo, temos um raciocínio válido. A substituição de *seu irmão* (em (25)-a) por *Orestes* (em (25)-c) é legítima porque (25)-b afirma que os dois nomes têm a mesma referência. Contextos que permitem a substituição de termos com a mesma referência são chamados *contextos referenciais* ou *extensionais*.

(25) a. Electra ama seu irmão.
 b. Orestes é o irmão de Electra.
 c. Electra ama Orestes.

Já em (26), apesar de sabermos por (26)-c que *Orestes* é a mesma pessoa que *o homem na frente de Electra*, a substituição que fizemos acima não é legítima, tornando a conclusão, em (26)-d paradoxal:

(26) a. Electra não sabe que o homem na frente dela é seu irmão.
 b. Electra sabe que Orestes é seu irmão.
 c. O homem na frente de Electra é Orestes.
 d. Electra sabe e não sabe que o homem na frente dela é Orestes.

Por que é que, neste caso, não é legitimo substituir uma expressão por outra com a mesma referência? Verbos como *saber, acreditar, sonhar, imaginar*, ... criam contextos linguísticos nos quais a substituição de uma expressão por outra que possua a mesma referência não é legítima. Esses contextos são chamados *opacos* ou *intensionais*. Nesses contextos, o relevante não é a referência das expressões que compõem a oração subordinada, mas sim seu sentido. Em (26)-a e em (26)-b, duas expressões diferentes são usadas para a referência do mesmo indivíduo no mundo, que é o irmão de Electra: *Orestes* e *o homem na frente dela*. Isso significa que dois sentidos diferentes são usados para denotar um único indivíduo, um único referente.

Tendo visto a diferença que existe entre sentido e referência, podemos retomar nossa discussão sobre as relações semânticas que existem entre palavras e sentenças, notando que algumas delas se estabelecem entre os sentidos das expressões e outras se estabelecem entre suas referências.

4.2. Acarretamento e Pressuposição

Para entendermos a noção de acarretamento, precisamos, antes, entender a noção de HIPONÍMIA. A hiponímia é uma relação de sentido entre palavras tal que o significado de uma está incluído no significado da outra. Vejam os exemplos em (27).

(27) a. *escarlate* é hipônimo de *vermelho*
b. *gato* é hipônimo de *animal*
c. *liquidificador* é hipônimo de *eletrodoméstico*

Notem que o sentido de escarlate está incluído no sentido de vermelho. Da mesma forma, o sentido de gato está incluído no sentido de animal e o de liquidificador está incluído no sentido de eletrodoméstico.

A noção de hiponímia pode ser estendida para sentenças. Assim chegamos à noção de ACARRETAMENTO. Observemos as sentenças (15) e (16), aqui retomadas:

(28) Suzana continua a amar seu primeiro namorado.

(29) Suzana amava seu primeiro namorado.

A situação descrita em (29) está incluída na situação descrita em (28). Portanto, (29) é hipônima de (28). Uma outra maneira de expressar essa relação é dizer que (28) ACARRETA (29).

Entretanto, enquanto a relação de hiponímia é uma relação que pode se estabelecer também entre sentidos, acarretamento é uma relação que se estabelece exclusivamente entre referências. Define-se formalmente a noção de acarretamento, fazendo-se uso do conceito de verdade, que é a referência de uma sentença. Uma sentença acarreta uma outra sentença se a verdade da primeira garante, necessariamente, a verdade da segunda, e a falsidade da segunda garante, necessariamente, a falsidade da primeira.

Podemos agora verificar formalmente que (28) acarreta (29). Vejam que, se é verdade que Suzana continua a amar seu primeiro namorado (sentença (28)), é verdade também que Suzana amava seu primeiro namorado (sentença (29)). É importante observar que temos que interpretar ambas as sentenças em um mesmo mundo e a partir de um mesmo referencial temporal. Vejam também que, se é falso que Suzana amava seu primeiro namorado (sentença (29)), também é necessariamente falso que Suzana continua a amar seu primeiro namorado (sentença (28)).

146 Introdução à Linguística II

Acarretamento é uma relação semântica fundamental entre sentenças e determina alguns de nossos padrões de inferência. Observem as sentenças em (30):

(30) a. Ronaldo é brasileiro.
  b. Ronaldo é jogador de futebol.
  c. Ronaldo é um jogador de futebol brasileiro.

Por exemplo, se (30)-a e (30)-b são verdadeiras, nós sabemos que (30)-c também é verdadeira. Podemos dizer que as sentenças (a) e (b) juntas acarretam (c), porque a situação descrita por (a) e (b) juntas é suficiente para descrever a situação em (c). Em outras palavras, sempre que as sentenças *Ronaldo é brasileiro* e *Ronaldo é jogador de futebol* forem verdadeiras, a sentença *Ronaldo é um jogador de futebol brasileiro* também será verdadeira.

Uma observação importante a ser feita é a de que acarretamento é uma versão forte daquilo a que chamamos de implicação ou inferência na linguagem cotidiana. Assim, por exemplo, dizer que (28) implica (31) é apenas sugerir que (31) é verdadeira. Vejam que, do fato de Suzana continuar a amar seu primeiro namorado, não podemos deduzir com 100% de certeza que ela é romântica. A verdade de (28) torna a verdade de (31) apenas provável, mas não necessária.

(31) Suzana é romântica.

O mesmo acontece entre (32) e (33). A sentença (32) sugere (33), mas não acarreta (33), porque se (32) for verdade, (33) não é necessariamente verdade.

(32) Hoje o sol está brilhando.

(33) Hoje o sol está quente.

Uma noção próxima à relação de acarretamento é a noção de PRESSUPOSIÇÃO. É importante salientarmos que, neste texto, vamos tratar apenas do que se conhece na literatura por PRESSUPOSIÇÃO LÓGICA. Mas os estudos do significado fazem uso de outras noções de pressuposição, que não caberia discutir aqui.

A pressuposição lógica também é um tipo de implicação. Uma 'pressuposição' é uma suposição que é pano de fundo de uma asserção. Ela é considerada parte do conhecimento partilhado pelo falante e pelo ouvinte. Por exemplo, (34) pressupõe (35):

(34) A Maria parou de fumar.

(35) A Maria fumava.

Não se pode parar de fumar se não se fumava antes. Dessa forma, a pressuposição pode ser definida como uma relação entre duas sentenças, sendo que a primeira trata a verdade da segunda como não controversa. Consequentemente, um contexto apropriado para se enunciar (34) é um contexto em que tanto o falante quanto o ouvinte sabem que Maria fumava. No caso dos exemplos acima, podemos, então, dizer que *parar* é uma expressão que introduz uma pressuposição.

Como sabemos se temos um caso de pressuposição ou um caso de acarretamento? É possível testar essa diferença em contextos que preservam pressuposições mas não acarretamentos. As sentenças em (36) mantêm a pressuposição de que Maria fumava, pois todas elas só fazem sentido se enunciadas em um contexto em que o fato de que Maria fumava faz parte da informação partilhada entre falante e ouvinte:

(36) a. A Maria parou de fumar.
    b. A Maria parou de fumar?
    c. A Maria não parou de fumar.
    d. Eu lamento que a Maria tenha parado de fumar.
    e. Se a Maria parou de fumar, então sua saúde deve ter melhorado.

Com exceção da sentença (b), todas as sentenças em (36) tanto pressupõem quanto acarretam (35). Mas a sentença (36)-b apenas pressupõe (35). Por que é que (36)-b não acarreta (35)? Porque, como já vimos, a noção de acarretamento é definida em termos de preservação da verdade. Acarretamento é uma relação entre duas sentenças, de tal modo que a verdade da segunda segue, necessariamente, da verdade da primeira. Como (36)-b é uma pergunta à qual não podemos atribuir nem verdade ou falsidade, a noção de acarretamento não se aplica a esse caso.

Como pudemos ver no exemplo (36), a pressuposição é propriedade de uma família de sentenças sintaticamente relacionadas: uma asserção, uma negação, uma interrogação, uma suposição. Uma forma de testar se há pressuposição é verificar se tanto a asserção quanto a negação de uma sentença (que dá origem a toda uma família de sentenças) possuem o mesmo acarretamento. Observem que se (36)-d é verdadeira, então (35) é necessariamente verdadeira. Do mesmo modo, se a negação de (36)-d (*Eu não lamento que a Maria tenha parado de fumar*) é verdadeira, então (35) continua sendo verdadeira. Ou seja, tanto *Eu lamento que a Maria tenha parado de fumar*, quanto sua negação, acarretam *A Maria fumava*. Esse duplo acarretamento mostra que temos um caso de pressuposição.

Como vimos, algumas implicações podem ser ao mesmo tempo um acarretamento e uma pressuposição da sentença. Assim, (37)-a acarreta (38), porque, se (37)-a é verdadeira, (38) é necessariamente verdadeira. Ao mesmo tempo, (37)-a também pressupõe (38) porque todos os membros da família de (37) pressupõem (38).

(37) a. Foi o João que tirou 10 na prova.
    b. Foi o João que tirou 10 na prova?
    c. Não foi o João que tirou 10 na prova.
    d. João lamenta ter tirado 10 na prova.
    e. Se foi o João que tirou 10 na prova, então ele estudou muito.

(38) Alguém tirou 10 na prova.

Entretanto, em alguns pares de sentenças existe acarretamento mas não pressuposição. Observem (39) e (40):

148 Introdução à Linguística II

(39) a. João tirou 10 na prova.
 b. João não tirou 10 na prova.
 c. João tirou 10 na prova?
 d. Se o João tirou 10 na prova, ele deve ter estudado muito.
 e. Eu lamento que o João tenha tirado 10 na prova.

(40) Alguém tirou 10 na prova

A sentença (39)-a acarreta (40), mas não se pode dizer que existe uma relação de pressuposição entre essas sentenças. A relação de acarretamento se explica porque, se (39)-a é verdadeira, (40) é necessariamente verdadeira. No que diz respeito à pressuposição, não podemos dizer que ela existe porque todos os outros membros da família de (39) não implicam (40). Na realidade, com exceção da sentença (e), nenhuma das demais sentenças em (39) pressupõe que alguém tenha tirado 10 na prova.

Para que haja pressuposição lógica, é preciso que tanto a verdade quanto a falsidade da primeira oração levem à verdade da segunda oração. No caso das relações entre (39)-a e (40), o que acontece é que, se (39)-a é verdadeira, então (40) vai ser verdadeira. Ou seja, se for verdade que o João tirou 10 na prova, vai ser verdade que alguém tirou 10 na prova. Entretanto, se (39)-a não for verdadeira, não se pode dizer que (40) é verdadeira. Ou seja, se o João não tiver tirado 10 na prova, não podemos saber se é verdade que alguém tirou 10 na prova. É por essa razão que não podemos dizer que haja pressuposição entre essas duas sentenças.

Diferentemente, em outros pares de sentenças, existe pressuposição mas não acarretamento. Retomemos o seguinte par, repetido de (37)-c e (38), respectivamente:

(41) Não foi o João que tirou 10 na prova.

(42) Alguém tirou 10 na prova.

Como vimos, toda a família de (41) (que está em (37)) pressupõe (42). Mas não existe acarretamento entre (41) e (42), porque se (41) for verdadeira, (42) não precisa ser necessariamente verdadeira. Em outras palavras, o fato de não ter sido o João que tirou 10 na prova não significa que alguém tenha tirado 10 na prova. Tanto assim que a negação de (42), dizendo que *Ninguém tirou 10 na prova*, não cria uma contradição em relação a (41).

Uma outra observação importante que precisa ser feita é que a noção de acarretamento se limita ao conteúdo informacional da sentença. Ela não envolve o contexto. A noção de pressuposição, por outro lado, vai além do conteúdo informacional da sentença, pois envolve as suas condições de uso na relação com o discurso. A informação pressuposta é condição de emprego da oração que a pressupõe. A pressuposição então é também um mecanismo de atuação no discurso. Assim, por meio do que o falante escolhe apresentar como pressuposto, ele direciona a conversa. Se o interlocutor decide negar a pressuposição, ele muda, necessariamente, a direção da conversa. De certa forma, ele tem que 'desafiar' o falante. Vejam um exemplo no diálogo em (43):

(43) A: O Pedro parou de bater na mulher.

    B: Mas o Pedro nunca bateu na mulher!

Ao enunciar (43)-A, o falante está pressupondo que Pedro batia na mulher. Em (43)-B, o interlocutor nega a pressuposição. Com isso, ele muda o rumo que A havia estabelecido para a conversa. Portanto, fazer pressuposições e negá-las são maneiras de construir o discurso.

4.3. Sinonímia e paráfrase

Outra relação de sentido entre palavras que pode ser estendida para as sentenças é a relação de SINONÍMIA. A sinonímia é uma relação entre duas expressões linguísticas que têm o mesmo sentido, como em (44).

(44) a. *careca* é sinônimo de *calvo*
    b. *referência* é sinônimo de *denotação*
    c. *matar* é sinônimo de *causar a morte*

É fácil perceber, no entanto, que dificilmente encontramos uma sinonímia perfeita e que, mudando-se o contexto, expressões aparentemente sinônimas, perdem sua equivalência. A substituição de *seca* por *enxuta* em (45) preserva o sentido da sentença. Já em (46), a mesma substituição não é possível.

(45) a. A roupa está *seca*.
    b. A roupa está *enxuta*.

(46) a. Jorge escreveu uma carta breve e *seca*.
    b. Jorge escreveu uma carta breve e *enxuta*.

Em (47), a substituição de *careca* por *calvo* também preserva o sentido da sentença (exemplos tirados de Ilari e Geraldi (1990)).

(47) a. Todo *careca* sonha descer uma ladeira correndo com os cabelos soltos ao vento.
    b. Todo *calvo* sonha descer uma ladeira correndo com os cabelos soltos ao vento

Entretanto, em contextos metalinguísticos, isto é, em contextos em que usamos a linguagem para falar sobre ela mesma, a relação de sinonímia não se preserva, como se pode ver se nas sentenças em (48):

(48) a. A sílaba tônica de *calvo* é a primeira.
    b. A sílaba tônica de *careca* é a primeira.

Chamamos PARÁFRASE à relação de sinonímia entre sentenças. A noção de acarretamento nos dá uma maneira de definir formalmente o conceito de paráfrase, pois quando duas sentenças são sinônimas, uma acarreta a outra e vice-versa. Vejam o exemplo em (49). Podemos dizer que (49)-a acarreta (49)-b porque se é verdade de *João quebrou o vaso*, é verdade que *O vaso foi quebrado por João*. E

150 Introdução à Linguística II

vice-versa: se *O vaso foi quebrado por João* é verdadeira, então *João quebrou o vaso* é necessariamente verdadeira. Podemos concluir que as duas sentenças são sinônimas ou que (49)-a é paráfrase de (49)-b e vice-versa. Em (50) e (51), temos outros exemplos de paráfrases.

(49) a. O João quebrou o vaso.
   b. O vaso foi quebrado pelo João.

(50) a. A Maria é tão inteligente quanto a Joana.
   b. A Joana é tão inteligente quanto a Maria.

(51) a. O João tem o livro do Chomsky.
   b. O livro do Chomsky é do João.

A escolha entre duas sentenças estruturalmente sinônimas nunca é completamente inocente. A escolha entre uma forma ativa ou passiva, como no exemplo (49), altera a organização informacional da sentença. O que é tema – ou informação velha – na forma ativa, é rema – ou informação nova – na voz passiva, e vice-versa. As relações estabelecidas entre as sentenças, portanto, não se esgotam em suas relações lógicas.

É importante notar que ACARRETAMENTO e SINONÍMIA SENTENCIAL são noções semânticas que não se definem estritamente em termos de relações entre palavras ou entre estruturas sentenciais. Vejam que, apesar de (52) e (53) possuírem a mesma estrutura sintática e serem formadas pelas mesmas expressões, com exceção do determinante, (52)-a acarreta (52)-b, mas (53)-a não acarreta (53)-b.

(52) a. Os atletas correram e nadaram.
   b. Os atletas correram.

(53) a. Poucos atletas correram e nadaram.
   b. Poucos atletas correram.

É claro que, se os atletas correram e nadaram, então eles correram. Mas, surpreendentemente, não podemos deduzir do fato de que poucos atletas correram e nadaram que poucos atletas correram. Imaginem uma situação em que 100 atletas participaram de uma gincana que incluía correr e nadar. Imaginem também que 80 desses atletas participaram apenas das corridas e que apenas 20 dos 100 atletas também nadaram. Nessa situação, (53)-a seria verdadeira e (53)-b seria falsa. Concluímos então que (53)-a não acarreta (53)-b, pois a verdade de (53)-b não decorre obrigatoriamente da verdade de (53)-a.

4.4. Contradição

A noção de contradição, por sua vez, está ligada às noções de acarretamento e sinonímia: ela acontece quando duas expressões têm sentidos incompatíveis com a mesma situação. As sentenças em (54) e (55) são contraditórias.

(54) O João beijou a Maria mas a Maria não foi beijada pelo João.

(55) A Maria comeu mamão de manhã, mas não comeu nenhuma fruta.

Duas sentenças são contraditórias quando ambas não podem ser simultaneamente verdadeiras. Em outras palavras, duas sentenças são contraditórias se, quando uma delas é verdadeira, a outra é necessariamente falsa.

A relação lexical à que chamamos de antonímia pode ou não envolver contradição. Ela se apoia nas noções de *contrário* ou *oposto*, mas essas relações não envolvem necessariamente uma contradição. Vejam que, apesar das sentenças entre (56) e (58) conterem itens lexicais considerados opostos, elas não envolvem uma relação de contradição. Em todos os casos, os pares de sentenças podem ser simultaneamente verdadeiros ou falsos. Em (56), *nascer/morrer* não são processos contraditórios, mas momentos extremos do processo de viver. Já em (57), a relação de oposição encontra-se nos resultados obtidos pelas duas ações. Finalmente, a oposição em (58) está entre os distintos papéis atribuídos ao sujeito.

(56) a. Carlos *nasceu* na Bahia.
b. Carlos *morreu* na Bahia.

(57) a. Carlos *abriu* a porta.
b. Carlos *fechou* a porta.

(58) a. Carlos *deu* um presente para a Maria.
b. Carlos *recebeu* um presente de Maria.

Por outro lado, certas relações de antonímia são verdadeiramente contraditórias. Vejam que os pares de sentenças em (59) e (60) não podem ser simultaneamente verdadeiros (ou simultaneamente falsos).

(59) a. O cachorro de Lauro é *manso*.
b. O cachorro de Lauro é *bravo*.

(60) a. Lauro é *alto* para um jogador de basquete.
b. Lauro é *baixo* para um jogador de basquete.

É importante notar que o fato de que duas sentenças são contraditórias não impede seu uso no discurso. Informações contraditórias não resistem a um esforço motivado de interpretação. Nos casos (61) e (62) é a própria existência da contradição que nos leva à busca de um significado metafórico ou irônico para as sentenças.

(61) O bígamo que não tinha nenhuma mulher.

152　Introdução à Linguística II

(62) Não sou eu que moro no mesmo bairro que a Joana. É a Joana que mora no mesmo bairro que eu.

4.4. Ambiguidade

Uma outra relação entre palavras que também existe na sentença é a ambiguidade. A sentença em (63) é ambígua porque a palavra *balada* é ambígua, podendo significar tanto um tipo de música, como, em gíria atual, um acontecimento social.

(63) A *balada* de ontem foi divertida.

Mas existem outras causas de ambiguidade sentencial. Uma sentença pode ser ambígua porque a sintaxe prevê diferentes possibilidades de combinação de palavras em constituintes. Assim, uma sentença vai ser ambígua quando ela puder ter mais de uma estrutura sintática. Vejam a sentença (64), por exemplo.

(64) Os alunos e os professores inteligentes participaram do simpósio.

Essa sentença pode ser usada para afirmar que tanto os alunos como os professores que participaram do simpósio eram inteligentes, como pode ser usada para afirmar que todos os alunos participaram do simpósio, mas, entre os professores, apenas os inteligentes participaram. As diferentes interpretações se devem a diferentes combinações possíveis entre o adjetivo *inteligente* e os substantivos *alunos* e *professores*. As duas estruturas estão expressas em (65).

(65) a. [[Os alunos e os professores] inteligentes] participaram do simpósio.

b. [[Os alunos] e [os professores inteligentes]] participaram do simpósio.

Outros exemplos de ambiguidades são discutidos no capítulo sobre Sintaxe. Mas as ambiguidades não se limitam àquelas causadas por diferentes possibilidades de estruturação sintática, ou àquelas causadas pela presença, na sentença, de um item lexical ambíguo. Existem ambiguidades puramente semânticas que não têm um caráter lexical.

Observem as sentença abaixo:

(66) A vizinha de João gosta dele.

(67) Vários eleitores escolheram um candidato jovem.

Em (66), a referência do pronome *ele* pode ser encontrada de duas maneiras: (i) pela retomada anafórica de *João*, na própria sentença; ou (ii) pela busca de algum indivíduo de sexo masculino saliente no contexto. Esse caso envolve a resolução da denotação de expressões dêiticas – aquelas que apontam para um referente no contexto, ou anafóricas – aquelas que apontam para um referente denotado por outra expressão da mesma sentença.

A sentença (67), diferentemente, envolve o que chamamos de relações de escopo, que são relações que tratam fatos linguísticos em que a interpretação de uma expressão depende da interpretação de outra. Vejam que (67) pode significar que um certo candidato jovem foi escolhido por vários eleitores ou que cada um entre vários eleitores escolheu um candidato jovem, mas não necessariamente o mesmo. Assim a interpretação da sentença (67) depende da relação de distribuição entre *vários eleitores* e *um candidato*.

Vamos nos deter mais nesses casos, explorando melhor as noções de relações dêiticas e anafóricas e relações de escopo.

4.4.1. Relações Dêiticas e Anafóricas

Um pronome é sempre um termo cuja denotação não é lexicalmente fixa, mas varia segundo o valor que lhe é atribuído, seja por um contexto extralinguístico, em uma relação dêitica, seja em função do próprio contexto linguístico, em uma relação anafórica. Vejam que, em (68)-a, o pronome *ele* pode buscar sua referência tanto em um antecedente linguístico – no caso, *Jorge* – como no contexto extralinguístico. Nesse caso, *ele* será alguém de sexo masculino que esteja saliente no contexto. Já em (68)-b, o pronome reflexivo se refere-se obrigatoriamente a *Jorge*, não podendo ir buscar um referente no contexto.

(68) a. Jorge achou que o cargo era ideal para ele.

    b. Jorge se machucou ao sair.

A identificação da referência de um pronome é um tópico interessante porque envolve vários aspectos de nossa competência linguística. Envolve conhecimento lexical, sintático, semântico e pragmático. Vamos discutir aqui apenas seu aspecto semântico. Observem novamente as sentenças em (68)a/b. Dizemos que, em uma de suas interpretações, existe uma relação de correferência entre *Jorge* e *ele*, e entre *Jorge* e *se*. Agora observem as sentenças em (69):

(69) a. Cada candidato achou que o cargo era ideal para ele.

    b. Ninguém se machucou ao sair.

Surpreendentemente, não podemos dizer o mesmo de uma das relações entre *cada candidato* e *ele*, ou entre *ninguém* e *se* nas sentenças (69)a/b. Vejam que essas sentenças não possuem o mesmo significado que as sentenças em (70), nas quais substituímos os pronomes por seus respectivos antecedentes:

(70) a. Cada candidato achou que o cargo era ideal para cada candidato.

    b. Ninguém machucou ninguém ao sair.

Expressões como *cada candidato*, em (69)-a, *ninguém*, em (69)-b, ou *vários eleitores*, em (67), *poucos atletas* em (53)-a, *nada*, em (11), e *nenhum escritor brasileiro*, em (12) são EXPRESSÕES QUANTIFICADAS. Elas envolvem operações sobre quantidades de entidades. No caso de nossos exemplos, elas envolvem quantidades de candidatos, pessoas, eleitores, atletas, coisas e escritores brasileiros. Sentenças com expressões quantificadas dizem algo sobre o número de entidades envolvidas. Elas não falam sobre indivíduos ou entidades determinadas. As relações anafóricas entre pronomes e expressões quantificadas não podem ser classificadas como relações de correferência. Temos aí casos de relações de ligação, onde a referência do pronome está ligada à referência (ou depende da referência, varia de acordo com a referência) de cada uma das entidades escolhidas pelo quantificador. Podemos caracterizar o significado de (69)-b como em (71):

(71) a. Para todas as pessoas relevantes [não é o caso que _____ machucou ____ ao sair].

b. Jorge não machucou Jorge ao sair, e Maria não machucou Maria ao sair, e Carlos não machucou Carlos ao sair, e ....

4.4.2. Relações de Escopo

Relações de escopo são relações que se estabelecem quando a interpretação de uma expressão depende da interpretação de outra, como mencionamos acima, a propósito do exemplo (67). Observem, ainda, as seguintes sentenças:

(72) a. Cada aluno nesta sala leu *dois* livros.

b. Cada aluno leu dois livros (possivelmente) distintos.

c. Existem dois livros determinados que cada aluno leu.

A sentença (72)-a é ambígua. Uma das interpretações que ela pode ter está parafraseada em (72)-b. Nesse caso, dizemos que *cada aluno* TEM ESCOPO SOBRE *dois livros*. A outra interpretação permitida por (72)-a é a em que *dois livros* TEM ESCOPO SOBRE *cada aluno*, que é a leitura parafraseada em (72)-c. Portanto, em termos semânticos, existem duas possibilidades para estabelecermos a distribuição entre alunos e livros, afetando o significado da sentença: ou existe uma leitura em que cada aluno – o João, o Pedro e o Ricardo – leram dois livros, quaisquer que sejam ((72)-b); ou existe uma leitura em que existem dois livros específicos – *A Ilíada* e *A Odisseia*, por exemplo – que cada aluno leu ((72)-c). Na Figura 1 temos um diagrama da leitura correspondente a (72)-b, e na Figura 2 temos um diagrama correspondente à leitura (72)-c.

Figura 1:

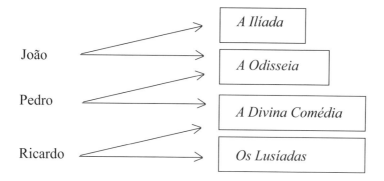

Figura 2:

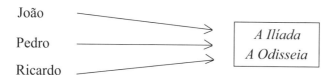

Vejam, agora, as relações de escopo que se estabelecem na sentença em (73)-a:

(73) a. Infelizmente, *todos os ratos não* morreram.
    b. Todos os ratos não morreram.
    c. Nem todos os ratos morreram.

Nesse caso há também duas possíveis interpretações associadas a duas possibilidades de relações de escopo entre a expressão quantificada *todos os ratos*, e o operador de negação *não*. Quando *todos os ratos* tem escopo sobre a negação, a interpretação que se obtém é a parafraseada em (73)-b: absolutamente nenhum rato morreu. Quando a negação tem escopo sobre a expressão quantificada, a interpretação é aquela expressa em (73)-c: de um conjunto de todos os ratos, alguns morreram, mas não todos.

Por fim, examinemos a sentença (74)-a.

(74) a. Jorge *provavelmente* vai casar com *uma americana*.
    b. Provavelmente Jorge vai casar com alguma pessoa de nacionalidade americana.
    c. Existe uma americana determinada com quem Jorge provavelmente vai casar.

Novamente, estamos diante de uma sentença ambígua. Nesse caso, a ambiguidade é causada pelo fato de que a referência de *uma americana* pode ser

156 Introdução à Linguística II

determinada antes ou depois da afirmação de probabilidade. Assim, em (74)-b, temos a interpretação em que a probabilidade é determinada antes da referência da expressão *uma americana*. Em (74)-c, temos a interpretação em que a referência de *uma americana* é estabelecida antes da probabilidade.

5. Conclusão

Neste texto, traçamos um panorama de algumas das questões centrais de que trata a Semântica Formal. Primeiramente, apresentamos a noção de denotação, que diz respeito à maneira como algumas expressões nominais são usadas para representar diretamente os indivíduos ou entidades do mundo. Em seguida, tratamos da composicionalidade e apresentamos algumas das relações semânticas que se estabelecem tanto no nível da palavra, quanto no nível da sentença. Para esclarecer algumas das características dessas relações, introduzimos a distinção clássica que se faz entre sentido e referência. Por fim, detivemo-nos na relação semântica da ambiguidade, descrevendo algumas instâncias de ambiguidade causadas por relações dêitico-anafóricas ou por relações de escopo.

Por que consideramos que é importante conhecer a Semântica Formal? Por vários motivos. Primeiramente, porque só ela se propõe analisar algumas questões relacionadas ao significado das línguas naturais. Segundo, porque ela é, explicita ou implicitamente, em maior ou menor grau, utilizada nas análises de outras semânticas, como a Semântica Cognitiva e a Semântica Argumentativa, e também na Pragmática e na Sintaxe, tanto a funcional quanto a gerativa.

Exercícios

1. Quando usamos a expressão 'Pelé', imediatamente pensamos naquele jogador de futebol excepcional, que usava a camisa 10, quando jogava no Santos e na seleção brasileira. 'Pelé' representa um dos sentidos que nos permite chegar a esse indivíduo no mundo. Pense em outros sentidos para essa mesma referência.

2. Explique por que é que quando dizemos uma sentença como "Chico Buarque de Hollanda é o compositor de 'Construção'" aprendemos algo sobre o mundo.

3. Analise os pares de sentenças abaixo e diga se eles podem ser consideradas paráfrases:

    a) O João é o irmão do Thiago.
    b) O Thiago é o irmão do João.

c) O meu primo é o dono desta casa.

d) Esta casa pertence ao meu primo.

e) Alguns estados brasileiros não são banhados pelo mar.

f) Nem todos os estados brasileiros são banhados pelo mar.

g) O Pedro vendeu o livro para um amigo da Joana.

h) Um amigo da Joana comprou o livro do Pedro.

4. Normalmente, as versões ativa e passiva de uma sentença são consideradas paráfrases uma da outra, como em 'O médico examinou a garota' e 'A garota foi examinada pelo médico'. Observe, agora, o seguinte par:

Todos os alunos desta sala falam duas línguas.

Duas línguas são faladas por todos os alunos.

Será que essas duas sentenças podem ser consideradas paráfrases? Dê uma explicação para sua resposta.

5. Analise os pares de sentenças abaixo e diga se há acarretamento da primeira para a segunda sentença. Justifique suas respostas:

a) O Pedro cozinhou um ovo.

b) O Pedro ferveu um ovo.

c) O Ricardo ferveu um ovo.

d) O Ricardo cozinhou um ovo.

e) A Cecília viu uma menina correndo.

f) A Cecília viu uma pessoa correndo.

g) O Juca ouviu uma pessoa cantando.

h) O Juca ouviu um homem cantando.

i) Hoje teve sol.

j) Hoje fez calor.

k) O Rui sempre come sobremesa depois do almoço.

l) O Rui sempre come doce depois do almoço.

m) O João tirou nota 10 na prova.

n) Alguém tirou nota 10 na prova.

o) O João e a Maria são casados.

p) O João é casado com a Maria.

6. Analise os pares de sentenças a seguir e diga se a segunda sentença do par pode ser pressuposta da primeira. Lembre-se que a pressuposição lógica é uma relação que se estabelece quando tanto a verdade quanto a falsidade da primeira sentença implicam a verdade da segunda:

a) O João tirou nota 10 na prova.

b) Alguém tirou nota 10 na prova.

c) Foi a Maria que tirou nota 10 na prova.

d) Alguém tirou nota 10 na prova.

e) O Luís começou a tocar clarineta.

f) O Luís não tocava clarineta.

g) Só o João sabe o caminho para a casa do Marcelo.

h) Ninguém mais sabe o caminho para a casa do Marcelo.

i) A Regina continua morando em São Paulo.

j) A Regina morava em São Paulo.

k) Foi difícil para o Pedro enfrentar aquela crise.

l) O Pedro enfrentou a crise.

7. Compare o par de sentenças abaixo e discuta o comportamento do pronome 'ele' nos dois casos:

a) A Cecília tem um cachorro e cuida bem dele.

b) Toda criança que tem um cachorro cuida bem dele.

8. Discuta a ambiguidade das seguintes sentenças:

a) Todo homem ama uma mulher.

b) Três meninos comeram duas pizzas.

c) O Ricardo quer se corresponder com uma norueguesa.

d) Todas as crianças não comem jiló.

Bibliografia

ALLWOOD, J., L.G. ANDERSSON & Ö. DAHL (1971). *Logic in Linguistics.* Cambridge: Cambridge University Press.

CANÇADO, M. (1999). *Curso de introdução à semântica.* Manuscrito não publicado. Universidade Federal de Minas Gerais.

CHIERCHIA, G. & S. MC CONNELL-GINET (1992). *Meaning and Grammar.* Cambridge, Mass.: The MIT Press.

FREGE, G. (1978). "Sobre o sentido e a referência" In: P. Alcoforado. *Lógica e Filosofia da Linguagem.* S.Paulo: Cultrix.

HEIM, I. & A. KRATZER (1998). *Semantics in Generative Grammar.* Oxford: Blackwell.

HURFORD, J. & B. HEASLEY (1983). *Semantics: A Coursebook.* Cambridge: Cambridge University Press.

ILARI, R. & J.W. GERALDI (1990). *Semântica.* São Paulo: Ática.

LYONS, J. (1977). *Semantics.* Cambridge: Cambridge University Press.

PIRES DE OLIVEIRA, R. (2001a). *Semântica formal: uma breve introdução.* Campinas: Mercado de Letras

PIRES DE OLIVEIRA, R. (2001b). "Semântica". In: F. Mussalim & A.C.Bentes. *Introdução à Linguística.* São Paulo: Cortez.

DE SWART, H. (1998). *Introduction to Natural Language Semantics.* Stanford: CSLI Publications.

Sugestões de leitura

ILARI, R. & J.W. GERALDI (1990). *Semântica.* São Paulo: Ática
Esse livro trata, de forma clara, de questões que têm tido um lugar de destaque na reflexão semântica desde o século passado, como a diferença entre sentido e referência, e como as relações de sentidos entre expressões linguísticas – acarretamento, pressuposição, contradição, ambiguidade, etc.

PIRES DE OLIVEIRA, R. (2001a). *Semântica Formal: Uma Breve Introdução.* Campinas: Mercado de Letras
Trata-se de um livro introdutório, que desenvolve, em mais detalhes, alguns dos conceitos que foram apresentados neste texto.

HURFORD, J. & B. HEASLEY (1983). *Semantics: A Coursebook.* Cambridge: Cambridge University Press.
Esse é um excelente livro de introdução à Semântica, que leva o leitor pela mão no raciocínio das questões semânticas. Todas as explicações são seguidas de inúmeros exercícios, o que ajuda imensamente na retenção dos conceitos. Entretanto, sua única versão disponível está em inglês.

Pragmática

José Luiz Fiorin

> – Veja, agora a senhora está bem melhor! Mas, francamente, acho que a senhora devia ter uma dama de companhia!
> – Aceito-a com todo prazer! – disse a Rainha. – Dois pence por semana e doce todos os outros dias.
> Alice não pôde deixar de rir, enquanto respondia: Não estou me candidatando... e não gosto tanto assim de doces.
> – É doce de muito boa qualidade – afirmou a Rainha.
> – Bom, *hoje*, pelo menos, não estou querendo.
> – Hoje você *não* poderia ter, nem pelo menos nem pelo mais – disse a Rainha. – A regra é: doce amanhã e doce ontem – e nunca doce hoje.
> – Algumas vezes *tem* de ser "doce hoje" – objetou Alice.
> – Não, não pode – disse a Rainha. Tem de ser sempre doce todos os *outros* dias; ora, o dia de hoje não é *outro* dia qualquer, como você sabe.
>
> (Carroll, Lewis. *As aventuras de Alice*. 3 ed. São Paulo, Summus, p. 182)

1. Introdução

Nessa passagem, Alice e a Rainha Branca discutem sobre o sentido de certas palavras como *hoje* e *outros*. Interessa-nos aqui a discussão sobre o significado do termo *hoje*. Para a Rainha, o sentido das palavras *ontem*, *hoje* e *amanhã* é fixo. Por isso, se a regra é doce amanhã e doce ontem, Alice não poderá nunca ter os doces. Já Alice mostra que o sentido dessas palavras está relacionado ao ato de produzir um enunciado e, por isso, algumas vezes "tem de ser doce hoje", já que *hoje* é o dia em que um ato de fala é produzido. O significado da palavra *hoje* se dá na relação com a situação de comunicação.

No primeiro volume, vimos que a Pragmática é a ciência do uso linguístico, estuda as condições que governam a utilização da linguagem, a prática linguística. Um dos domínios de fatos linguísticos que exigem a introdução de uma dimensão pragmática nos estudos linguísticos é a enunciação, ou seja, o ato de produzir enunciados, que são as realizações linguísticas concretas. Essa exigência se dá, porque há certos fatos linguísticos, que só são entendidos em função do ato de enunciar. É o que acontece, por exemplo, com os dêiticos, que são elementos linguísticos que indicam o lugar ou o tempo em que um enunciado é produzido ou então os participantes de uma situação de produção do enunciado, ou seja, de uma enunciação. São dêiticos os pronomes pessoais que indicam os participantes

162   Introdução à Linguística II

da comunicação, *eu/tu*; os marcadores de espaço, como os advérbios de lugar e os pronomes demonstrativos (por exemplo, *aqui, lá, este, esse, aquele*), os marcadores de tempo (por exemplo, *agora, hoje, ontem*). Um dêitico só pode ser entendido dentro da situação de comunicação e, quando aparece, num texto escrito, a situação enunciativa deve ser explicitada. Se encontrarmos um bilhete em que esteja escrito *Ontem trabalhei muito aqui*, não entenderemos plenamente a mensagem, pois não saberemos quem trabalhou, quando é *ontem* e onde é *aqui*. Em resumo, não se pode saber o sentido do *eu*, do *ontem* e do *aqui* da mensagem, pois falta o conhecimento da situação de comunicação. No caso dos dêiticos, não adianta só o conhecimento do sistema linguístico, pois o que é preciso, para entendê-los, é conhecer a situação de uso.

Neste capítulo, dedicado à análise pragmática, vamos estudar a *dêixis*. Todo enunciado é realizado numa situação definida pelos participantes da comunicação (*eu/tu*), pelo momento da enunciação (*agora*) e pelo lugar em que o enunciado é produzido (*aqui*). As referências a essa situação constituem a *dêixis* e os elementos linguísticos que servem para situar o enunciado são os dêiticos.

É preciso refletir um pouco melhor a respeito da enunciação, antes de começarmos a estudar os dêiticos.

2. A enunciação

O primeiro sentido de enunciação é, como vimos, o de ato produtor do enunciado. Benveniste diz que a enunciação é a colocação em funcionamento da língua por um ato individual de utilização (1974, 80), ou seja, um falante utiliza-se da língua para produzir enunciados. Se a enunciação é a instância constitutiva do enunciado, ela é a instância linguística logicamente pressuposta pela própria existência do enunciado, o qual comporta seus traços e suas marcas (Greimas e Courtés, 1979, 126). O enunciado, por oposição à enunciação, deve ser concebido como o "estado que dela resulta, independentemente de suas dimensões sintagmáticas" (Greimas e Courtés, 1979, 123). Considerando dessa forma enunciação e enunciado, este comporta frequentemente elementos que remetem à instância de enunciação: pronomes pessoais, demonstrativos, possessivos, adjetivos e advérbios apreciativos, advérbios espaciais e temporais, etc. Esse conjunto de marcas enunciativas colocado no interior do enunciado não é a enunciação propriamente dita, cujo modo de existência é ser o pressuposto lógico do enunciado, mas é a *enunciação enunciada*. Teríamos, assim, dois conjuntos no texto: a *enunciação enunciada*, que é o conjunto de marcas, nele identificáveis, que remetem à instância de enunciação; o *enunciado*, que é a sequência enunciada desprovida de marcas de enunciação. Quando se diz *A Terra é redonda*, tem-se o enunciado, pois o texto aparece sem as marcas do ato enunciativo. No entanto, quando se afirma *Eu digo que a Terra é redonda,* enuncia-se no enunciado o próprio ato de dizer. Tem-se, então, a enunciação enunciada.

É na linguagem e por ela que o homem se constitui como sujeito, dado que, somente ao produzir um ato de fala, ele constitui-se como *eu* (Benveniste, 1966, 259). *Eu* é aquele que diz *eu*. O *eu* existe por oposição ao *tu*. Dessa forma, o *eu* estabelece uma outra pessoa, aquela à qual ele diz *tu* e que lhe diz *tu*, quando, por sua vez, toma a palavra. A categoria de pessoa é essencial para que a linguagem se torne discurso.

Como a pessoa enuncia num dado espaço e num determinado tempo, todo espaço e todo tempo organizam-se em torno do "sujeito", tomado como ponto de referência. Assim, espaço e tempo estão na dependência do *eu*, que neles se enuncia. O *aqui* é o espaço do *eu* e o *agora* é o momento da enunciação. A partir desses dois elementos, organizam-se todas as relações espaciais e temporais.

Como a enunciação é o lugar de instauração do sujeito e este é o ponto de referência das relações espaçotemporais, ela é o lugar do *ego, hic et nunc*. Benveniste usa os termos latinos *ego* (eu), *hic* (aqui), *nunc* (agora), para mostrar que essas categorias, de pessoa, de espaço e de tempo, não existem apenas em algumas línguas, mas são constitutivas do ato de produção do enunciado em qualquer língua, em qualquer linguagem (por exemplo, as linguagens visuais).

Num texto, vemos que aparecem diversos *eu*, que remetem a diferentes instâncias enunciativas. Observe o texto que segue:

Encontrei-me com Pedro, que me disse:
– Estou muito insatisfeito com minha relação com Adélia.

Nele, o *eu* que diz que se encontrou com Pedro não remete à mesma instância enunciativa que aquele que afirma estar insatisfeito com sua relação amorosa.

Há, num texto, basicamente três instâncias enunciativas. A primeira é a do enunciador e do enunciatário (lembremo-nos de que para cada *eu* existe necessariamente um *tu*) Esse primeiro nível é o da enunciação considerada como o ato implícito de produção do enunciado e logicamente pressuposto pela própria existência do dito. Assim quando se diz *Eu afirmo que todos virão*, o enunciador é o *eu* que diz isso, ou seja, um *eu* implícito, não projetado no enunciado: *(Eu digo) Eu afirmo que todos virão*. O enunciatário é o *tu* a quem ele se dirige. Enunciador e enunciatário correspondem ao autor e leitor implícitos ou abstratos, ou seja, à imagem do autor e a do leitor construídas pela obra. O enunciatário, como filtro e instância pressuposta no ato de enunciar, é também sujeito produtor do discurso, pois o enunciador, ao produzir um enunciado, leva em conta o enunciatário a quem ele se dirige. Não é a mesma coisa fazer um texto para crianças ou para adultos, para leigos numa dada disciplina ou para especialistas nela.

O segundo nível da hierarquia enunciativa é constituído do *eu* e do *tu* instalados no enunciado. No nosso caso, é o *eu* de *Eu afirmo que todos virão*. São chamados narrador e narratário. Eles podem permanecer implícitos, como, por exemplo, quando se narra uma história em terceira pessoa.

164 Introdução à Linguística II

O terceiro nível da hierarquia enunciativa instala-se, quando o narrador dá voz a uma personagem, em discurso direto. No exemplo mais acima, é o *eu* que afirma sua insatisfação com sua relação com Adélia. O *eu* e o *tu* desse nível são chamados interlocutor e interlocutário.

Passemos ao estudo mais detalhado das categorias de pessoa, espaço e tempo, que constituem o que Benveniste chamava o aparelho formal da enunciação.

3. A pessoa

Benveniste mostra que as três pessoas não têm o mesmo estatuto. Há traços comuns na 1ª e na 2ª pessoas, que as diferenciam da 3ª. Em primeiro lugar, enquanto *eu* e *tu* são sempre os participantes da comunicação, o *ele* designa qualquer ser ou não designa ser nenhum. Com efeito, usa-se apenas a 3ª pessoa, quando a pessoa não é determinada, notadamente na chamada expressão impessoal, em que um processo é relatado como puro fenômeno cuja produção não está ligada a qualquer agente ou causa (por exemplo: *Chove, Faz sol, Faz dois anos*). Depois, *eu* e *tu* são reversíveis na situação de enunciação. Quando dirijo a palavra a alguém, ele é o *tu*; quando ele me responde, ele passa a ser *eu* e eu torno-me *tu*. No entanto, não é possível a reversibilidade com o *ele*. A 3ª pessoa é a única com que qualquer coisa é predicada verbalmente. Com efeito, uma vez que ela não implica nenhuma pessoa, pode representar qualquer sujeito ou nenhum e esse sujeito, expresso ou não, não é jamais instaurado como participante da situação de enunciação. Por essas razões, a chamada categoria de pessoa possui, para Benveniste, duas correlações: 1) a da *pessoalidade*, em que se opõem *pessoa* (*eu/tu*) e *não pessoa* (*ele*), ou seja, participantes da enunciação e elementos do enunciado; 2) a da *subjetividade*, em que se contrapõem *eu* vs *tu*; a primeira é a pessoa *subjetiva* e a segunda é pessoa *não subjetiva* (1966, 230-232).

Não se pode esquecer que é a situação de enunciação que especifica o que é pessoa e o que é não pessoa, pois é ela quem determina quem são os participantes do ato enunciativo e quem não participa dele. Chamaremos, então, *pessoas enunciativas* aquelas que participam do ato de comunicação, ou seja, o *eu* e o *tu*, e *pessoa enunciva* aquela que pertence ao domínio do enunciado, ou seja, o *ele*.

Uma outra diferença entre a 3ª pessoa e as demais reside no fato de que esta, em português, apresenta uma forma de feminino e faz o plural como todas as outras palavras da língua, com o acréscimo de um morfema *s*. As duas outras pessoas não têm formas específicas para o masculino e o feminino e têm formas distintas para o singular e o plural. O fato de termos formas distintas para as chamadas 1ª e 2ª pessoas do plural mostra que não há nelas uma simples pluralização, enquanto na 3ª isso ocorre. Embora haja um *vós* pluralizado, *nós* e *vós* são antes pessoas amplificadas (*eu* + outra pessoa ou *tu* + terceira pessoa).

Os significados das pessoas são:

eu: quem fala, *eu* é quem diz *eu*;

tu: aquele com quem se fala, aquele a quem o *eu* diz *tu*, que por esse fato se torna o enunciatário;

ele: substituto pronominal de um grupo nominal, de que tira a referência; participante do enunciado; aquele de que *eu* e *tu* falam;

nós: não é a multiplicação de objetos idênticos, mas a junção de um *eu* com um *não eu*; há três *nós*: um *nós* inclusivo, em que ao *eu* se acrescenta um *tu* (singular ou plural); um *nós* exclusivo, em que ao *eu* se juntam *ele* ou *eles* (nesse caso, o texto deve estabelecer que sintagma nominal o *ele* presente no *nós* substitui) e um *nós* misto, em que ao *eu* se acrescem *tu* (singular ou plural) e *ele(s)*.

vós: um *vós* é o plural de *tu* e outro é um *vós*, em que ao *tu* se juntam *ele* ou *eles*;

eles: pluralização de *ele*.

Basicamente, três conjuntos de morfemas servem para expressar a pessoa: os pronomes pessoais retos e oblíquos; os pronomes possessivos e as desinências número-pessoais dos verbos.

Os pronomes pessoais exprimem as pessoas pura e simplesmente. Os retos exprimem a pessoa em função subjetiva e os oblíquos, em função de complemento.

Os adjetivos possessivos são uma variante dos pronomes pessoais, empregada quando se expressa uma relação de apropriação entre uma pessoa (o possuidor) e uma "coisa" (o possuído).

Quando o possessivo acompanha nome concreto comprável, significa posse (meu livro, minha casa); quando está associado a nome de lugar, indica lugar em que se nasceu, lugar em que se mora (minha cidade, meu país); quando está junto a nome designativo de parentesco, assinala a relação de consanguinidade ou de afinidade (meu cunhado), quando está em companhia de nome designativo de instituição, marca pertença (minha escola, meu regimento); quando está unido a nome referente a pessoa, denota relação afetiva intensa (minha querida, meu amor). Há nomes que não admitem a presença de possessivo, a menos que sejam usados em sentido figurado, como, por exemplo, *mundo, meridiano, céu, chuva*. Já os nomes abstratos têm uma classificação diferente. Podem ser de ação, processo e estado. Quando um possessivo acompanha um abstrato de ação, indica o agente (minha partida = eu parto); quando está associado a um abstrato de processo, assinala o paciente (minha morte = eu morri); quando está em companhia de um abstrato de estado, marca posse de um dado atributo (minha tristeza = eu estou triste).

166 Introdução à Linguística II

4. O tempo

Uma coisa é situar um acontecimento no tempo cronológico e outra é inseri-lo no tempo da língua. O tempo linguístico é diferente tanto do tempo cronológico, quanto do tempo físico. Este é o tempo marcado, por exemplo, pelo movimento dos astros, que determina a existência de dias, anos, etc. Aquele é o tempo dos acontecimentos, o tempo do calendário (Benveniste, 1974, 73).

O que o tempo linguístico tem de singular é que ele é ligado ao exercício da fala, pois ele tem seu centro no *presente* da instância da fala. (Benveniste, 1974, 73). Quando o falante toma a palavra, instaura um *agora*, momento da enunciação. Em contraposição ao *agora*, cria-se um *então*. Esse *agora* é, pois, o fundamento das oposições temporais da língua.

O tempo presente indica a contemporaneidade entre o evento narrado e o momento da enunciação. Mas, como nota Benveniste, esse presente, enquanto função do discurso, não pode ser localizado em nenhuma divisão particular do tempo cronológico, já que ele as admite todas e, ao mesmo tempo, não exige nenhuma. Com efeito, o *agora* é reinventado a cada vez que o enunciador enuncia, é a cada ato de fala um tempo novo, ainda não vivido (1974, 74).

O *agora* gerado pelo ato de linguagem constitui um eixo que ordena a categoria da *concomitância* vs *não concomitância*. A *não concomitância*, por sua vez, articula-se em *anterioridade* vs *posterioridade*. Assim, todos os tempos estão intrinsecamente relacionados à enunciação. Com a categoria da *concomitância* vs *não concomitância* (*anterioridade* vs *posterioridade*), criam-se três momentos de referência: um presente, um passado e um futuro. O momento de referência presente é um agora, pois ele coincide com o momento da enunciação. O momento de referência passado indica uma anterioridade ao momento da enunciação; o futuro, uma posterioridade a esse momento. Os momentos de referência passado e futuro precisam ser marcados no enunciado (por exemplo, *Em 1822*, *Na semana que vem*, *No século passado*, etc.). Nesse caso, faz-se uma ancoragem do tempo linguístico no tempo cronológico (Benveniste, 1974, 77). No entanto, como o momento da enunciação pode ser colocado em qualquer divisão do tempo cronológico (por exemplo, pode-se dizer *Estamos há cem milhões de anos. Os dinossauros passeiam pela Terra* e, nesse caso, o *agora* está colocado no passado cronológico remoto), o tempo linguístico é que comanda as marcações cronológicas referidas no texto. O tempo do discurso é sempre uma criação da linguagem, com a qual se pode transformar o futuro em presente, o presente em passado e assim por diante.

A temporalidade linguística marca as relações de sucessividade entre os eventos representados no texto. Ordena sua progressão, mostra quais são anteriores, quais são concomitantes e quais são posteriores. Isso significa que se aplica novamente a categoria *concomitância* vs *não concomitância* (*anterioridade* vs *posterioridade*) a cada um dos momentos de referência e, assim, obtemos um tempo que indica concomitância ao presente, anterioridade ao presente, posterioridade ao passado e assim sucessivamente. Há, pois, três momentos significativos para a determinação do tempo linguístico:

ME - momento da enunciação;
MR - momento de referência (presente, passado e futuro);
MA - momento do acontecimento (concomitante, anterior e posterior a cada um dos momentos de referência).

O tempo é, pois, a categoria linguística que marca se um acontecimento é concomitante, anterior ou posterior a cada um dos momentos de referência (presente, passado e futuro), estabelecidos em função do momento da enunciação.

Existem na língua dois sistemas temporais: um relacionado ao momento de referência presente e, portanto, diretamente ao momento da enunciação, já que o momento de referência presente é concomitante ao momento da enunciação, e outro ordenado em função de momentos de referência passado ou futuro instalados no enunciado. Assim, temos um sistema enunciativo no primeiro caso e um enuncivo no segundo. Como os momentos de referência instalados no enunciado são dois, temos dois subsistemas temporais enuncivos, um do pretérito e um do futuro.

Para determinar os tempos linguísticos de cada um dos subsistemas, aplica-se, como foi dito acima, a categoria *concomitância* vs *não concomitância* (*anterioridade* vs *posterioridade*) ao momento de referência.

1. Os tempos enunciativos, ou seja, os do sistema do momento de referência presente, ordenam-se da seguinte maneira:

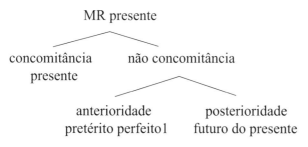

A) O presente marca uma coincidência entre o momento do acontecimento e o momento de referência presente. Deve haver no presente uma tripla coincidência: MA = MR = ME. No entanto, é necessário precisar o que é a coincidência mencionada, já que o momento da enunciação é difícil de delimitar, na medida em que foge sem cessar. Na verdade, o presente é uma abstração do espírito, uma vez que ele se recompõe com instantes que acabaram de passar e com instantes que ainda vão passar. Por isso, a parcela de tempo do momento de referência que está relacionada ao momento da enunciação pode variar em extensão. Assim, a coincidência assinalada não deve ser entendida apenas como identidade entre esses dois momentos, mas também como não identidade entre eles, desde que o momento de referência, tendo uma duração maior que o momento da enunciação, seja em algum ponto simultâneo a este. Poderíamos dizer que o que marca a coincidência, nesse caso, é o englobamento do momento da enunciação pelo momento de referência.

Três casos de relações entre momento de referência e momento da enunciação podem ser elencados:

a) Presente pontual: quando existe coincidência entre MR e ME.

Um relâmpago fulgura no céu.

O evento *fulgurar* ocorre no momento de referência presente. Como este é um ponto preciso no tempo, há coincidência entre ele e o momento da enunciação.

b) Presente durativo: quando o momento de referência é mais longo do que o momento da enunciação. A duração é variável, pode ser pequena ou muito longa. Ademais, pode ser contínua ou descontínua. Quando for descontínua, temos o presente iterativo; quando for contínua, temos o chamado presente de continuidade.

Neste ano, *ministro* um curso de Linguística para os alunos do primeiro ano.

O momento de referência tem a duração de um ano. É mais longo do que o momento da enunciação, mas, em algum ponto, é simultâneo a ele. O tempo do acontecimento indicado pelo verbo *ministrar* coincide com o momento de referência.

Neste milênio, a humanidade *progride* muito materialmente.

O momento de referência é um milênio e o tempo do progresso coincide com ele.

Nesses dois casos, temos um presente de continuidade, pois o momento de referência é contínuo.

Aos sábados, nossa banda *apresenta-se* na cantina da Faculdade.

O momento de referência (sábados) repete-se. Por conseguinte, também o faz o momento do acontecimento (*apresentar-se*). Há, portanto, uma coincidência entre eles. No entanto, não se reitera o momento da enunciação. Este é um só e coincide apenas num determinado ponto com o momento da referência: no presente da enunciação a reiteração enunciada ocorre. Temos aqui o presente iterativo.

c) Presente omnitemporal ou gnômico: quando o momento de referência é ilimitado e, portanto, também o é o momento do acontecimento. É o presente utilizado para enunciar verdades eternas ou que se pretendem como tais. Por isso, é a forma verbal mais utilizada pela ciência, pela religião, pela sabedoria popular (máximas e provérbios).

O quadrado da hipotenusa *é* igual à soma do quadrado dos catetos.

O momento de referência é um *sempre* implícito, que engloba o momento da enunciação. Como o momento do estado (*é*) coincide com o momento de referência, o presente omnitemporal indica que o quadrado da hipotenusa é sempre igual à soma do quadrado dos catetos.

Em português, usa-se, em geral, principalmente na linguagem oral, o presente progressivo (presente do indicativo do auxiliar *estar* + gerúndio) para exprimir o presente pontual ou o durativo.

É o que *estou dizendo*.

Neste ano, *estou estudando* bastante.

B) O pretérito perfeito l marca uma relação de anterioridade entre o momento do acontecimento e o momento de referência presente.

Luiz Felipe Scolari *assumiu* a seleção para salvar a pátria do vexame da eliminação de uma Copa.

(VEJA, julho de 2002, Ed. 1758 A, p. 22)

O momento de referência presente é um *agora*. Em relação a ele, o momento do acontecimento (*assumir*) é anterior, ou seja, em algum momento anterior ao momento em que estou falando, Scolari assumiu a seleção.

É preciso notar uma diferença existente entre o português e outras línguas românicas, por exemplo, o francês, o italiano e o romeno, no que concerne ao uso do pretérito perfeito. Em francês, a diferença central entre o *passé composé* e o *passé simple*, é que este é um tempo enuncivo, enquanto aquele é um tempo enunciativo. O *passé composé* indica uma anterioridade em relação ao presente; o *simple*, uma concomitância em relação a um momento de referência pretérito. Em italiano, a diferença entre o passado composto e o passado simples é a mesma. Por exemplo, diz-se *due anni fa andammo in Scozia* e *Dio ha creato il mundo*. No primeiro caso, usa-se o passado simples, porque o acontecimento *fomos à Escócia* é concomitante ao marco temporal *há dois anos*; no segundo, utiliza-se o passado composto, porque o acontecimento criar o mundo ocorre num momento anterior ao momento da fala. Já em português o pretérito perfeito simples é usado nos dois casos, porque o pretérito perfeito composto não tem propriamente uma função temporal, mas sim aspectual. Com efeito, se se diz *João tem lido até tarde neste mês*, *tem lido* localiza o início do acontecimento num momento anterior ao momento de referência presente e, ao mesmo tempo, indica sua continuidade no momento presente. Dessa forma, tem um valor aspectual iterativo e inacabado. Por isso, o pretérito perfeito simples acumula em português duas funções: anterioridade em relação a um momento de referência presente e concomitância em relação a um momento de referência pretérito. Temos, por conseguinte, do ponto de vista funcional, dois pretéritos perfeitos: o 1, que é tempo do sistema enunciativo e o 2, que pertence ao sistema enuncivo. O passado composto só conserva seu valor de anterioridade em casos muito restritos, para expressar um fato que acabou de ocorrer. Por exemplo, um orador termina seu discurso dizendo *Tenho dito*.

C) O futuro do presente indica uma posterioridade do momento do acontecimento em relação a um momento de referência presente.

Ronaldo nunca mais *jogará* em plenas condições.

O acontecimento (*jogará*) é posterior ao momento de referência presente.

2. Os tempos enuncivos ordenam-se em dois subsistemas: um centrado num momento de referência pretérito e outro, num momento de referência futuro.

2.1. O primeiro subsistema é o seguinte:

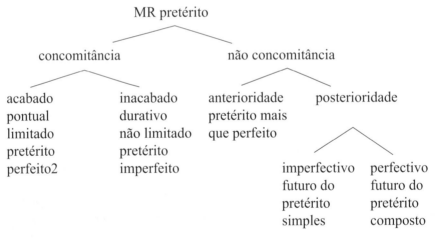

A) A concomitância do momento do acontecimento em relação a um momento de referência pretérito pode exprimir-se tanto pelo pretérito perfeito 2 quanto pelo pretérito imperfeito. É preciso, pois, estabelecer outro eixo para distinguir o valor desses dois tempos verbais. A diferença entre eles reside no fato de que cada um deles tem um valor aspectual distinto: o pretérito perfeito 2 assinala um aspecto limitado, acabado, pontual, enquanto o pretérito imperfeito marca um aspecto não limitado, inacabado, durativo.

Se tomarmos duas frases tais que *No dia 30 de junho de 2002, o Brasil ganhou o pentacampeonato mundial de futebol* e *No dia 30 de junho de 2002, o Brasil ganhava o pentacampeonato mundial de futebol*, veremos que tanto *ganhou*

Pragmática 171

quanto *ganhava* indicam concomitância em relação a um momento de referência pretérito (30 de junho de 2002). No entanto, no primeiro caso, considera-se a ação como algo acabado, como uma descontinuidade (um ponto) na continuidade do momento de referência e, portanto, como algo dinâmico, visto do exterior; no segundo, a ação é considerada como inacabada, contínua dentro da continuidade do momento de referência, como algo estático, visto do interior, durante seu desenvolvimento.

Quando se apresentam múltiplos estados ou transformações, o pretérito perfeito apresenta-os como sucessivos, ou melhor, como concomitantes em relação a diferentes momentos de referência pretéritos, marcados principalmente nas narrativas orais por *depois, em seguida, e então, e aí*, etc. Por isso, o pretérito perfeito é o tempo por excelência da narração.

> Em abril de 2000, o ligamento do joelho direito de Ronaldo *rompeu-se* em plena final do campeonato italiano. O craque *foi operado, fez* muita fisioterapia, *voltou* a brilhar na Copa do Mundo de 2002.

O primeiro pretérito mostra um fato concomitante a um marco temporal pretérito (em abril de 2000). Os dois seguintes indicam a mesma relação com marcos temporais implícitos como *depois, a seguir, em seguida*. O último indica concomitância em relação ao marco temporal *na Copa do Mundo de 2002*.

O imperfeito, ao contrário, apresenta os fatos como simultâneos, como formando um quadro contínuo, ou melhor, como vinculados ao mesmo momento de referência pretérito. Por isso, é o tempo que melhor atende aos propósitos da descrição.

> À luz de um antigo candeeiro de querosene, *reverberava* uma toalha de linho claro, onde a louça *reluzia* escaldada de fresco; as garrafas brancas, cheias de vinho de caju, *espalhavam* em torno de si reflexos de ouro; uma torta de camarões *estalava* sua crosta de ovos; um frangão assado *tinha* a imobilidade resignada de um paciente; uma cuia de farinha seca *simetrizava* com outra de farinha-d'água; no centro, o travessão do arroz, solto, alvo, *erguia-se* em pirâmide, enchendo o ar com o seu vapor cheiroso.
>
> (AZEVEDO, Aluísio (1973). *O mulato*. São Paulo, Livraria Martins Editora, p. 188-189)

O momento de referência pretérito é o momento do jantar. Os sete pretéritos imperfeitos remetem ao mesmo momento de referência e não indicam ações ou estados sucessivos, que aludem a momentos de referência subsequentes. Por isso, compõem uma simultaneidade, que gera um efeito de sentido de estaticidade.

B) O pretérito mais que perfeito indica uma relação de anterioridade entre o momento do acontecimento e o momento de referência pretérito. Há duas formas desse tempo verbal: a simples e a composta.

> No comando da seleção desde junho de 2001, quando foi chamado para substituir o técnico Leão, que *substituíra* Wanderley Luxemburgo, ele chegou para salvar a pátria (...)
>
> (VEJA, julho de 2002, Ed. 1758 A, p. 23)

172 Introdução à Linguística II

O momento de referência, já tomado como pretérito, é junho de 2001. O pretérito mais que perfeito *substituíra* indica um fato que ocorreu antes desse momento de referência.

No dia seguinte, ele partiu para a França, onde *tinha vivido* por muitos anos.

O momento de referência pretérito é *no dia seguinte*. O pretérito mais que perfeito fala de um acontecimento anterior a ele.

Deve-se lembrar que a forma analítica vai substituindo a forma sintética na língua falada. Isso se deve ao fato de que, nas línguas românicas, foram criadas formas compostas para expressar o aspecto acabado (perfectivo) e, desse modo, a forma analítica do pretérito mais que perfeito exprime, ao mesmo tempo, a relação de anterioridade e o aspecto perfectivo, enquanto a forma sintética apresenta apenas a relação de anterioridade. Como, no pretérito mais que perfeito, a anterioridade ao pretérito é, por definição, acabada, é natural que a forma sintética vá sendo menos usada.

C) O futuro do pretérito exprime uma relação de posterioridade do momento do acontecimento em relação a um momento de referência pretérito.

O quadro era dramático e alguns médicos especularam que Ronaldo jamais *voltaria a jogar* como antes.

(VEJA, julho de 2002, Edição 1758 A, p. 27)

O momento de referência pretérito é o instante em que o quadro da lesão de Ronaldo era dramático. O voltar a jogar é um fato que se dará em momento posterior ao momento de referência. Daí porque é expresso com o futuro do pretérito.

A forma composta marca, assim como a simples, um fato posterior em relação a um momento de referência pretérito. No entanto, ela indica também um fato anterior a outro acontecimento no futuro. Em outras palavras, para o uso do futuro do pretérito composto, levam-se em conta dois momentos de referência: ele é posterior a um e anterior a outro. A distinção entre as duas formas do futuro do pretérito poderia ser considerada aspectual: o simples é imperfectivo e o composto é perfectivo. Claro está que esses aspectos devem ser considerados em relação à perspectiva temporal em que se colocam esses tempos.

Todos supunham que, quando o novo ano chegasse, o dólar *teria parado* de subir.

Nessa frase, o momento de referência pretérito é o momento da suposição. Em relação a ele, o novo ano é posterior. Em relação a esse momento, a estabilização do dólar é anterior. A estabilização do dólar é, então, posterior ao momento da suposição e anterior ao novo ano.

2.2. O subsistema organizado em torno de um momento de referência futuro apresenta a seguinte estrutura:

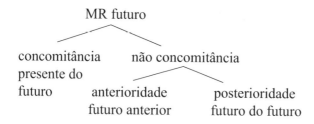

A) O presente do futuro não tem em português uma forma específica. É expresso por um futuro do presente simples ou um futuro do presente progressivo (futuro do presente do auxiliar *estar* + gerúndio) correlacionado a um marco temporal futuro.

No momento em que eu chegar, *telefonarei* para você.

O momento de referência futuro é o momento da chegada. Em relação a ele, o ato de telefonar é concomitante.

B) A anterioridade em relação a um momento de referência futuro é indicada pelo futuro anterior, que, em nossa nomenclatura gramatical, é chamado futuro do presente composto.

No final do ano, *terei terminado* meu curso.

O momento de referência futuro é *no final do ano* Em relação a ele o término do curso é anterior.

C) A posterioridade em relação a um momento de referência futuro é indicada pelo futuro do presente simples, que será, nesse caso, um futuro do futuro. Esse futuro estará correlacionado a outro(s) futuro(s). A ulterioridade de um em relação a outro será marcada, implícita ou explicitamente, pela palavra *depois* ou um sinônimo.

Depois de passar pela Faculdade, *irei* a sua casa.

O momento de referência futuro é o passar pela Faculdade. Em relação a ele, a ida à casa do interlocutor é ulterior.

Os advérbios de tempo articulam-se também em um sistema enunciativo e um enuncivo. Aquele centra-se num momento de referência presente, concomitante ao momento da enunciação; este organiza-se em torno de um momento de referência (pretérito ou futuro) inscrito no enunciado, o que significa que, no que tange aos advérbios, não existe um subsistema relacionado a um MR pretérito e outro, a um MR futuro. Os advérbios enuncivos servem tanto para indicar o tempo pretérito como o tempo futuro. A cada um dos momentos de referência (enunciativo e enuncivo) aplica-se a categoria *concomitância* vs *não concomitância* (*anterioridade* vs *posterioridade*).

A) Advérbios do sistema enunciativo

Anterior	Concomitante	Posterior
há pouco	agora	daqui a pouco
	logo	
ontem	hoje	amanhã
há uma (duas) sema-nas/meses/anos, etc.	neste momento nesta altura	dentro de ou em um(a) (duas, etc.) semana(s)/ mês(es)/ano(s), etc.
no mês/ano, etc. passado no último mês/dia 5, 6, etc.		no próximo dia 20, 21, etc./mês/ano/etc.

B) Advérbios do sistema enuncivo

Anterior	Concomitante	Posterior
na véspera	então	
na antevéspera		
no dia/mês/ano, etc. anterior	no mesmo dia/mês/ ano, etc.	no dia/mês/ano, etc. seguinte
um(a) semana/ mês/ano, etc. antes		um(a) dia/semana/mês/ ano, etc. depois daí/dali uma(a)(s) horas/ dias, etc.

5. O espaço

O espaço linguístico ordena-se a partir do *hic*, ou seja, do lugar do *ego*. Todos os objetos são assim localizados, sem que tenha importância seu lugar físico no mundo, pois aquele que os situa se coloca como centro e ponto de referência da localização.

O espaço linguístico é expresso pelos demonstrativos e por certos advérbios de lugar. O espaço linguístico não é o espaço físico, analisado a partir das categorias geométricas, mas é aquele onde se desenrola a cena enunciativa.

O *pronome demonstrativo* atualiza um ser do discurso, situando-o no espaço. Segundo inúmeros linguistas, essa classe de palavras tem duas funções distintas: uma de designar ou mostrar (dêitica) e uma de lembrar (anafórica).

Pragmática **175**

A primeira função é muito importante, pois da mesma forma como não se pode discursivizar sem temporalizar, também não se pode falar do mundo sem singularizar os seres a que nos referimos. Não se podem construir discursos apenas com referências universais. O demonstrativo partilha com o artigo a função de designar seres singulares, mas não tem como este a função de generalizar. Por outro lado, ainda o diferencia do artigo sua capacidade de situar no espaço (o demonstrativo tem também a função de localizar no tempo (por exemplo, *neste ano*); neste capítulo, esse uso não será estudado). A função anafórica, que exemplificaremos mais adiante, por seu lado, ao retomar (relembrar) o que fora dito, é um dos mecanismos de coesão textual. Ao lado dessa, há também a função catafórica, ou seja, de anunciar o que vai ser dito. Todas essas funções são faces de um mesmo papel desempenhado pelos demonstrativos: designar seres singulares que estão presentes para os participantes da enunciação seja na cena enunciativa, seja no contexto.

As gramáticas dizem que o português tem um sistema tricotômico de demonstrativos. Em função dêitica, *este* e *esse* indicam o espaço da cena enunciativa e *aquele*, o que está fora dela. *Este*, por sua vez, marca o espaço do enunciador, isto é, o que está próximo do *eu*; *esse*, o espaço do enunciatário, ou seja, o que está perto do *tu*.

Ganhei *este* anel de meu pai - disse, segurando a joia entre os dedos..

Está ocupada *essa* cadeira ao seu lado.

Você sabe quem é *aquele* homem que está parado na porta?

Em função dêitica, no português moderno, está havendo uma neutralização da oposição *este/esse*. Os dois demonstrativos tornaram-se equivalentes e estão em variação livre, sendo que há um nítido predomínio do segundo sobre o primeiro. Isso significa que o português está transitando de um sistema tricotômico para um dicotômico, em que haverá os seguintes valores: *esse* (*este*) assinala proximidade dos participantes da enunciação e *aquele*, distância desses participantes.

Esse livro que está na minha mão é muito antigo.

Essa caneta aí é sua?

Aquela mulher é a mãe da Ruth.

Em função coesiva, a doutrina tradicional ensina que *este* é empregado em função catafórica; *esse*, em função anafórica, indicando o que acabou de ser dito e *aquele*, também em função anafórica, marcando o que foi dito há algum tempo ou noutro contexto.

Eu lhe dei *esta* informação, que sua casa iria a leilão.

Serviram quiabo e jiló. Ele não comia *essas* coisas.

Eu analisava bem textos, mas *aquele* do vestibular me deixou confuso.

Essa normatização tem muito de convencional, pois, na função anafórica, desaparece a oposição *este/esse*, havendo, no primeiro, um matiz de ênfase, que não está presente no segundo. Mattoso Câmara diz que a diferença linguística se tornou uma distinção estilística. Dessa forma, também em função anafórica, o sistema seria dicotômico (1970, 113-114).

> Quebrou várias garrafas e diversos pratos e copos. *Esses* objetos estavam no armário.

> Tinham em casa um filhote de pantera. Pensavam que era manso. No entanto, um dia, *este* bicho mostrou sua natureza.

Quando dois termos devem ser retomados, *este* refere-se ao que foi dito por último (estando, por conseguinte, mais próximo do enunciador) e *aquele*, ao que foi dito primeiro (estando, pois, mais afastado do enunciador):

> Ele dividia-se entre o Curso de Letras e o de Jornalismo. *Este* era de noite e *aquele*, de manhã.

O português tem uma série de demonstrativos neutros: *isto*, *isso*, *aquilo*. Caracterizam-se por não ter nunca a função de determinante e por referir-se sempre a coisas.

> *Isto* que estou bebendo é cachaça.

> Que é *isso* que você tem na mão?

> Que é *aquilo* que ele está jogando no lixo?

Como nessa série se neutralizam as oposições de gênero e de número, seus componentes não se prestam bem à função de remeter a um elemento específico do contexto. Por isso, são usados para reportar-se a todo um segmento do texto, que comporta vários lexemas, ou a uma situação complexa. É por essa razão que, após uma longa argumentação, em conclusão, emprega-se *isso*, que retoma o conteúdo nocional que o precede, que recupera o plano da expressão e o do conteúdo do que acabou de ser exposto.

> Contei-lhe que aquela mulher era amante de seu pai e *isso* o abalou profundamente.

Os *advérbios de lugar* constituem duas séries: uma tricotômica, *aqui*, *aí*, *ali*, e uma dicotômica, *cá*, *lá*. *Aqui* e *aí* marcam o espaço da cena enunciativa, sendo que este assinala o espaço do *tu* e aquele, o do *eu*; *ali* indica o espaço fora da cena enunciativa.

> Quem chega *aqui* em nossa cidade, logo vem me procurar.

> Vou *aí* e quebro sua cara.

> Se pudesse ficaria *ali* o dia inteiro.

Cá marca o espaço da enunciação e *lá*, o espaço fora do lugar da cena enunciativa. *Acolá* opõe-se a *lá*, para que se possam distinguir dois locais fora do espaço da enunciação.

Venha *cá*.

Vá pra *lá* e não me amole.

Como ensina Mattoso Câmara, as duas séries interferem uma na outra, o que ocasiona os seguintes resultados: *cá* e *aqui* se tornam variantes livres, sendo que o português do Brasil prefere o segundo ao primeiro; *lá* acrescenta-se à série *aqui*, *aí*, *ali*, para assinalar um lugar além do *ali* (1970, 114).

> Já vi que cabe muita gente *aqui*. *Ali* na casa de meu irmão cabem mais uns três. *Lá*, do outro lado da rua, na casa de meu cunhado, cabe o dobro.

São enunciativos os marcadores de espaço linguístico, quando se ordenam em relação ao lugar da enunciação.

> Minha terra tem palmeiras,
> Onde canta o Sabiá:
> As aves que *aqui* gorjeiam,
> Não gorjeiam como *lá*.
>
> (Gonçalves Dias. Canção do Exílio. In: BANDEIRA, Manuel. *Poesia da fase romântica.*
> Rio de Janeiro, Ediouro, 1967, p. 42)

O *aqui* é enunciativo, porque é o espaço do enunciador. Por sua vez, o *lá*, apesar de, na língua, indicar um espaço fora da cena enunciativa, no processo de discursivização passa a ser determinado em função do *aqui* e torna-se um espaço enunciativo.

São enuncivos *aí*, *ali*, *lá*, *naquele lugar*, etc., quando, em função anafórica, retomam um espaço inscrito no enunciado. Nesse caso, seu valor não é determinado pelo espaço do enunciador.

> Continuando a descer, chegava-se à beira do rio, que se curvava em seio gracioso, sombreado pelas grandes gameleiras e angelins que cresciam ao longo das margens.
> *Aí*, ainda a indústria dos homens tinha aproveitado habilmente a natureza para criar meios de segurança e defesa.
>
> (ALENCAR, José. *O guarani*. São Paulo, Saraiva, 1968, p. 2).

> Um cônego da capela imperial lembrou-se de fazer-me entrar *ali* de sacristão.
>
> (MACHADO DE ASSIS. *Obra completa*. Rio de Janeiro, Nova Aguilar, 1979, vol. I, p. 154).

> Pensando bem, a procura da avó começara bem antes, tinha sido em Paris. Foi *lá* que se interessou a sério por Lueji.
>
> (PEPETELA. *Lueji*. Luanda, União de Escritores Angolanos, 1989, p. 154).

6. Discursivização das categorias enunciativas

Os mecanismos de instauração de pessoas, espaços e tempos no enunciado são dois: a debreagem e a embreagem. Debreagem é a operação em que se projetam no enunciado a pessoa, o espaço e o tempo (Greimas e Courtés, 1979, 79). Há, pois, uma debreagem actancial (= de pessoa), uma debreagem espacial e uma debreagem temporal.

Podem-se construir enunciados com as pessoas, os espaços e os tempos enunciativos ou com as pessoas, os espaços e os tempos enuncivos. No primeiro caso, em que aparecem no enunciado o *eu/tu*, os tempos do sistema enunciativo (presente, pretérito perfeito 1, futuro do presente) ou os espaços ordenados em relação ao espaço da enunciação, temos uma debreagem enunciativa. No segundo, quando o *eu/tu* não aparecem, só ocorrendo o *ele*, quando a narrativa é contada com os tempos do subsistema do pretérito (pretérito perfeito 2, pretérito imperfeito, pretérito mais que perfeito, futuro do pretérito) ou do futuro (presente do futuro, futuro anterior, futuro do futuro) e são instalados espaços que não se organizam em relação ao espaço da enunciação, temos uma debreagem enunciva.

> Resolvo-me a contar, depois de muita hesitação, casos passados há dez anos – e, antes de começar, digo os motivos porque silenciei e porque me decido.

> (RAMOS, Graciliano. *Memórias do cárcere*. 7 ed., São Paulo, Martins, 1972, vol. I, p. 3)

Nesse caso, há uma instalação no enunciado do *eu* enunciador, que utiliza o tempo da enunciação (presente, pretérito perfeito 1). Trata-se, nesse caso, de debreagens actancial e temporal enunciativas. No exemplo acima da *Canção do Exílio*, de Gonçalves Dias, há uma debreagem actancial, espacial e temporal enunciativas.

> Rubião fitava a enseada, – eram oito horas da manhã. Quem o visse, com os polegares metidos no cordão do chambre, à janela de uma grande casa de Botafogo, cuidaria que ele admirava aquele pedaço de água quieta.

> (MACHADO DE ASSIS. *Obra completa*. Rio de Janeiro, Nova Aguilar, 1979, vol. I, p. 643)

O texto principia com uma debreagem actancial enunciva, quando nele se estabelece o participante do enunciado, Rubião. O verbo *fitar*, no pretérito imperfeito do indicativo, indica uma ação concomitante em relação a um marco temporal pretérito instituído no texto (eram oito horas da manhã). Como o tempo começa a ordenar-se em relação a uma demarcação constituída no texto, a debreagem temporal é enunciva. Aliás, o *visse* que vem a seguir está relacionado não a um *agora*, mas a um *naquele momento*, o que corrobora a enuncividade. O espaço estabelecido no texto não é o *aqui* da enunciação, é um ponto marcado no texto, *à janela de uma grande casa de Botafogo* (= naquele lugar).

A debreagem enunciativa e a enunciva criam, em princípio, dois grandes efeitos de sentido: de subjetividade e de objetividade. Com efeito, a instalação dos simulacros do *ego-hic-nunc* enunciativos, com suas apreciações dos fatos, constrói um efeito de subjetividade. Já a eliminação das marcas de enunciação do texto, ou seja, da enunciação enunciada, produz efeitos de sentido de objetividade. Como o ideal de ciência que se constitui a partir do positivismo é a objetividade, o discurso científico tem como uma de suas regras constitutivas a eliminação de marcas enunciativas. Também o jornalismo com seu ideal de objetividade, de neutralidade e de imparcialidade constrói textos sem as marcas da enunciação. Lembramos que não existem textos objetivos, pois eles são sempre fruto da subjetividade e da visão de mundo de um enunciador. O que há são textos que produzem um efeito de objetividade.

A embreagem é "o efeito de retorno à enunciação", produzido pela neutralização das categorias de pessoa e/ou espaço e/ou tempo, pela denegação, assim, da instância do enunciado.

Como a embreagem concerne às três categorias da enunciação, temos, da mesma forma que no caso da debreagem, embreagem actancial, embreagem espacial e embreagem temporal.

A embreagem actancial diz respeito à neutralização na categoria de pessoa. Toda embreagem pressupõe uma debreagem anterior. Quando o Presidente diz *O Presidente da República julga que o Congresso Nacional deve estar afinado com o plano de estabilização econômica*, formalmente temos uma debreagem enunciva (um *ele*, o Presidente). No entanto, esse *ele* significa *eu*. Assim, uma debreagem enunciativa (instalação de um *eu*) precede a embreagem, a saber, a neutralização da oposição categórica *eu/ele* em benefício do segundo membro do par, o que denega o enunciado. Denega justamente porque o enunciado é afirmado com uma debreagem prévia. Negar o enunciado estabelecido é voltar à instância que o precede e é pressuposta por ele.

> Você *lá*, que é que está fazendo no meu quintal?

A embreagem espacial concerne a neutralizações na categoria de espaço. *Lá* está, nessa frase, empregado com o valor de *aí*, espaço do *tu*. Esse uso estabelece uma distância entre os participantes da enunciação, mostrando que a pessoa a quem o enunciador se dirige foi colocada fora do espaço da cena enunciativa.

A embreagem temporal diz respeito a neutralizações na categoria de tempo. Tomemos como exemplo o poema *Profundamente*, de Manuel Bandeira:

> Quando ontem adormeci
> Na noite de São João
> Havia alegria e rumor
> Estrondos de bombas luzes de Bengala
> Vozes cantigas e risos
> Ao pé das fogueiras acesas.
>
> No meio da noite despertei
> Não ouvi mais vozes nem risos
> Apenas balões
> Passavam errantes

180 Introdução à Linguística II

Silenciosamente
Apenas de vez em quando
O ruído de um bonde
Cortava o silêncio
Como um túnel.
Onde estavam os que há pouco
Dançavam
Cantavam
E riam
Ao pé das fogueiras acesas?

– Estavam todos dormindo
Estavam todos deitados
Dormindo
Profundamente

Quando eu tinha seis anos
Não pude ver o fim da festa de São João
Porque adormeci

Hoje não ouço mais as vozes daquele tempo
Minha avó
Meu avô
Totônio Rodrigues
Tomásia
Rosa
Onde estão todos eles?

– Estão todos dormindo
Estão todos deitados
Dormindo
Profundamente

(BANDEIRA, Manuel. *Poesia completa e prosa*. Rio de Janeiro, Nova Aguilar, 1983, p. 217-218).

Quando chegamos à segunda parte do poema, compreendemos que *ontem* é *na véspera do dia de São João do ano em que o poeta tinha seis anos* (*naquele tempo*). Essa neutralização entre o tempo enunciativo *ontem* e o tempo enuncivo *na véspera*, em benefício do primeiro, é um recurso para presentificar o passado e, assim, reviver o que aconteceu naquela noite de São João, em que o poeta adormece e vive, no tempo antes, rumor e alegria e, no tempo depois, silêncio. Nessa noite, à vigília do poeta corresponde o sono profundo dos que tinham dançado, cantado e rido ao pé das fogueiras acesas.

Ao fazer a debreagem enunciva, no início da segunda parte (*quando eu tinha seis anos...*), o poeta afasta o que revivera, transformando-o em lembrança. Há então uma debreagem enunciativa e volta-se para a vida presente. À vigília de outrora corresponde a vida de hoje; ao silêncio daquele tempo corresponde a não vida atual. O poeta está vivo e só, pois todos os que ele amava estão mortos e enterrados (*dormindo* e *deitados*). No passado tivera essa experiência da ausência, que revive, presentificando o passado. A embreagem temporal resgatou o tempo das brumas da memória e recolocou-o lá novamente.

Todos esses mecanismos produzem efeitos de sentido no discurso. Não é indiferente o narrador projetar-se no enunciado ou alhear-se dele; simular uma concomitância dos fatos narrados com o momento da enunciação ou apresentá-los como anteriores ou posteriores a ele; presentificar o pretérito; enunciar um *eu* sob a forma de um *ele*, etc. Com a debreagem parece que a linguagem imita os tempos do mundo, os espaços do mundo e as pessoas do mundo. No entanto, com a embreagem, quando se apresenta uma primeira pessoa como segunda, uma terceira como primeira, um futuro do presente como presente, um futuro do pretérito como um pretérito imperfeito, um *lá* como *aí*, etc., mostra-se que pessoas, tempos e espaços são criações da linguagem e não decalque da realidade. E assim esse modo de enunciar vai criando sentidos como aproximação, distanciamento, atenuação, irrealidade, etc.

Exercícios

1. Quais os modos de enunciação (debreagem enunciativa, debreagem enunciva ou embreagem) de que se vale o narrador para instaurar no texto os tempos verbais em itálico? Explique o valor de cada um desses tempos:

a) Aqui *sou* português! Aqui *pode* respirar à vontade um coração leal, que nunca *desmentiu* a fé do juramento. Nesta terra que me *foi* dada pelo meu rei, e *conquistada* pelo meu braço, nesta terra livre, tu *reinarás*, Portugal, como *viverás* n'alma de teus filhos. Eu o *juro*!

(ALENCAR, José. *O guarani*. São Paulo, Saraiva, 1968, p. 19)

b) Quando, pois, em 1582, *foi aclamado* no Brasil D. Felipe II como sucessor da monarquia portuguesa, o velho fidalgo *embainhou* a espada e *retirou-se* do serviço.

Por algum tempo *esperou* a projetada expedição de D. Pedro da Cunha, que *pretendeu* transportar ao Brasil a coroa portuguesa, colocada então sobre a cabeça de seu legítimo herdeiro, D. Antônio, prior do Crato.

Depois, vendo que esta expedição não se *realizava*, e que seu braço e sua coragem de nada *valiam* ao rei de Portugal, *jurou* que ao menos lhe *guardaria* fidelidade até a morte. *Tomou* seus penates, o seu brasão, as suas armas, a sua família, e *foi estabelecer-se* naquela sesmaria que lhe *concedera* Mem de Sá.

(ALENCAR, José. *O guarani*. São Paulo, Saraiva, 1968, p. 19).

182 Introdução à Linguística II

c) No domingo, uma frente fria *deixará* o céu nublado. Depois que a frente fria chegar, *produzir-se-á* uma inversão térmica. Antes, porém, a temperatura *terá caído* muito.

2. Explique se os advérbios ou locuções adverbiais em itálico pertencem ao sistema enunciativo ou enuncivo. Justifique sua resposta.

a) *Três anos depois*, ele reencontrou o filho que fora raptado.

b) *Na semana passada*, ela voltou de Paris.

c) *Há três meses* não mora mais aqui.

d) *Daqui a dois dias*, serei operado.

e) *Dali a dois anos*, estará formado.

3. Passe os verbos grifados para os tempos correspondentes do sistema enunciativo, fazendo, para isso, as alterações necessárias:

Um dia, o presidente *disse* que *lastimava* o tempo que *perdera* a tentar convencer o Congresso a aprovar as reformas constitucionais e que, num eventual segundo mandato, *dedicaria* suas energias aos programas sociais do governo.

4. Passe os verbos grifados para os tempos correspondentes dos subsistemas do pretérito e do futuro, fazendo, para isso, as alterações necessárias:

Para o cidadão da classe média, esse debate sobre a aposentadoria dos funcionários públicos pouco *significa*, pois, no seu caso, a Previdência *foi* e *continuará sendo* um sistema injusto.

5. Explique o valor dos tempos das palavras grifadas.

a) Um pássaro de plumagem azul *risca* o céu.

b) Deus *ajuda* quem cedo madruga.

c) *Habituei-me* a caminhar todos os dias.

d) *Farei* o que você me pede.

e) Durante o campeonato brasileiro, ele não *vivia* uma boa fase.

f) Na copa de 2002, o Brasil não *perdeu* nenhum jogo.

g) Está terminado o ano de 1992. Sob a regência do presidente da República uma quadrilha *assumira* o controle da máquina do Estado (Veja, 30/12/1992, Ed. 1268, p. 21)

h) Às dez horas, começou o julgamento. Como o advogado e o promotor *falariam* por uma hora cada um, a sessão duraria por volta de três horas.

Pragmática 183

i) Em oito dias, *terei terminado* o serviço.

j) No momento em que eu lhe der o sinal, você *soltará* os rojões.

6. Os *eu* que aparecem no texto pertencem ao mesmo nível enunciativo? Justifique sua resposta.

Foi Virgília quem me deu a notícia da viravolta política do marido, certa manhã de outubro, entre onze e meio-dia; falou-me de reuniões, de conversas, de um discurso...
– De maneira que desta vez fica você baronesa, interrompi eu.

(Machado de Assis. *Memórias póstumas de Brás Cubas*, cap. XLIII)

7. Explique o modo de enunciação (debreagem enunciativa, debreagem enunciva, embregaem) utilizado para a instauração das pessoas da instância da narração nos textos abaixo:

a) A Universidade esperava-me com as suas matérias árduas; estudei-as muito mediocremente, e nem por isso perdi o grau de bacharel; deram-mo com a solenidade de estilo, após os anos da lei; uma bela festa que me encheu de orgulho e de saudades. Tinha eu conquistado em Coimbra uma grande nomeada de folião: era um acadêmico estroina, superficial, tumultuário e petulante, dado às aventuras, fazendo romantismo prático e liberalismo teórico, vivendo na pura fé dos olhos pretos e das constituições escritas.

(Machado de Assis, *Memórias póstumas de Brás Cubas*, cap. XX)

b) Um criado trouxe o café. Rubião pegou na xícara e, enquanto lhe deitava açúcar, ia disfarçadamente mirando a bandeja, que era de prata lavrada. Prata, ouro, eram os metais que amava de coração: não gostava do bronze, mas o amigo Palha disse-lhe que era matéria de preço, e assim se explica este par de figuras que aqui está na sala: um Mefistófeles e um Fausto.

(Machado de Assis, *Quincas Borba*, cap. III).

8. Nas frases abaixo, ocorrem casos de embreagem actancial. Mostre o valor da pessoa das palavras grifadas e explique no lugar de que pessoa essas formas estão sendo usadas.

a) Senhor, responde o cordeiro, que Vossa Majestade não se encolerize; mas, ao contrário, que *ele* considere que, estando eu a beber na corrente mais de vinte passos abaixo *dele*, não posso sujar *sua* água. (La Fontaine)

b) Não nego que *os católicos* vos salvais na Igreja Romana. (Vieira)

c) Sim, eu agora ando bem. E tu, meu Luís, como *vamos* saúde? (Graciliano Ramos)

d) Sabeis, Senhores, porque tememos o pó que havemos de ser? É porque não queremos ser o pó que somos. *Sou* pó e *hei* de ser pó por vontade. (Vieira)

184 Introdução à Linguística II

e) Aires amigo, *confessa* que ouvindo ao moço Tristão a dor de não ser amado, *sentiste* tal ou qual prazer, que aliás não foi longo nem se repetiu. (Machado de Assis, *Memorial de Aires*).

9. Nas frases abaixo, ocorrem casos de embreagem temporal. Mostre o valor temporal das palavras grifadas e explique no lugar de que tempo essas formas estão sendo usadas. Explique também o efeito de sentido criado com a utilização de um tempo pelo outro.

a) Não lhe *esconderei* que estou muito aborrecido com você.

b) Fora, vivia com o espírito no menino; em casa, com os olhos a observá-lo, a mirá-lo, a perguntar-lhe donde *vinha* (Machado de Assis).

c) Para cúmulo do azar dos seus filhos, o pai *fora assassinado* em São Paulo, dias antes da morte da mãe.

d) Precisava tirar a limpo aquela história, ver se Isabel não *teria ido* a outro concerto naquela noite.

e) Se fizermos isso, *teremos alcançado* uma grande vitória.

f) Agora eu *fazia* o papel de professor.

g) Corria o ano de 1944, e a culpa do colonialismo mal começara a despontar. Vien se tornaria o responsável pelas relações do governo de Saigon com o exterior e *publicará* uma História do Vietnã.

h) A julgar pelo comportamento do ministro e de seus assessores é nisso que estão pensando, numa forma de dolarização crescente do processo que no seu final *seria* capaz de dar um alívio à moeda brasileira e aplacar o foguete dos preços.

i) Aqueles para quem a idade já desfez o viço dos primeiros tempos, não se *terão esquecido* do fervor com que esse dia é saudado na meninice e na adolescência (Machado de Assis).

j) A verdade é que sinto um gosto particular em referir tal aborrecimento, quando é certo que ele me lembra outros que não *quisera* lembrar por nada.

10. Nas frases abaixo, ocorrem casos de embreagem espacial. Mostre o valor espacial das palavras grifadas e explique no lugar de que marcadores de espaço essas formas estão sendo usadas.

a) Eu só queria estar lá para receber *estes* cachorros a chicote (José Lins do Rego)

b) Ei, você *lá*, que é que está fazendo na minha sala.

c) Revia na imaginação *esse* filho tão querido.

d) Venha de *lá* essa resposta, vamos.

Bibliografia

ACADEMIA REPUBLICII SOCIALISTE ROMÂNIA (1966) *Gramatica limbii române*. Bucareste, Editora da Academia, vol. I.

BAKHTIN, Mikhail (1979) *Marxismo e filosofia da linguagem*. São Paulo, Hucitec.

BARROS, Diana Luz Pessoa de (1988) *Teoria do discurso: fundamentos semióticos*. São Paulo, Atual.

BENVENISTE, Emile (1966) *Problèmes de linguistique générale*. Paris, Gallimard, vol. I.

_____ (1974) *Problèmes de linguistique générale*. Paris, Gallimard, vol. II.

CÂMARA JR., Joaquim Mattoso (1970). *Estrutura da Língua Portuguesa*. Petrópolis, Vozes.

CERVONI, Jean (1987) *L'énonciation*. Paris, PUF.

CHARAUDEAU, Patrick (1972) *Grammaire du sens et de l'expression*. Paris, Hachette.

CHEVALIER, Jean Claude et alii (1964) *Grammaire Larousse du français contemporain*. Paris, Larousse.

CUNHA, Celso e CINTRA, Lindley (1984) *Nova gramática do Português contemporâneo*. Lisboa, Edições João Sá da Costa.

DIAS, Augusto Epiphanio da Silva (1970) *Sintaxe histórica portuguesa*. Lisboa, Livraria Clássica Editora.

FIORIN, José Luiz (1996). *As astúcias da enunciação: as categorias de pessoa, espaço e tempo*. São Paulo, Ática.

GREIMAS, Algirdas Julien e COURTÉS, Joseph (1979) *Sémiotique: dictionnaire raisonné de la théorie du langage*. Paris, Hachette, vol. I.

GUILLAUME, G. (1968) *Temps et verbe*. Paris, Champion.

IMBS, Paul (1968) *L'emploi des temps verbaux en français moderne*. Essai de grammaire descriptive. Paris, Klincksieck.

MAINGUENEAU, Dominique (1981) *Approche de l'énonciation en linguistique française*. Paris, Hachette.

NUNES, Benedito (1988) *O tempo na narrativa*. São Paulo, Ática.

ORECCHIONI, Cathérine Kerbrat (1980) *L'énonciation. De la subjectivité dans le langage*. Paris, Armand Colin.

REAL ACADEMIA ESPAÑOLA (Comisión de gramática) (1986) *Esbozo de una nueva gramática de la lengua española*. Madrid. Espasa-Calpe.

RICOEUR, Paul (1984) *Temps et récit II. La configuration du temps dans le récit de fiction*. Paris, Seuil.

SAID ALI, M. (1964) *Gramática secundária e gramática histórica da Língua Portuguesa*. Brasília, Editora da UNB.

SARIANNI, Luca (1989) *Grammatica italiana*. Turim, Utet.

Sugestões de leitura

BENVENISTE, Emile (1976). *Problemas de linguística geral*. São Paulo, Companhia Editora Nacional/EDUSP.

Foi Benveniste, linguista francês, quem lançou as bases de uma teoria da enunciação. Nesse volume, é importante ler os quatro primeiros capítulos da quinta parte, denominada *O homem na língua*. Neles, o autor discute a questão da subjetividade na linguagem, bem como sua teoria da pessoa, do espaço e do tempo.

BENVENISTE, Emile (1989). *Problemas de linguística geral II*. Campinas, Pontes.

No segundo volume, deve-se ler o capítulo intitulado *O aparelho formal da enunciação*, em que Benveniste apresenta uma visão geral da questão dos elementos linguísticos com os quais se povoam os enunciados de pessoas, localizadas num dado espaço e num determinado tempo.

FIORIN, José Luiz (1996). *As astúcias da enunciação: as categorias de pessoa, espaço e tempo*. São Paulo, Ática.

Nesse livro, que serviu de base para a redação deste capítulo do volume II de *Introdução à Linguística*, o autor estuda minuciosamente as categorias de pessoa, de espaço e de tempo, bem como a maneira como são discursivizadas e os efeitos de sentido que se criam com seus diferentes modos de discursivização.

Estudos do discurso

Diana Luz Pessoa de Barros

1. Semiótica discursiva

Neste capítulo, a intenção é mostrar como se examina a linguagem enquanto discurso, ou seja, no seu nível de organização discursiva. Diferentes estudos do texto e do discurso, com seus princípios teóricos e metodológicos, propõem perspectivas diversas para seu exame. Há, porém, um ponto de vista comum nesses caminhos dos estudos da linguagem: a análise do discurso vai além da dimensão da palavra ou da frase e se preocupa com a organização global do texto; examina as relações entre a enunciação e o discurso enunciado e entre o discurso enunciado e os fatores sócio-históricos que o constroem.

Entre os diferentes estudos do nível discursivo, será examinada neste capítulo a perspectiva da semiótica discursiva de linha francesa. Há, além disso, neste livro, o ponto de vista dos estudos pragmáticos, tratado em outro capítulo.

No primeiro volume desta série, dedicado aos objetos teóricos dos estudos linguísticos, um dos capítulos, elaborado por Luiz Tatit (2002), tratou também da semiótica discursiva. Partiremos desse texto, para que não precisemos retomar as questões que foram já apresentadas, e desenvolveremos um pouco mais sobretudo a análise dos níveis narrativo e discursivo dos textos.

A semiótica tem, portanto, o *texto*, e não a palavra ou a frase, como seu objeto e procura explicar os sentidos do texto, isto é, *o que o texto diz*, e, também, ou sobretudo, os mecanismos e procedimentos que constroem os seus sentidos.

188 Introdução à Linguística II

Esses mecanismos e procedimentos são de dois tipos: a organização linguística e discursiva do texto e as relações com a sociedade e a história. Em outras palavras, o texto se organiza e produz sentidos, como um objeto de significação, e também se constrói na relação com os demais objetos culturais, pois está inserido em uma sociedade, em um dado momento histórico e é determinado por formações ideológicas específicas, como um objeto de comunicação. Definido, dessa forma, por uma organização linguístico-discursiva e pelas determinações sócio-históricas, e construído, portanto, por dois tipos de mecanismos e de procedimentos que muitas vezes se confundem e misturam, o texto, objeto da semiótica, pode ser tanto um texto linguístico, indiferentemente oral ou escrito, quanto um texto visual, olfativo ou gestual, ou, ainda, um texto em que se sincretizam diferentes expressões, como nos quadrinhos, nos filmes ou nas canções populares.

2. Procedimentos linguístico-discursivos

A teoria semiótica procura, portanto, explicar os sentidos do texto. Para tanto, vai examinar, em primeiro lugar, os mecanismos e procedimentos de seu *plano do conteúdo*. O plano do conteúdo de um texto é, nesse caso, concebido, metodologicamente, sob a forma de um *percurso gerativo*.

2.1. Percurso gerativo dos sentidos

A noção de percurso gerativo pode ser resumida como segue:

a) o percurso gerativo vai do mais simples e abstrato ao mais complexo e concreto; há, assim, enriquecimento e concretização do sentido da etapa mais simples e abstrata à mais complexa e concreta, ou seja, os elementos que se manifestam na superfície do texto estão já "enriquecidos" e "concretizados" e provêm, metodologicamente, de relações semânticas mais simples e abstratas;

b) são determinadas três etapas no percurso, podendo cada uma delas ser discutida e explicada por uma gramática autônoma, muito embora o sentido do texto dependa da relação entre os níveis;

c) a primeira etapa do percurso, a mais simples e abstrata, é o nível fundamental e nele a significação se apresenta como uma oposição semântica;

d) no segundo nível, o narrativo, organiza-se a narrativa do ponto de vista de um sujeito;

e) finalmente, a terceira etapa, a mais complexa e concreta, é a discursiva, em que a organização narrativa vai-se tornar discurso, graças aos procedimentos de temporalização, espacialização, actorialização, tematização e figurativização, que completam o enriquecimento e a concretização semântica já mencionados.

Na letra da canção infantil *A Galinha*, de Luiz Henriquez, Sérgio Bardotti e Chico Buarque (1980: 41) pode-se observar como são concebidos o percurso gerativo do sentido e suas três etapas.

Todo ovo
que eu choco
me toco
de novo.
Todo ovo
é a cara
é a clara
do vovô.
Mas fiquei
bloqueada
e agora
de noite
só sonho
gemada.
A escassa produção
alarma o patrão.
As galinhas sérias
jamais tiram férias.
"Estás velha, te perdoo
tu ficas na granja
em forma de canja".
Ah!!!
É esse o meu troco
por anos de choco
dei-lhe uma bicada
e fugi, chocada
quero cantar
na ronda
na crista
da onda
pois um bico a mais
só faz mais feliz
a grande gaiola
do meu país.

No nível mais abstrato e simples, o das **estruturas fundamentais**, os sentidos do texto são entendidos como uma categoria ou oposição semântica, cujos termos são:

1. determinados pelas relações sensoriais do ser vivo com esses conteúdos e considerados atraentes ou eufóricos e repulsivos ou disfóricos;

2. negados ou afirmados por operações de uma sintaxe elementar;

3. representados e visualizados por meio de um modelo lógico de relações denominado *quadrado semiótico*.

Em *A Galinha*, a categoria semântica fundamental é *liberdade* vs *dominação* (*exploração, opressão*), que se manifesta no texto de modos diversos, mas que "resume", de forma simples e abstrata, o conteúdo geral do texto.

O termo liberdade é determinado como *eufórico* e *dominação* como *disfórica*, ou seja, **no texto em questão**, a liberdade é atraente e a dominação, repulsiva.

As operações de negação e afirmação no texto levam ao percurso que segue:

(afirmação)   (negação)   (afirmação)

dominação → *não dominação* → *liberdade*

(disforia)   (não disforia)   (euforia)

Cabem aqui três observações: trata-se de um texto euforizante, ou seja, que vai da disforia à euforia, isto é, de um texto que "acaba bem"; não se passa diretamente de um termo (*dominação*) ao outro (*liberdade*), e sim por meio de operações de negação e afirmação; a categoria fórica, euforia *vs* disforia, relaciona-se com a categoria tensiva, tensão *vs* relaxamento, ou seja, a sensação de euforia corresponde à passagem à continuidade do relaxamento, e a de disforia, à passagem à descontinuidade ou separação tensa, como será mais bem examinado no nível narrativo.

A análise efetuada do nível fundamental de *A Galinha* pode ser visualizada no modelo abaixo do quadrado semiótico:

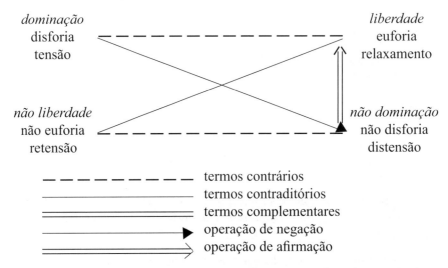

Se o texto examinado segue o percurso representado pela seta, podem-se prever outros textos que façam o percurso contrário – *liberdade* → *não liberdade* → *dominação* –, como, por exemplo, em alguns textos sobre os índios brasileiros –, ou que determinem de modo diferente os termos da categoria – *liberdade* como disfórica e tensa, desde que sinônimo de bagunça, confusão, desordem, e *dominação* como eufórica e relaxada, quando entendida como ordem e regra.

A segunda etapa do percurso é a das **estruturas narrativas**. A conversão do nível fundamental ao narrativo pode ser sintetizada em três pontos:

1. introdução do sujeito – em lugar das operações lógicas fundamentais, ocorrem transformações narrativas operadas por um sujeito;

2. as categorias semânticas fundamentais tornam-se valores do sujeito e são "inseridas" nos objetos com que o sujeito se relaciona;

3. as determinações tensivo-fóricas fundamentais convertem-se em modalizações que modificam as ações e os modos de existência do sujeito e suas relações com os valores.

Em *A Galinha*, o sujeito *patrão* opera a transformação que põe o sujeito *galinha* em situação de dominação e a própria *galinha* realiza a transformação que a coloca em estado de liberdade. *Liberdade* é o valor com o qual a galinha se relaciona por via de objetos, e essa é uma relação desejável, ou seja, modalizada pelo *querer*. Da mesma forma, a galinha quer realizar a transformação de sua situação de dominação em estado de liberdade.

A narrativa de um texto é a história de um sujeito em busca de valores. Para que o sujeito tenha acesso aos valores, são eles inseridos nos objetos. Os objetos, com seus valores, circulam entre os sujeitos. Dessa forma, quando um sujeito ganha ou adquire um valor, outro sujeito doa esse valor ou é dele privado. A consequência disso é que a narrativa se desdobra e se redefine como a história de dois sujeitos interessados nos mesmos valores e em busca desses valores desejados. Os percursos dos dois sujeitos se encontram, portanto, e interferem um no outro. Assim, o conto popular *O Pequeno Polegar* é a história de um menino e de um gigante interessados na bota de sete léguas.

Cada uma das narrativas desdobradas tem uma organização canônica em que três percursos se relacionam por pressuposição: o percurso da **manipulação**, o da **ação** e o da **sanção**, sendo que a sanção pressupõe a ação que, por sua vez, pressupõe a manipulação. É lógico que esses percursos nem sempre estão explicitados no texto, mas se não forem reconstituídos a narrativa perde sentido. Podem-se explicar aqui muito rapidamente as noções de manipulação, ação e sanção. No próximo item, essas questões serão mais bem desenvolvidas.

No percurso da manipulação, um destinador propõe um contrato a um destinatário e procura persuadi-lo, com diferentes estratégias, a aceitar o contrato e a fazer o que ele, destinador, quer que o outro faça. O destinatário, por sua vez, interpreta a persuasão do destinador, nele acredita ou não e aceita ou não o acordo proposto.

No percurso da ação, o destinatário que aceitou o contrato proposto pelo destinador-manipulador torna-se sujeito e realiza a ação acordada, operando a transformação principal daquela narrativa e agindo sobre os objetos e seus valores.

No percurso da sanção, o sujeito da ação procura convencer o seu destinador de que cumpriu o contrato, fez o que dele se esperava e que merece, portanto, uma sanção ou julgamento positivo. O destinador vai, então, sancionar positiva ou negativamente o sujeito da ação, reconhecendo-o como cumpridor ou não do contrato estabelecido e atribuindo-lhe uma recompensa ou uma punição.

Em *A Galinha*, o texto pode ser dividido em duas partes (da linha 1 à 21 e da linha 22 à última) para a análise da narrativa, cada uma delas com uma "historiazinha" ou esquema narrativo "completo". Na primeira parte, comecemos pela sanção *Estás velha, te perdoo, tu ficas na granja em forma de canja*. O destinador *patrão* reconhece que a *galinha* não realizou a ação prevista no contrato, ou seja, não bota mais ovos e não cria mais pintos, o que faz dela uma *má galinha* ou *uma galinha pouco séria*, que, portanto, merece ser punida (*virar canja*).

A sanção pressupõe assim a ação de botar e chocar ovos, a ser realizada pelo sujeito *galinha*, e a manipulação do destinador *patrão*, que estabeleceu um acordo com o destinatário *galinha*, para que ela botasse e chocasse ovos. O texto não explicita a manipulação, suas estratégias de persuasão e de interpretação ou o contrato dela decorrente, mas sem a pressuposição desse acordo não é possível entender o texto.

A ação aparece no texto de duas formas: como ação realizada de botar e de chocar ovos (*Todo ovo que eu choco*), uma ação rotineira, repetitiva e sem liberdade, e como ação não realizada (*Mas fiquei bloqueada*; *A escassa produção alarma o patrão*; *As galinhas sérias jamais tiram férias*), o que ensejou a sanção negativa. A realização da ação pressupõe que o sujeito *galinha* era competente para realizá-la – queria e/ou devia botar ovos, sabia e podia fazê-lo –, competência essa adquirida por meio de contratos com destinadores. A não realização da ação indica que o sujeito *galinha* não era mais competente para a ação de botar e chocar ovos, no caso teria deixado de *poder* botar e chocar, por idade ou bloqueio psicológico, o que tornou impossível a realização de ação tão repetitiva e insatisfatória.

Na segunda parte, a sanção negativa do primeiro esquema leva a *galinha* a não mais aceitar o *patrão* como destinador e a assumir um outro contrato, consigo mesma, para realizar a ação de adquirir a liberdade (pelo cantar), e ser sancionada positivamente (*quero cantar na onda, na crista da onda, pois um bico a mais só faz mais feliz a grande gaiola do meu país*). A ação de cantar é uma ação criativa, livre e não rotineira.

O texto tem assim dois esquemas narrativos organizados hierarquicamente, cada qual com os três percursos previstos de ação, manipulação e sanção.

Como foi antes observado, as narrativas são sempre desdobradas, polemicamente. No texto em exame, deve-se entender que a aquisição de liberdade pela galinha corresponde à privação de liberdade do patrão e vice-versa, já que o patrão é *livre* quando tem lucro graças à dominação da galinha. São, portanto, dois sujeitos em busca do mesmo objeto de valor, ainda que a concepção do valor *liberdade* não seja exatamente a mesma para ambos.

Resta ainda mencionar, no nível narrativo, a questão do percurso passional que modula a organização narrativa. O percurso passional é, de forma muito simplificada, uma organização de modalidades tais como o querer, o poder, o crer e outras, que produzem efeitos de sentido de paixões na narrativa. São efeitos de amor, de ódio, de satisfação, de tristeza, de confiança e assim por diante. Essa organização de modalidades é determinada pela continuidade do percurso das paixões. Dois tipos de efeitos de sentido passionais percorrem o texto: paixões de objeto, ou seja, de satisfação, felicidade, alegria, insatisfação, infelicidade, tristeza, etc. pela aquisição ou não dos valores desejados, e paixões de confiança, decepção, desconfiança, dúvida, em relação a outros sujeitos.

Em *A Galinha*, o texto mostra a infelicidade e a tristeza da galinha com a ação rotineira de botar e chocar os ovos – *Todo ovo que eu choco me toco de novo. Mas fiquei bloqueada e agora de noite só sonho gemada* –, sua decepção e revolta em relação ao destinador que, mesmo depois de anos de "trabalho", sancionou-a negativamente e puniu-a – *Ah!!! é esse o meu troco por anos de choco, dei-lhe uma bicada e fugi, chocada* – e, finalmente, a esperança de felicidade e confiança. Em outras palavras, uma galinha aparentemente satisfeita e confiante com sua "vida de galinha", torna-se infeliz com a rotina de botar e chocar ovos e dar lucros, decepciona-se com o patrão que não aceita e pune seus anseios de liberdade, revolta-se com a punição e passa a esperar que, com a liberdade, possa tornar-se realmente feliz e confiante.

No **nível discursivo**, a última etapa do percurso gerativo do sentido, a narrativa vai ser colocada no tempo e no espaço, os sujeitos, os objetos, os destinadores e os destinatários da narrativa, ou seja, os actantes, vão tornar-se atores do discurso, graças a investimentos semânticos e de pessoa, os valores dos objetos vão ser disseminados como temas e transformados, sensorialmente, em figuras.

Em *A Galinha*, vários procedimentos são empregados nessa discursivização e produzem efeitos de sentido também diversos, embora todos eles procurem fabricar a ilusão de verdade.

Em relação à categoria de pessoa, três procedimentos foram empregados: projetou-se o discurso em primeira pessoa *eu* e criou-se o efeito de subjetividade da *Galinha* que conta suas mazelas; projetou-se o discurso em terceira pessoa (*A escassa produção alarma o patrão*) e obteve-se o efeito de generalização, ou seja, de que em qualquer lugar em que haja patrão, e não apenas naquele galinheiro, a escassa produção causa alarme; deu-se a palavra, internamente, ao patrão, em discurso direto, produzindo a ilusão de realidade, de fato acontecido (*"Estás velha, te perdoo tu ficas na granja em forma de canja"*).

Para o tempo, foram usadas também duas estratégias: o presente, que produz o efeito de proximidade da enunciação, com o seu passado (antes do presente) – *dei-lhe uma bicada e fugi chocada* – e o seu futuro (depois do presente) – *quero cantar –;*

o presente gnômico, que produz o efeito de atemporalidade ou de eternidade, usado para criar a ilusão de verdade geral e atemporal, como nos provérbios (*A escassa produção alarma o patrão*).

No espaço, ao contrário do tempo e da pessoa, não se busca o efeito de proximidade da enunciação. O ponto de referência do espaço é um *lá, a granja/ meu país*, do qual a galinha foge.

A Galinha é um discurso temático-figurativo, pois desenvolve uma ou mais linhas temáticas em que as categorias semânticas são disseminadas de modo abstrato, mas com "cobertura" figurativa, isto é, com a concretização sensorial dos temas por meio de figuras. Trata-se, além disso, de um discurso pluri-isotópico, como, em geral, acontece com os textos poéticos, pois desenvolve várias leituras temático-figurativas:

a) tema da domesticidade ou da dominação e exploração do animal doméstico pelo homem;

b) tema socioeconômico do trabalho, que se mostra claramente em termos como *produção*, *patrão*, *férias*, e que faz o texto dialogar com filmes como *Os tempos modernos* ou *A classe operária vai ao paraíso*;

c) tema socioeconômico da divisão do trabalho entre homem e mulher e da dominação do homem, cabendo à mulher o trabalho rotineiro de ter e criar filhos (*é a cara do vovô*), cuidar das tarefas domésticas (*só sonho gemada*), ser séria e não ter férias (*As galinhas sérias jamais tiram férias*), e, quando fica velha, virar *canja*; deve-se mencionar ainda que a galinha resolve cantar, o que é próprio do galo, na espécie, pois só ele canta e tem crista (*na crista da onda*), a galinha apenas cacareja;

d) tema político, da opressão política no período da ditadura militar no Brasil, a menos clara das leituras, desencadeada pelos versos finais *pois um bico a mais só faz mais feliz a grande gaiola do meu país*.

As leituras abstratas temáticas estão concretizadas figurativamente por meio de diferentes ordens sensoriais, que criam as figuras combinadas e reiteradas de *galinha, ovo, chocar, clara, gemada, granja, canja, bicada, crista, gaiola*. A *dominação* e a *liberdade* usam traços sensoriais diferentes:

	dominação	*liberdade*
tátil	espesso, viscoso (*clara, gemada, canja*)	ralo (*onda*)
visual	sem som ou com som repetitivo (da fala, do choro, do cacarejar)	harmonioso (*cantar*)
auditivo	escuro, turvo (*noite*) baixo, horizontal, amarelo (*ovo, gemada*)	claro (*onda*), alto, vertical (*na crista*), vermelho (*crista da onda*)

que nos vários temas organizam coberturas figurativas também diferentes. Assim, por exemplo, o traço auditivo da dominação ocorre como cacarejar na leitura do animal doméstico, como choro de criança, na da mulher, como ruído rotineiro das máquinas da fábrica, na do trabalho, ou como silêncio, na política.

Serão a seguir examinados mais detalhadamente os níveis narrativo e discursivo do percurso gerativo do sentido.

2.1.2. Nível narrativo

A partir sobretudo das propostas de Vladimir Propp (1970) e da concepção do texto como uma cena espetacular, a semiótica desenvolveu seu modelo de organização narrativa, de que vimos, rapidamente, no item anterior, o esquema narrativo canônico. Vamos agora examinar com um pouco mais de vagar e de detalhes cada um dos três percursos que compõem o esquema narrativo: percurso da manipulação, percurso da ação, percurso da sanção.

Antes, porém, deve-se observar que cada percurso é constituído por unidades elementares mais simples, os enunciados narrativos, organizados hierarquicamente.

Os enunciados narrativos elementares são de dois tipos: enunciados de estado, em que sujeito e objeto mantêm entre si relações transitivas estáticas, e enunciados de transformação, em que a relação é dinâmica. As relações estáticas podem ser, por sua vez, relações de "estar com" o objeto ou relações de conjunção com o objeto, e relações de "estar sem" o objeto, ou relações de disjunção.

Está assim montado o espetáculo com suas personagens – sujeito e objeto, que a semiótica (Tesnière, 1959) denomina *actantes* – e com as relações entre elas, de estaticidade e dinamicidade.

Da organização de pelo menos um enunciado de estado e um enunciado de transformação surge o *programa narrativo*, a unidade funcional da narrativa.

Vejamos como analisar esse espetáculo narrativo, ainda incompleto, no texto que segue, uma notícia de revista:

> Vilamir Sonda chegava do trabalho para almoçar quando foi assaltado, no ano passado. Dois bandidos quiseram levar seu relógio. Parecia um Rolex, mas era imitação, avaliada em menos de 1000 dólares. Vilamir não entregou o relógio. O assaltante tirou uma arma da cintura e disparou contra seu peito. Ao reparar que um vizinho acompanhava a cena, um dos bandidos tentou matá-lo também. Não deu tempo. "Vamos cair fora", gritou o comparsa que o esperava numa moto.

(VEJA, 24 de maio de 1995).

196   Introdução à Linguística II

A análise do texto mostra vários enunciados narrativos organizados em programas:

a) um enunciado de estado de conjunção: o sujeito *Vilamir* está em conjunção com o objeto *relógio*;

b) um enunciado de estado de disjunção: o sujeito *dois bandidos* está em disjunção com o objeto *relógio*;

c) um enunciado de estado de conjunção: o sujeito *Vilamir* está em conjunção com o objeto *vida*;

d) um enunciado de estado de disjunção: o sujeito *Vilamir* está em disjunção com o objeto *vida*;

e) um enunciado de transformação em que o sujeito *dois bandidos* procura transformar sua relação de disjunção com o objeto *relógio* em relação de conjunção;

f) um enunciado de transformação em que o sujeito *dois bandidos* procura transformar a relação de conjunção do sujeito *Vilamir* com o objeto *relógio* em relação de disjunção;

g) um enunciado de transformação em que o sujeito *dois bandidos* transforma a relação de conjunção do sujeito *Vilamir* com o objeto *vida* em relação de disjunção.

Algumas conclusões são possíveis:

1) os enunciados de transformação operam sobre os enunciados de estado, como no texto acima em que o sujeito *dois bandidos* transforma estados de conjunção em estados de disjunção (em **f** e **g**) e estados de disjunção em estados de conjunção (em **e**);

2) o sujeito transformador, o que opera a transformação no programa narrativo, pode ser realizado pelo mesmo ator que tem seu estado transformado (em **e**) ou por atores diferentes (em **f** e **g**);

3) os programas narrativos podem resultar em conjunções ou disjunções, ou seja, podem ser transformações de aquisição (em **e**) ou de privação (em **f** e **g**);

4) há sempre um desdobramento polêmico da narrativa, pois duas transformações ocorrem concomitantemente: quando o sujeito *dois bandidos* adquire o *relógio*, o sujeito *Vilamir* é dele privado.

Os percursos do esquema narrativo, que serão examinados a seguir, são, portanto, organizações hierárquicas de programas narrativos, concebidos, por sua vez, como organizações de pelo menos um enunciado de transformação que opera sobre enunciados de estado de conjunção ou de disjunção.

O percurso da manipulação deve ser entendido, assim, em primeiro lugar, como uma ou mais transformações de estado, mas de tipo particular. Para diferenciá-las das demais transformações, o sujeito operador será denominado *destinador* e o sujeito dos estados sobre os quais ele age, *destinatário*.

O destinador propõe ao destinatário um contrato, um acordo, com o objetivo de transformar a competência do destinatário e levá-lo, com isso, a tornar-se sujeito operador da transformação "final" de estados, daquela que realmente interessa ao destinador. Em outras palavras, o destinador quer levar o destinatário a fazer alguma coisa. Para tanto, tem que persuadi-lo disso, tem que levá-lo a querer ou a dever fazer, a poder e a saber fazer. Vejamos cada etapa do percurso de manipulação, a partir de um exemplo, um trecho de uma fábula, *A morte da tartaruga* (1975) de Millôr Fernandes:

> O menininho foi ao quintal e voltou chorando: a tartaruga tinha morrido. A mãe foi ao quintal com ele, mexeu na tartaruga com um pau (tinha nojo daquele bicho) e constatou que a tartaruga tinha morrido mesmo. Diante da confirmação da mãe, o garoto pôs-se a chorar ainda com mais força. A mãe a princípio ficou penalizada, mas logo começou a ficar aborrecida com o choro do menino. "Cuidado, senão você acorda o seu pai". Mas o menino não se conformava. Pegou a tartaruga no colo e pôs-se a acariciar-lhe o casco duro. A mãe disse que comprava outra, mas ele respondeu que não queria, queria aquela, viva! A mãe lhe prometeu um carrinho, um velocípede, lhe prometeu uma surra, mas o pobre menino parecia estar mesmo profundamente abalado com a morte do seu animalzinho de estimação.

O menino manipula a mãe para que compense, de alguma forma, a sua perda e mitigue a sua dor. A mãe, por sua vez, manipula o menino, ao procurar fazê-lo parar de chorar. Vamos examinar esse segundo caso de manipulação, mais explicitado no texto.

A mãe, no seu papel de destinador, propõe um contrato ao menino, como destinatário. Para isso, ela vai estabelecer uma relação de comunicação ou de manipulação (toda comunicação é uma forma de manipulação) com o menino: vai procurar persuadi-lo de que ela é confiável como destinador, ou seja, de que ela vai cumprir a sua parte no acordo, e de que os valores que ela está oferecendo no contrato interessam ao destinatário ou são por ele temidos. No texto, várias estratégias são usadas para a persuasão:

- **intimidação** (*Cuidado, senão você acorda o seu pai; lhe prometeu uma surra*), em que são apresentados valores que o destinador acha que o destinatário teme e quer evitar;

- **tentação** (*A mãe disse que comprava outra; A mãe lhe prometeu um carrinho, um velocípede*), em que são apresentados valores que o destinador julga que o destinatário deseja.

O destinador *mãe* procura, assim, transformar a competência do destinatário *filho*, levando-o, no primeiro caso, a dever fazer (a dever parar de chorar) para evitar a bronca do pai ou a surra, e, no segundo caso, a querer fazer, para obter

198 Introdução à Linguística II

outra tartaruga, um carrinho e um velocípede. A competência é assim um estado em que os valores dos objetos são modais: a intenção da mãe é transformar o estado de disjunção do filho com o objeto de valor *dever* ou *querer parar de chorar* em estado de conjunção.

Na perspectiva do destinatário, não se tem apenas a recepção passiva da comunicação e a transformação de sua competência. O destinatário vai realizar também um fazer, isto é, vai interpretar a persuasão do outro, com base em seus conhecimentos e crenças anteriores e nas estratégias empregadas pelo destinador, acreditar ou não nele e em seus valores e, só então, realizar ou não a ação que dele se espera. No texto em exame, a manipulação não "funcionou", provavelmente por duas razões: o menino interpretou que a mãe não era confiável (já prometera surras e presentes, em outras ocasiões e não cumprira o prometido) e/ou que os valores oferecidos não eram tão desejáveis assim (outra tartaruga, por exemplo) ou poderiam ser obtidos de outras formas. A manipulação pode ser concebida, portanto, como um fazer crer, que determina os valores em jogo, e como um fazer-fazer, responsável pelas transformações e pelos sentidos da narrativa.

Cabem ainda duas observações: a primeira, sobre as estratégias de persuasão ou de fazer-crer empregadas pelo destinador ao propor o contrato, a segunda, sobre a interpretação exercida pelo destinatário e que o leva a crer ou não no destinador e em seus valores.

Além dos dois tipos de persuasão mencionados – a intimidação e a tentação – mais dois merecem ser destacados: a *sedução* e a *provocação*.

Para conservar as mesmas relações de manipulação entre mãe e filho, são bons exemplos as tentativas de uma mãe, em hora de refeição, de fazer o filho comer:

> Se você comer tudo, você vai ganhar uma bicicleta no seu aniversário. (tentação)
>
> Se você não comer, você vai ficar de castigo. (intimidação)
>
> Você que é um menino tão bonito e forte, vai comer tudo, não é mesmo? (sedução)
>
> Duvido que você seja capaz de limpar o prato. Você não é capaz, é muito pequeno ainda. (provocação)

Se, para tentar e intimidar, o destinador oferece valores que ele acredita desejados ou temidos pelo destinatário, para seduzir e provocar, o destinador apresenta imagens positivas ou negativas do destinatário, de sua competência. Nesses casos, para manter ou para evitar a imagem que o outro faz dele, o destinatário realizará o que lhe é proposto (nos exemplos, "limpará o prato").

Um último exemplo, de sedução, extraído de publicação da Folha de São Paulo de partes do livro *Zélia, uma paixão* (SABINO, 1991, p. 128):

> Via-se que se preparara para cativá-la. E realmente a cativou. Havia champanhe no balde de gelo, canapés variados, e vinho francês, uísque escocês, vodca polonesa, à escolha. Ele se portava com a distinção de um *gentleman*. Fosse outro qualquer, ia querer agarrá-la e levar para o quarto. Em vez disso, passou a elogiá-la com requintes de doçura, em palavras que eram de mel,

para a sua alma tão carente de compreensão e afeto. Ela alegava que estava cansadíssima com tanto trabalho, ele respondia, com mel. Que sua vida ultimamente era preocupação sem conta – mais mel. (...) Foi o primeiro homem em sua vida a perceber que ela era frágil, sem outra proteção senão a da figura pública sob a qual se escondia. E tome mel.

O texto começa com a perspectiva de manipulação, da parte do destinador, e mostra que o destinatário interpretou a persuasão do destinador e acreditou nele e em seus valores (*E realmente a cativou*). Trata-se de manipulação por sedução, ou seja, em que o destinador Bernardo Cabral faz uma imagem positiva do destinatário Zélia, ao considerar que ela merece apenas o melhor: champanhe, canapés, vinho francês, uísque escocês, vodca polonesa, distinção de um *gentleman*, palavras de mel. Há alguns elementos também de tentação, já que são oferecidos valores desejados como proteção, afeto, compreensão. O texto mostra também que, para a manipulação ser bem sucedida, importam os conhecimentos que o manipulador tem do manipulado (*Foi o primeiro homem em sua vida a perceber que...*).

Em qualquer dos tipos de manipulação, o destinatário é colocado em posição de obediência ou de falta de liberdade, pois só tem duas opções: fazer o que o destinador propõe e receber assim valores e imagens desejados ou evitar valores e imagens temidos, ou não fazer e não receber os valores e imagens desejados ou sofrer as consequências dos valores e imagens temidos.

A interpretação realizada pelo destinatário consiste, para a semiótica, em modalizar a proposta do destinador. O destinatário deverá determinar se o destinador parece e é confiável, ou se ele parece mas não é, não parece mas é, nem parece e nem é. O mesmo acontecerá com os valores, que serão, a partir daí, ditos verdadeiros (parecem e são desejados ou temidos), falsos (nem parecem e nem são), mentirosos (parecem, mas não são) e secretos (não parecem, mas são). As modalidades do *ser* e do *parecer* são denominadas modalidades veridictórias, ou seja, que dizem que os sujeitos, suas ações e seus valores são ou não verdadeiros. Em *A morte da tartaruga*, o menino interpretou, por exemplo, que a mãe parecia, mas não era confiável (uma mentira, portanto).

O destinatário, cuja competência foi transformada pelo destinador, no percurso da manipulação, torna-se o sujeito transformador do percurso da ação.

No percurso da ação organizam-se dois programas narrativos, vistos do ponto de vista do sujeito da ação: um programa narrativo de performance e um programa narrativo de competência. O programa narrativo de performance é concebido como uma transformação de um estado de disjunção em um estado de conjunção, operada por um sujeito transformador que é realizado pelo mesmo ator do sujeito que tem seu estado transformado. Além disso, na performance o valor do objeto é um valor descritivo final, isto é, o valor último a que visa o sujeito da narrativa. No texto do assalto, por exemplo, o sujeito *dois bandidos* tenta realizar uma performance: procura transformar seu estado de disjunção com o objeto-valor *relógio* em estado de conjunção.

Todo programa de perfórmance pressupõe um programa de competência. O programa de competência é também definido como uma transformação de um estado de disjunção em um estado de conjunção, mas, ao contrário do programa de perfórmance, o sujeito transformador é realizado por um ator diferente do do sujeito de estado e o valor do objeto é um valor modal, isto é, um valor necessário para que o sujeito obtenha, na perfórmance, o valor descritivo último desejado. No texto do assalto, o programa de competência não está bem explicitado, mas se acha pressuposto, e sem ele não é possível entender o texto. É preciso pressupor que um sujeito, a sociedade, por exemplo, levou o sujeito *dois bandidos* a querer um objeto-valor de luxo, um relógio que *parecia um Rolex*, e a fazer algo para obtê-lo. Assim, o sujeito *dois bandidos* teve seu estado de disjunção com o objeto-valor querer-fazer (assaltar para obter o Rolex) transformado em estado de conjunção, e a transformação foi realizada pelo sujeito *sociedade*. Outra leitura possível seria o sujeito *dois bandidos* ter seu estado alterado pela miséria, que o levou a dever-fazer, para sobreviver. Visto de ponto de vista do percurso da manipulação, o sujeito transformador do programa de competência é o destinador, e o sujeito cujo estado modal é transformado é o destinatário.

No texto *A Galinha*, o sujeito *galinha* realiza duas perfórmances, uma em cada esquema narrativo, a primeira, a de botar e chocar ovos, isto é, de transformar seu estado de disjunção com ovos e pintos em estado de conjunção, a segunda, a de cantar, ou seja, de transformar seu estado de disjunção com o objeto-valor estético canção em estado de conjunção.

Ao realizar a perfórmance principal da narrativa, o sujeito cumpriu, de alguma forma, sua parte no contrato assumido com o destinador-manipulador. O terceiro percurso, **o percurso da sanção**, é aquele em que o destinador vai dar ao destinatário o reconhecimento pelo cumprimento ou não do acordo e a retribuição ou a punição daí decorrentes. Na propaganda do Banco do Brasil sobre a seleção de vôlei, tem-se claramente um percurso de sanção explicitado:

Nesse anúncio, a seleção de vôlei está sendo reconhecida como cumpridora de seu contrato com os brasileiros, pois o *vôlei brasileiro se consagrou como um dos melhores do mundo*, e recebe, como recompensa, o abraço, o carinho de todos os brasileiros, representados pelo banco. As duas fases da sanção estão bem marcadas, a cognitiva ou de reconhecimento de que o sujeito realizou bem a ação e cumpriu os acordos assumidos, a da retribuição ou da recompensa que por isso mereceu. É bastante comum nos textos o sujeito da ação exercer uma manipulação para persuadir o outro a bem sancioná-lo. O texto abaixo, de outro anúncio de banco mostra bem essa manipulação que busca uma sanção positiva:

> A excelência no relacionamento com os corretores e os segurados e a solidez da marca Bradesco Vida e Previdência: foram essas qualidades que levaram o Clube Vida em Grupo (RJ) – uma das principais associações do mercado de seguros – a escolher por unanimidade a Bradesco Vida e Previdência como a Seguradora do Ano no período de julho de 2001 a junho de 2002.

O Bradesco expõe suas qualidades – excelência no relacionamento, solidez, etc. – para ser reconhecido e premiado como a seguradora do ano.

Os textos de sanção apresentados indicam muito bem que a sanção (o reconhecimento e o abraço para a seleção de vôlei ou o prêmio do Bradesco) pressupõe a ação (vitórias no jogo, oferecimento de bons seguros) e a manipulação (acordo com o destinador brasileiro em que a seleção se compromete a ser vitoriosa no jogo, contrato de oferecer bons seguros, do banco com os clientes), na organização do esquema narrativo canônico.

Para completar esse rápido exame do nível narrativo, faltam algumas palavras sobre a modalização e as organizações que produzem efeitos de paixão.

Como foi visto, a competência do sujeito para a ação é caracterizada por sua relação com valores modais, que definem diferentes estágios ou modos de relação do sujeito com a ação que o poria em conjunção com os objetos de valor. Em outras palavras, a modalização da ação do sujeito é a determinação e a modificação dos enunciados dinâmicos de transformação pelas modalidades do querer, dever, poder e saber: o sujeito que quer ou deve fazer alguma coisa para obter um dado objeto de valor é um **sujeito virtual**, o sujeito que pode e sabe fazer alguma coisa para obter esse objeto de valor é um **sujeito atualizado**, o sujeito que realiza o fazer e adquire, por conjunção, o objeto de valor em questão é um **sujeito realizado**.

Resta observar que também as relações estáticas de conjunção e de disjunção com os objetos de valor são modalizadas, isto é, são determinadas pelas modalidades mencionadas. Nesses casos, os objetos são considerados desejáveis (querer ser) ou temíveis (querer não ser), obrigatórios, necessários (dever ser) ou proibidos (dever não ser), possíveis (poder ser) ou evitáveis (poder não ser), conhecidos (saber ser) ou ignorados (saber não ser). No texto de propaganda *Você precisa disso. Você pode ter*, a conjunção com o objeto-valor é, para o sujeito, obrigatória ou necessária (dever ser) e possível (poder ser).

202   Introdução à Linguística II

O poema de Manuel Bandeira *Belo belo* (1961: 147-148) oferece bons exemplos de modalização do ser e do fazer:

Belo belo minha bela
Tenho tudo que não quero
Não tenho nada que quero
Não quero óculos nem tosse
Nem obrigação de voto
Quero Quero
Quero a solidão dos píncaros
A água da fonte escondida
A rosa que floresceu
Sobre a escarpa inacessível
A luz da primeira estrela
Piscando no lusco-fusco
Quero Quero
Quero dar a volta ao mundo
Só num navio de vela
Quero rever Pernambuco
Quero ver Bagdad e Cusco
Quero Quero
Quero o moreno de Estela
Quero a brancura de Elisa
Quero a saliva de Bela
Quero as sardas de Adalgisa
Quero quero tanta coisa
Belo belo
Mas basta de lero-lero
Vida noves fora zero

O poema apresenta, no início (*Tenho tudo que não quero. Não tenho nada que quero*) um sujeito em conjunção com valores temíveis (querer não ser) ou, ao menos, indesejáveis (não querer ser) e, ao mesmo tempo, em disjunção com valores desejáveis (querer ser). Ora, um sujeito só está em conjunção com valores indesejáveis ou temíveis se eles forem obrigatórios (dever ser) e só está em disjunção com valores desejáveis se eles forem proibidos (dever não ser) e/ou impossíveis (não poder ser) e/ou desconhecidos (não saber ser). O poema prossegue explicitando essas modalizações pressupostas, ou seja, mostrando que os valores indesejáveis ou temíveis são obrigatórios:

Não quero óculo nem tosse
Nem obrigação de voto

e que os valores desejáveis são impossíveis:

Quero a solidão dos píncaros
A água da fonte escondida
A rosa que floresceu
Sobre a escarpa inacessível

A modalização do fazer aponta também um sujeito virtual, que quer fazer alguma coisa para ter os valores desejados ou para evitar os temíveis, mas que não pode ou sabe fazer:

> Quero dar a volta ao mundo
> Só num navio de vela
> Quero rever Pernambuco
> Quero ver Bagdad e Cusco

A organização passional da narrativa, conforme foi já explicado, resulta da organização das modalidades da narrativa e modula a narrativa, produzindo no texto o efeito de continuidade. A significação de um texto depende das relações que se estabelecem entre unidades descontínuas. A organização passional, ao criar a ilusão de retomada da continuidade, produz, portanto, o efeito de falta de sentido, do sem-sentido que precede a significação. É esse sentido do sem-sentido que caracteriza o passional e também o estético, de que não se tratará aqui.

Em *Belo belo*, tem-se a paixão da frustração, decorrente sobretudo de não se poder ter os valores desejados. Há, no texto, um percurso passional contínuo, que vai da satisfação e alegria relaxadas da realização (ter os valores desejados ou acreditar poder tê-los) à insatisfação e frustração intensas da falta de realização (não ter os valores desejados: *Vida noves fora zero*).

De modo muito simplificado, as paixões dos textos são, assim, efeitos de sentido de organizações de modalidades, moduladas pela continuidade da tensão e do relaxamento.

A propaganda sobre o vôlei do Brasil, já anteriormente mencionada, produz os efeitos passionais de satisfação, confiança e amor, decorrentes dos arranjos modais modulados que seguem:

- o sujeito (brasileiros em geral e banco) está em conjunção com o valor desejado (vitória, prêmio), portanto, realizado e satisfeito (quer ser, pode ser, sabe ser e é);

- o sujeito (brasileiros e banco) acredita no outro sujeito (seleção), ou seja, crê que ele o porá em conjunção com os valores desejados e isso realmente ocorre;

- o sujeito (brasileiros e banco) quer fazer o bem (paixão benevolente do amor) ao sujeito (seleção) que o fez confiante e satisfeito.

Esse percurso passional ocorre como uma modulação que vai da tensão da espera ainda não realizada e desconfiada ao relaxamento da confiança, da satisfação e do amor.

Analisar as paixões é, portanto, examinar os arranjos modais e os efeitos de sentidos que produzem, e as modulações da narrativa que criam a ilusão de continuidade e de suspensão de sentido dessas paixões.

204 Introdução à Linguística II

2.1.3. Nível discursivo

No nível discursivo, a organização narrativa é temporalizada, espacializada e actorializada, ou seja, as ações e os estados narrativos são localizados e programados temporalmente e espacialmente, e os actantes narrativos são investidos pela categoria de pessoa. Além disso, os valores do nível narrativo são disseminados no discurso, de modo abstrato, sob a forma de percursos temáticos, que, por sua vez, podem ser investidos e concretizados em figuras.

Em relação ao tempo, ao espaço e às pessoas do discurso, serão aqui feitas apenas duas rápidas observações, já que a questão está bem desenvolvida no capítulo dedicado à pragmática.

A primeira observação é a de que o tempo, o espaço e as pessoas instalados no discurso dependem dos dispositivos de desembreagem, por meio dos quais o enunciador do texto, ao temporalizar, espacializar e actorializar o discurso produz também efeitos de sentido de aproximação e distanciamento. Daí a desembreagem poder ser **enunciativa**, quando o efeito é de proximidade da enunciação, graças ao uso da primeira pessoa *eu*, do tempo presente do *agora* e do espaço do *aqui*, ou **enunciva**, quando se produz o efeito de distanciamento da enunciação, com o emprego da terceira pessoa *ele*, do tempo do *então* e do espaço do *lá*. Vejam-se os textos que seguem:

> No último dia 12 de setembro, o ex-ministro do TCU (Tribunal de Contas da União), Olavo Drummond, participou em Brasília de um ato de comemoração do centenário do nascimento do ex-presidente Juscelino Kubitschek (1902-1976).
>
> (Folha de S. Paulo, 01/10/02).

> Não faço versos de guerra.
> Não faço porque não sei.
> Mas num torpedo-suicida.
> Darei de bom grado a vida.
> Na luta em que não lutei
>
> (Manuel Bandeira, *Testamento*, 1961)

No primeiro texto, o tempo aparece como um *então*, distanciado do tempo da enunciação, realizado pelo pretérito perfeito do indicativo e figurativizado como 12 de setembro. Esse momento do tempo torna-se tempo de referência, a partir do qual vai-se organizar a temporalidade do texto, ou seja, poderá haver um antes (por exemplo, o nascimento e a morte de Juscelino) e um depois do dia 12. O espaço é o do *lá*, distante do espaço da enunciação, figurativizado como o local da comemoração em Brasília, e a partir do qual organizam-se os espaços do discurso. Foi usada a terceira pessoa *ele*, sendo o ator figurativizado como Olavo Drummond, ex-ministro do Tribunal de Contas da União. Em outras palavras, as três desembreagens, temporal, espacial e actorial, são enuncivas e o discurso produz o efeito de distanciamento da enunciação e, por conseguinte, de objetividade e de neutralidade.

No segundo texto, ao contrário, as desembreagens são enunciativas: o tempo de referência é *agora*, com o presente do indicativo, tempo de referência a partir do qual se organiza o antes (passado) e o depois (futuro). A pessoa é a primeira pessoa *eu*. O espaço não está explicitado, podendo-se recuperar o espaço do *aqui*. O discurso produz o efeito de proximidade da enunciação e, portanto, de subjetividade, de envolvimento.

A segunda observação é a de que muito raramente os discursos apresentam apenas um tipo de desembreagem e de efeito de sentido. O mais comum é que se misturem e confundam os dispositivos, produzindo assim uma grande variedade de efeitos de sentido. Três procedimentos são os mais frequentes, tal como estão exemplificados a seguir, com os "arranjos" das pessoas do discurso:

a. desembreagem interna, que pode ser representada como ᠕᠕᠕: dá-se a voz, internamente, em primeira pessoa a um outro ator, como, por exemplo, no texto que segue:

> Dessa vez, cheguei bem cedo à casa de Zé Cabala, tão cedo que ele e Gulliver ainda estavam dormindo. Bati palmas e, depois de alguns instantes, vi Gulliver espiando pela fresta da janela. Logo depois ele gritou:
> – Não, mestre, não é o cara da cobrança.
> O grande guru recebeu-me de pijama e com os olhos remelentos.
>
> (Folha de S. Paulo, 01/01/02).

Esse tipo de desembreagem produz, no discurso, o efeito de realidade ou de referente, pois reconstrói o espetáculo. O exemplo, por excelência, de desembreagem interna é o de *As mil e uma noites*;

b. desembreagens paralelas ou alternadas, representadas como ᠕: o discurso alterna, por exemplo, desembregens enunciativas e enuncivas, como foi apontado em *A Galinha* (*Todo ovo que eu choco* – 1ª pessoa –, *A escassa produção alarma o patrão* – 3ª pessoa). Bons exemplos são *A morte de Artêmio Cruz*, de Carlos Fuentes, em que um capítulo é em *eu*, um em *tu* e outro em *ele*, ou *Pantaleão e as visitadoras*, de Vargas Llosa, em que se alternam desembreagens enuncivas e enunciativas, no mesmo período;

c. embreagem, representada como ᠕: o texto é produzido com desembreagem enunciativa e, sobre ela, como uma espécie de volta, ocorre uma embreagem enunciva, e vice-versa. Nos textos que seguem, houve uma desembreagem em *eu* e, "sobre ela", uma embreagem em *ele*, quando o candidato Anthony Garotinho, em diferentes ocasiões, disse:

> O único candidato que não se rendeu ao poderio dos bancos foi Garotinho.
>
> (Folha de S. Paulo, 06/10/2002).

> Se há alguém de mãos limpas, esse é o Garotinho.
>
> (Debate na Rede Globo, 03/10/2002)

Nos exemplos acima, Garotinho produziu um texto em primeira pessoa, *fui eu*, no primeiro caso, *sou eu*, no segundo caso, e sobre a primeira pessoa, projetou a terceira pessoa *ele*, *Garotinho*.

Para a análise do tempo, do espaço e das pessoas do discurso, é necessário, portanto, determinar qual foi o procedimento usado, ou seja, o tipo de desembreagem, se ela é "simples", interna, paralela ou se ocorre também embreagem, e quais são os efeitos de sentido desses variados recursos.

A tematização e a figuratização correspondem ao "enriquecimento" semântico do discurso já mencionado. Na tematização ocorre a disseminação no discurso dos traços semânticos tomados de forma abstrata. Já na figurativização, esses traços semânticos são "recobertos" por traços semânticos "sensoriais" (de cor, de forma, de cheiro, de som, etc.) que lhes dão o efeito de concretização sensorial. Os discursos são caracterizados pela redundância de traços semânticos dos dois tipos, que se apresentam, assim, como percursos temáticos e figurativos isotópicos. A noção de isotopia é a de reiteração de traços semânticos que tornam o discurso semanticamente coerente. Observem os textos que seguem:

Agulhas

Nas praias do Nordeste, tudo padece
com a ponta de finíssimas agulhas:
primeiro, com a das agulhas da luz
(ácidas para os olhos e a carne nua),
fundidas nesse metal azulado e duro
do céu dali, fundido em duralumínio
e amoladas na pedra de um mar duro,
de brilho peixe também duro, de zinco.
Depois, com a ponta das agulhas do ar,
vaporizadas no alíseo do mar cítrico,
desinfetante, fumigando agulhas tais
que lavam a areia do lixo e do vivo.

(João Cabral de Melo Neto, 1975: 22)

O samba do educador doido

Uma prova inequívoca de que as associações corporativas encasteladas no Estado brasileiro continuam marchando na contramão da História acaba de ser dada pela Associação Nacional dos Docentes do Ensino Superior, que controla o dia a dia de nossas universidades federais: na mesma semana em que o Comitê Central do Partido Comunista da União Soviética está aceitando o fim do monopólio do seu poder e a adoção de um sistema multipartidário, sepultando concepções totalitárias e valores anacrônicos, essa entidade está distribuindo aos professores universitários do país um jornal no qual defende exatamente aquilo que os soviéticos estão enterrando com um enorme atraso.

(Editorial do Jornal da Tarde, 09/02/90)

A análise da primeira estrofe do poema de João Cabral de Melo Neto mostra tratar-se de um texto temático e figurativo, ou seja, em que se disseminam os traços semânticos abstratos dos temas e em que se reiteram os traços semânticos "sensoriais" ou "concretos" das figuras, criando no discurso uma ou mais isotopias temático-figurativas. Tomemos um dos temas possíveis, decorrente da disseminação dos valores dos níveis fundamental e narrativo: o tema da vida sofrida, difícil, de luta do homem do nordeste brasileiro, que enfrenta a seca, o sol, o calor, a falta de alimento. Repetem-se assim os traços semânticos de sofrimento (*padece, ácidas para os olhos, carne nua, amoladas, fumigando, desinfetante, lavam do vivo*, etc.) e dificuldades (*metal duro do céu, mar duro, peixe duro, mar cítrico*, etc.). Esse percurso temático, que costura, com as repetições, o texto todo, é recoberto por um percurso figurativo, o da praia, mar, sol, peixe, vento, areia, que usa diferentes ordens sensoriais (tátil, visual e gustativa) em sinestesia. O sofrimento e as dificuldades são, assim, figurativizados pelos traços semânticos sensoriais que seguem:

- tátil: pontiagudo, fino, que fura (*finíssimas agulhas, ponta, amoladas*), duro (*metal duro, duralumínio, mar duro, peixe duro*);

- gustativo: ácido, que "queima", "que pica" (*ácidas, cítrico, fumigando*);

- visual: brilhante, ofuscante, que fere a vista (*agulhas da luz, ácidas para os olhos, metal azulado, duralumínio, brilho peixe, zinco*).

Misturam-se as ordens sensoriais, criando efeitos de sinestesia entre o pontiagudo, o ácido e o brilhante-ofuscante, ou seja, o gosto "queima ou pica", o tato ofusca e é ácido, a visão é dura e ácida. São esses traços do mar, do sol, da areia e da praia que caracterizam, no poema, os sofrimentos e as dificuldades do nordestino. O discurso tem, assim, isotopia e, portanto, coerência temático-figurativa.

O segundo texto, extraído de um editorial, é considerado um discurso temático, ou seja, em que a coerência semântica é dada apenas pela reiteração do tema. No caso, o tema do atraso, do conservadorismo e do anacronismo dos professores universitários e de sua associação. Esse tema, abstratamente disseminado, reiterado no texto, é concretizado, aqui e ali, por figuras – *encasteladas, na contramão, sepultando, enterrando* –, mas essas figuras não constituem no texto uma linha isotópica, são figuras ocasionais, esparsas. Pode-se dizer, assim, que há discursos temático-figurativos, como o de *Agulhas*, e discursos apenas temáticos, como o do editorial, embora, esses discursos tenham, em geral, figuras esparsas, pontuais.

Ainda sobre a figurativização dos discursos, deve ser dito que há graus diferentes de figurativização. A última etapa, a da iconização, produz efeitos de realidade e de referente, como ocorre, por exemplo, na chamada pintura figurativa ou na fotografia, em que reconhecemos figuras do mundo e que, por isso mesmo, criam a ilusão de "cópia do real". No texto verbal, esses efeitos são obtidos, entre outros, pelo procedimento de ancoragem do tempo, do espaço e dos atores, em datas, lugares e pessoas que o destinatário do texto reconhece como "reais". Daí o recurso a nomes próprios, idade, profissão, no caso dos atores, dia, mês, ano, hora, minutos, para o tempo, local, endereço, em se tratando do espaço. No texto que

208 Introdução à Linguística II

explicou a desembreagem enunciva podem ser encontrados ancoragens dos três tipos e os efeitos de realidade decorrentes: *No último dia 12 de setembro* (ancoragem de tempo), *o ex-ministro do TCU (Tribunal de Contas da União) Olavo Drummond* (ancoragem de ator) *participou em Brasília* (ancoragem de espaço). Se o dia, o mês e o ano estão assinalados, se o ministro existe (tem nome e sobrenome) e se a cidade é conhecida, todo o resto ganha realidade e credibilidade.

Os discursos podem ter uma única isotopia ou serem pluri-isotópicos, como foi visto na análise de *A Galinha*. As várias isotopias de um discurso são facilmente percebidas quando os textos rompem as leituras, como ocorre em geral nas piadas e, com muita frequência, nas propagandas. Certos elementos, geralmente palavras do texto, funcionam, nesses textos de ruptura sobretudo e também nos literários, como conectores de isotopias, desde que a polissemia natural das palavras seja explorada:

> Relógio que atrasa não adianta (propaganda de relógio).

> O Brasil vai ficar muito mais legal se você responder corretamente ao Censo (propaganda do último Censo).

No primeiro texto, a palavra *adianta* é usada em dois sentidos, produzindo duas leituras: uma, redundante, que diz que relógio que atrasa não adianta no tempo, outra, que diz que relógio que atrasa, ou seja, não funciona bem, não serve.

No segundo texto, o conector é o termo *legal*, usado para dizer tanto que o Censo porá o Brasil na legalidade, quanto que ele fará o Brasil melhor.

Outro procedimento bastante usado é o de introduzir um desencadeador de isotopia, ou seja, um elemento semântico que se encaixa mal em uma dada leitura e leva à "descoberta" de uma outra isotopia. O texto de Manuel Bandeira *Tragédia brasileira* (1961: 106) tem um belíssimo desencadeador de isotopia:

> MISAEL, funcionário da Fazenda, com 63 anos de
> idade,
> Conheceu Maria Elvira na Lapa – prostituída, com
> sifilis, dermite nos dedos, uma aliança empenhada e os
> dentes em petição de miséria.
> Misael tirou Maria Elvira da vida, instalou-a num
> sobrado no Estácio, pagou médico, dentista, manicure...
> Dava tudo quanto ela queria.
> Quando Maria Elvira se apanhou de boca bonita,
> arranjou logo um namorado.
> Misael não queria escândalo. Podia dar uma surra,
> um tiro, uma facada. Não fêz nada disso: mudou de
> casa.
> Viveram três anos assim.
> Toda vez que Maria Elvira arranjava namorado,
> Misael mudava de casa.
> Os amantes moraram no Estácio, Rocha, Catete,
> Rua General Pedra, Olaria, Ramos, Bonsucesso, Vila

> Isabel, Rua Marquês de Sapucaí, Niterói, Encantado, Rua
> Clapp, outra vez no Estácio, Todos os Santos, Catumbi,
> Lavradio, Boca do Mato, Inválidos...
> Por fim na Rua da Constituição, onde Misael, privado
> de sentidos e de inteligência, matou-a com seis tiros,
> e a polícia foi encontrá-la caída em decúbito dorsal, ves-
> tida de organdi azul.

Uma primeira leitura é, sem dúvida, a do tema da traição, um tanto machista, em que uma mulher infiel e mal-agradecida vai sendo perdoada por um marido complacente (*Podia dar uma surra, um tiro, uma facada. Não fez nada disso*), até o momento em que ele não aguenta mais e mata-a com seis tiros. O texto, porém, tem no seu final a frase *vestida de organdi azul*. Organdi é um tecido fora de moda hoje, transparente e engomado, próprio para saias franzidas e rodadas, babados entiotados, mangas fofas, fabricado apenas em branco e em tonalidades claras (azul-bebê, rosinha, amarelinho), muito usado antigamente para vestidos de noiva, de debutantes, de crianças e de primeira comunhão. Em suma, um tecido do romantismo, da fantasia, da pureza, e que está, portanto, em desacordo tanto com a linguagem da crônica policial do último parágrafo (*privado de sentidos e de inteligência, caída em decúbito dorsal*), quanto com a leitura da infidelidade de uma mulher mal-agradecida. Esse desencadeador de isotopia nos obriga assim a reler o texto como a história do desencontro entre uma mulher, jovem, a procura de romance, de fantasia e não apenas de segurança e boa condição de vida, e de um homem bem mais velho (*com 63 anos de idade*) e que não lhe podia oferecer o romance e a fantasia desejados (*funcionário da Fazenda*). Observe-se ainda no texto um procedimento muito usado por Manuel Bandeira em textos e poemas "extraídos" de notícias de jornal: o texto é fortemente ancorado em relação aos atores (nomes próprios – Misael, Maria Elvira –, profissão – funcionário da Fazenda, prostituta –, idade – 63 anos) e sobretudo aos espaços (Brasil, Lapa e os inúmeros nomes de bairros e ruas conhecidos do Rio de Janeiro e Niterói), mas essa ancoragem não tem por fim produzir os efeitos de realidade e credibilidade das iconizações, mas assume outros papéis na construção dos sentidos do discurso, como vimos ocorrer com *63 anos de idade*, por exemplo.

2.1.4. Além do percurso gerativo

A semiótica distingue texto e discurso. O discurso é a última etapa da construção dos sentidos no percurso gerativo da significação. É nessa etapa que a significação se apresenta de forma mais concreta e complexa. O discurso pertence, portanto, ao plano do conteúdo dos textos. O texto, por sua vez, distingue-se do discurso por ter conteúdo (o do discurso) e expressão. A expressão também se organiza por um percurso que vai do mais simples ao mais complexo.

210 Introdução à Linguística II

O exame do plano da expressão não deve, em princípio, interessar ao estudioso do discurso, àquele que está preocupado em construir os sentidos de um texto. No entanto, em muitos textos, o plano da expressão faz mais do que apenas expressar o conteúdo, ele cria novas relações com o conteúdo, como acontece nos textos poéticos de quaisquer tipos (poesia e outros textos literários, ballet, pintura, etc.). Nesses casos, deve o analista do discurso procurar estabelecer as relações novas que se construíram entre expressão e conteúdo e os sentidos e a simbolização delas decorrentes. Vejamos dois trechos, um do início e outro do fim, do conto de Guimarães Rosa, *Fita verde no cabelo* (1985), em que ocorrem essas relações entre expressão e conteúdo:

> Havia uma aldeia em algum lugar, nem maior nem menor, com velhos e velhas que velhavam, homens e mulheres que esperavam, e meninos e meninas que nasciam e cresciam. Todos com juízo, suficientemente, menos uma meninazinha, a que, por enquanto. Aquela, um dia, saiu de lá, com uma fita verde inventada no cabelo.
>
> Sua mãe mandara-a, com um cesto e um pote, à avó que a amava, a uma outra e quase igualzinha aldeia. Fita Verde partiu.

> – "Vovozinha, que braços tão magros os seus, e que mãos tão trementes!"
> – "É porque não vou poder nunca mais te abraçar, minha neta..." – a avó murmurou.
> – "Vovozinha, mas que lábios, aí, tão arroxeados!"
> – "É porque não vou nunca mais poder te beijar, minha neta..." – a avó suspirou.
> – "Vovozinha, e que olhos tão fundos e parados, nesse rosto encovado, pálido?".
> – "É porque já não te estou vendo, nunca mais, minha netinha..." – a avó ainda gemeu.
> Fita Verde mais se assustou, como se fosse ter juízo pela primeira vez.
> Gritou: – "Vovozinha, eu tenho medo do Lobo!..."
> Mas a avó não estava mais lá, sendo que demasiado ausente, a não ser pelo frio, triste e tão repentino corpo.

O conto de Guimarães Rosa termina com *frio, triste* e *tão repentino corpo*, ou seja, com a repetição de um tipo de sílaba (CCV – *frio e triste*), de consoantes oclusivas, sobretudo o [t], e com a passagem de vogais anteriores ou agudas ([i], principalmente) a posteriores ([o]), sem praticamente usar a vogal [a]. No início do texto, no seu primeiro período, ao contrário, há muita vogal aberta [a], não há sílabas CCV ou a consoante [t]. Pode-se, então, estabelecer uma correlação entre a expressão e o conteúdo no texto:

Plano da expressão	sílaba CCV, consoante [t], mudança de vogal aguda a grave	ausência de sílaba CCV e de consoante [t], muita vogal aberta [a]
Plano do conteúdo	morte	vida

Essas relações novas que se estabelecem entre expressão e conteúdo são chamadas pela semiótica de relações semissimbólicas. O semissimbolismo, como foi já apontado, oferece uma nova leitura do mundo, ao associar diretamente relações de som (ou de cores, de formas, etc., em outros tipos de textos) com relações de sentido e, dessa forma, sensibiliza os sentidos, isto é, dá som, cor, cheiro, gosto aos sentidos.

As relações semissimbólicas são, no fundo, relações entre conteúdo e expressão determinados como contínuos e descontínuos ou como extensos e intensos. Em *Fita verde no cabelo*, por exemplo, a sílaba CCV ou a consoante [t] e as vogais graves são, no plano da expressão, intensas ou pontuais, assim como a morte, no plano do conteúdo, e a ausência de sílaba CCV, de consoante [t] e a presença da vogal aberta [a] são extensas ou contínuas, da mesma forma que a vida.

Um último exemplo, com um outro tipo de texto, o quadro de Van Gogh *Os girassóis*:

Nele, estabelece-se uma outra correlação:

Plano da expressão	amarelo escuro, forma arredondada	amarelo claro, forma pontiaguda
Plano do conteúdo	morte	vida

A determinação pela continuidade *vs* descontinuidade ou pela extensão *vs* intensão é diferente nesse texto: o amarelo escuro e as formas arredondadas são extensas ou contínuas, assim como a morte, e o amarelo claro e as formas pontiagudas são intensas ou pontuais, da mesma forma que a vida, no texto de Van Gogh.

Em resumo, o conto de Guimarães Rosa fala do acontecimento extraordinário que é a morte na vida que dura, enquanto a natureza morta de Van Gogh aponta o caráter transitório e passageiro da vida. Em ambos os casos, houve uma sensibilização dos sentidos pelo som, no primeiro texto, pela cor e pelas formas, no segundo.

2.2. Relações com a sociedade e a história

Como vimos no início deste capítulo, os procedimentos que constroem os sentidos de um texto são de dois tipos: os procedimentos linguístico-discursivos que vimos examinando até agora e as relações com a sociedade e a história.

Para a semiótica, as relações sócio-históricas que participam da construção dos sentidos dos textos podem ser examinadas, metodologicamente, de duas formas: pela análise da organização linguístico-discursiva dos textos, em especial da semântica do discurso, isto é, de seus percursos temáticos e figurativos que revelam, de alguma forma, as determinações sociais inconscientes (Fiorin, 1988); pelo exame das relações intertextuais e interdiscursivas que os textos mantêm com os textos com que dialogam. Já mostramos, um pouco, como analisar temas e figuras. Resta agora fazer algumas considerações sobre os diálogos que os textos estabelecem com outros textos.

Em última instância, um texto dialoga com todos os outros textos em tempos e espaços diferentes, o que inviabiliza, se a questão for levada a ferro e a fogo, a análise de um texto e a construção de seus sentidos. A análise de um texto só se torna possível se forem reconhecidos três pontos:

1. podem-se fazer recortes no contexto sócio-histórico e considerar apenas alguns dos diálogos entre os textos, como por exemplo, aqueles que são apontados de forma mais ou menos clara, nos textos em exame;

2. a análise que se faz de um texto não é nunca a única possível, pois outros recortes do contexto podem ser efetuados;

3. mas, ao mesmo tempo, não há infinitas possibilidades de diálogo e, em decorrência, de leitura de um texto, por duas razões principais: o texto tem uma organização linguístico-discursiva coercitiva, que limita as leituras possíveis, o texto traz pistas de certos recortes do contexto sócio-histórico, indica certas direções, o que restringe também as possibilidades de leitura. Assim, no conto *Fita verde no cabelo*, de Guimarães Rosa, já mencionado, está claramente indicada, já no primeiro trecho citado, do início do conto, a intertextualidade com o conto infantil *Chapeuzinho Vermelho* – nas figuras cromáticas do vermelho e do verde, do chapeuzinho e da fita no cabelo, da aldeia, do cesto, do pote, da mãe e da avó, nos temas do amor familiar e da falta de juízo das crianças, na organização narrativa do estabelecimento de contrato entre mãe e filha e da ação da filha, e assim por diante.

Os diálogos de um texto com outro texto, devem ser estabelecidos, como procuramos indicar acima, com os mesmos princípios e métodos utilizados na análise de cada texto. Só assim poderemos perceber se o texto dialoga com o outro

Estudos do discurso 213

texto para com ele concordar ou dele discordar. Desse modo, se nos primeiros parágrafos do conto de Guimarães Rosa observa-se, como foi apontado, um diálogo de conformidade narrativa e discursiva com *Chapeuzinho Vermelho*, no seu desenrolar notam-se desconformidades e discordâncias. O conto infantil *Chapeuzinho Vermelho* desenvolve sobretudo o tema da obediência, Fita verde no cabelo trata do primeiro contato com a morte e da perda da visão infantil do mundo, ao figurativizar a morte com o lobo. *Fita verde no cabelo* constrói, portanto, seus sentidos também nesse diálogo com o conto infantil, na relação entre a obediência infantil e a perda da inocência, operada pelo lobo-morte. Outros diálogos apontariam novos elementos da inserção sócio-histórica do conto de Guimarães Rosa, e também outros elementos de uma análise semiótica do discurso.

Exercícios

1. Examine os tipos de manipulação do texto que segue. Explique o que você entende por manipulação, se ela funcionou ou não no texto, e quais as razões do seu sucesso ou de seu fracasso.

> Uma noite, o dentista paulistano Marcelo Kneese chegou em casa e foi abordado por três ladrões. Eles queriam 8000 dólares para subornar a polícia e soltar um comparsa. Kneese não tinha esse dinheiro no bolso. Também não abriu a porta de casa, porque ali estava sua filha. Manteve a calma e quis conversar com os ladrões, tentando tratá-los como amigos. Os bandidos o levaram para um matagal, onde o executaram com catorze tiros. (...). Na delegacia, o bandido explicou por que matou o dentista: "Ele me chamou de amigo. Eu não tenho amigos. Se folgam comigo, os colegas vão me gozar".

> (VEJA, 24/05/1995).

2. Aponte os percursos de manipulação no texto *Terezinha*, de Chico Buarque (1980: 85-86). Explique.

> O primeiro me chegou
> como quem vem do florista
> trouxe um bicho de pelúcia
> trouxe um broche de ametista
> me contou suas viagens
> e as vantagens que ele tinha
> me mostrou o seu relógio
> me chamava de rainha
> me encontrou tão desarmada
> que tocou meu coração,
> mas não me negava nada
> e assustada eu disse "não".
> O segundo me chegou
> como quem chega do bar
> trouxe um litro de aguardente

tão amarga de tragar
indagou o meu passado
e cheirou minha comida
vasculhou minha gaveta
me chamava de perdida
me encontrou tão desarmada
que arranhou meu coração,
mas não me entregava nada
e assustada eu disse "não".
O terceiro me chegou
como quem chega do nada
ele não me trouxe nada
também nada perguntou
mal sei como ele se chama
mas entendo o que ele quer
se deitou na minha cama
e me chama de mulher
foi chegando sorrateiro
que antes que eu dissesse "não"
se instalou feito posseiro

dentro do meu coração.

3. Mostre, no texto de literatura infantil, *Chapeuzinho Vermelho* (GRIMM, 1989), os três percursos do esquema narrativo.

Era uma vez uma menina tão boa e carinhosa que todos, só de olhá-la, lhe ficavam querendo bem. Mas quem mais a estimava, mesmo, era a sua avozinha, que já não sabia o que fazer para animá-la. Certo dia deu-lhe, de presente, um chapeuzinho vermelho, de veludo. Assentava-lhe tão bem que a pequena não queria usar nenhum outro e por isso a chamavam de Chapeuzinho Vermelho. Disse-lhe um dia sua mãe:

– Chapeuzinho Vermelho, aqui tens um bolo e uma garrafa de vinho; leva-os para a tua avozinha. Ela está doente e fraca e isso lhe fará bem. Põe-te a caminho antes do sol muito forte e, quando estiveres lá fora, anda direitinho e não te afastes da estrada; poderás cair e quebrar a garrafa e estragar o bolo. E a pobre da avozinha ficará sem nada! Quando entrares no quarto, não te esqueças de dizer "bom-dia" e não te ponhas, primeiro, a olhar, curiosa, pelos cantos.

– Farei tudo como disseste – retrucou Chapeuzinho Vermelho.

Acontece, porém, que a avozinha morava no bosque, cerca de meia hora da vila. Quando Chapeuzinho Vermelho entrou no bosque, encontrou-se com o lobo. A garotinha não se assustou ao vê-lo, pois nem sabia que ele era um bicho tão malvado.

– Bom-dia, Chapeuzinho Vermelho! – disse ele.

– Bom-dia, lobo!

– Aonde vais tão cedo, Chapeuzinho Vermelho?

– À casa de minha avozinha.

– E o que levas no avental?

– Bolo e vinho que nós fizemos ontem e eu vou levá-los à minha avozinha, que está doente e fraca, para ajudá-la a refazer-se.

– Chapeuzinho Vermelho, onde mora tua avozinha?

– A um quarto de hora daqui, pelo bosque adentro. A casa fica embaixo de três grandes carvalhos e acima das moitas de avelãs que com certeza conheces – explicou Chapeuzinho Vermelho.

O lobo, porém, pensou: "Esta menina gordinha, macia, é, na certa, um bocado saborosa, muito melhor que a velha. Terei de usar de esperteza para apanhar as duas".

Continuou andando por algum tempo ao lado da menina e depois disse:

– Chapeuzinho Vermelho, repara nessas lindas flores! Por que não dás uma olhada? Acho que nem estás ouvindo o belo canto dos pássaros! Caminhas tão compenetrada como se fosses para a escola, quando há tanta diversão aqui no bosque.

Chapeuzinho Vermelho levantou os olhos e, ao ver dançar os raios do sol por entre as árvores e tudo em torno cheio de lindas flores, pensou: "Se eu levo um ramo à avozinha, lhe dou uma alegria; é cedo ainda e chegarei a tempo". E afastou-se do caminho para entrar no bosque à procura de flores. Quando colhia uma, parecia-lhe que, um pouco adiante, havia outra ainda mais bonita e, assim, penetrou cada vez mais fundo no mato.

Nesse meio tempo, o lobo foi direto à casa da avozinha e bateu à porta.

– Quem está aí?

– Chapeuzinho Vermelho, que traz bolo e vinho para ti. Abre!

– É só torceres o trinco – gritou a avozinha – estou muito fraca e não posso levantar-me.

O lobo torceu o trinco e a porta se abriu. Sem dizer uma palavra, encaminhou-se para o leito da velhinha e, de uma só vez, a devorou. Depois, enfiou os vestidos dela, colocou sua touca na cabeça e meteu-se na cama, descendo as cortinas.

Enquanto isso, Chapeuzinho Vermelho corria atrás das flores e, depois de ter colhido tantas que já nem podia carregá-las, lembrou-se da avozinha e retomou o caminho de sua casa. Admirou-se ao ver a porta aberta e, quando entrou, teve uma sensação estranha que a fez pensar: "Meu Deus, como estou assustada, eu que sempre me sinto tão bem em casa da avozinha!" Em voz alta disse:

– Bom-dia! – mas não obteve resposta.

Foi até a cama, abriu as cortinas e viu a avó, com a touca quase lhe tapando o rosto, apresentando um aspecto muito esquisito.

– Avozinha – disse ela – como estão grandes as tuas orelhas!

– É para te ouvir melhor!

– Avozinha, como estão grandes os teus olhos!

– É para te ver melhor.

– E como estão grandes as tuas mãos!

– É para te pegar melhor.

– Mas, avozinha, que boca mais horrível!

– É para te comer melhor!

Mal disse isso, o lobo saltou da cama e engoliu a pobre menina. Tendo, então, saciado a fome, meteu-se, novamente, na cama, adormeceu e começou a roncar. Pouco depois um caçador que passava por ali, pensou: " Como ronca a velha senhora! Vou dar uma olhada para ver se está se sentindo bem". Entrou no quarto e, ao aproximar-se da cama, viu o lobo dormindo.

– Ah! É aqui que te encontro, velho patife! Há muito tempo que eu te procurava!

Já ia dar-lhe um tiro quando se lembrou que talvez o lobo houvesse devorado a avozinha e, quem sabe, ainda poderia salvá-la. Largou a espingarda, foi apanhar uma tesoura e pôs-se a abrir a barriga da fera adormecida. Aos primeiros cortes, viu aparecer o Chapeuzinho Vermelho e, pouco depois, a menina saltou para fora, exclamando:

– Como me assustei! E que escuridão na barriga do lobo!

A seguir, também a avozinha saiu, ainda viva, embora mal podendo respirar. Chapeuzinho Vermelho correu a trazer umas pedras grandes e com elas encheram a barriga do lobo. Este, ao despertar, tratou de fugir, mas as pedras pesavam tanto que ele caiu morto no chão.

Os três, então se sentiram muito felizes. O caçador tirou a pele do lobo e a levou consigo. A avozinha comeu o bolo e bebeu o vinho que Chapeuzinho Vermelho lhe trouxera e logo se sentiu fortalecida. A menina, por sua vez, pensou: "Nunca mais me afastarei, sozinha, da estrada quando minha mãe o tiver proibido".

216 Introdução à Linguística II

4. Faça uma análise da ação narrativa no texto de Chico Buarque, *A Rita* (1980: 18). Em seguida, aponte alguns percursos passionais:

A Rita levou meu sorriso
No sorriso dela, meu assunto
Levou junto com ela
E o que me é de direito
Arrancou-me do peito
E tem mais:
Levou seu retrato
Seu trapo, seu prato,
Que papel!
Uma imagem de São Francisco
Um bom disco de Noel
A Rita matou nosso amor
De vingança nem herança deixou
Não levou um tostão
Porque não tinha não
Mas causou perdas e danos
Levou os meus planos
Meus pobres enganos
Os meus vinte anos
O meu coração
E além de tudo
Me deixou mudo
O violão

5. Analise os percursos de sanção da notícia que segue. Observe também os percursos passionais.

No térreo, o outro assaltante estava preocupado porque já entrara na casa sabendo que o comerciante [Viana] possuía uma arma. Viana carregava um 38 num coldre amarrado à perna, mas negou. Quando o bandido mandou que se sentasse no sofá, a calça se levantou e o revólver apareceu por cima da meia. O bandido ficou irritado. "Você mentiu para mim", gritou, avançando sobre o comerciante. Viana sacou e disparou cinco tiros. O bandido também atirou e sobreviveu. Viana agonizou no sofá, o corpo caído em cima do filho. Morreu no hospital. Não foi a única vítima no assalto. Um terceiro bandido, que havia ficado do lado de fora, de vigília, fugiu com o carro assim que ouviu os primeiros tiros. Alcançado por Nascimento, foi assassinado – punição pela deserção.

(VEJA, 24 de maio de 1995).

6. Na piada que segue, o que você pode dizer sobre o fazer interpretativo e o crer, na perspectiva da semiótica?

Dois peões apoiados numa cerca:
– Você acredita na reforma agrária?
– Eu não, mas meu compadre que já andou de disco voador acredita.

7. Examine os programas de competência e de performance no texto abaixo:

Era a história de um galo chamado Rei – lindo de morrer – que um dia fica louco pra largar a vida de galo. Ele morava num galinheiro com quinze galinhas, mas ele era um cara muito igual e então achava que era galinha demais pra um galo só. Pra contar a verdade, ele vivia até um bocado sem jeito de ser chefe de uma família tão esquisita assim. Então ele resolve fugir do galinheiro. Mas aí dá medo de todo o mundo ficar contra ele. E então ele passa o romance inteirinho naquela aflição de foge, não foge. Quando chega bem no fim da história, ele resolve o seguinte: se a vida dele era furada, ele tinha mesmo que fugir e pronto. E aí ele foge.

(Lygia Bojunga Nunes, *A bolsa amarela*, 1983: 20)

8. O texto que segue produz efeitos de realidade ou de referente. Quais são os procedimentos utilizados?

Com 43 anos incompletos, servindo desde dezembro de 1755 na 6ª Companhia de Dragões, o regimento de cavalaria regular de Vila Rica, Joaquim José da Silva Xavier era um dos homens mais conhecidos da região. Nascera na fazenda do Pombal, de propriedade de seu pai, às margens do rio das Mortes, perto de São João del Rei, e tinha seis irmãos. Após a morte prematura de seus pais, foi morar com um padrinho, o dentista Sebastião Ferreira Leite, e foi com ele que aprendeu o ofício de arrancar dentes e fazer próteses. Além da profissão, ganhou o apelido de Tiradentes, que ficaria para o resto da vida.

9. Aponte no texto abaixo as diferentes projeções da enunciação no discurso (de ator, de tempo e de espaço) e os efeitos de sentido que produzem:

NASCI para a merda desta vida em lugarejo pobre, distante de qualquer parte, há muito tempo. Pouco depois, meu pai morria; e eu ficava só com minha pobre mãe, e seis irmãos mais novos, triste e abandonado neste vale de lágrimas.

Na manhã fria, cinzenta e enevoada em que fiz sete anos, minha mãe me botou na mão do cego que, afamado de santo, tinha então aparecido acolá na vila, fazendo correr que, por caridade, ia a admitir pupilo. E assim, fui colocado na porta da rua, com o último pedaço de pão duro que na casa havia e os últimos conselhos de minha mãe:

– Filho, sabes que não tenho mais com que alimentar-te. Cabe-te, agora, ganhar o mundo e fazer por tua vida. Estima-te sempre por filho de quem és e faze por merecer um bom destino. Não te dou um patrão, te dou um mestre. Aprende com ele a ser gente e que Deus te abençoe.

E, virando para o cego, já debulhada em lágrimas, concluiu:

– Eu o dou, senhor, para seu criado.

– E eu, senhora, o recebo para filho.

(Edward Lopes, *Travessias*, 1980: 3)

10. Explique o que é um desencadeador de isotopias e um conector de isotopias em:

GRAVE COM BASF *e agudos também* (propaganda)

No baralho da vida, pifei por uma dama (frase de para-choque de caminhão)

11. Examine, nos versos que seguem, o estabelecimento de um sistema semissimbólico:

EU faço versos como quem chora
De desalento... de desencanto...
Fecha o meu livro, se por agora
Não tens motivo nenhum de pranto.

(Carlos Drummond de Andrade, 1984)

Referências bibliográficas

ANDRADE, Carlos Drummond de. (1984). *Corpo*. Rio de Janeiro, Record.

TODOROV, Tzvetan (1981). *Le principe dialogique*. Paris, Seuil.

BANDEIRA, Manuel (1961). Belo, belo; Tragédia brasileira; Testamento. In: *Antologia poética*. 3 ed. Rio de Janeiro. Ed. do autor, p. 147-148, 106.

BARROS, Diana Luz Pessoa de (1996). Reflexões sobre os estudos do texto e do discurso. *Língua e Literatura 22: 181-199.*

BUARQUE, Chico (1980). A Galinha, A Rita, Teresinha. In: *Chico Buarque de Hollanda*. São Paulo, Abril, p. 41, 18, 85-86.

FERNANDES, Millôr (1975). A morte da tartaruga. In: *Fábulas fabulosas*. São Paulo, Círculo do Livro, p. 108-109.

FIORIN, José Luiz. (1988). *Linguagem e ideologia*. São Paulo, Ática.

_____ (1996). *As astúcias da enunciação*. São Paulo, Ática.

FLOCH, Jean-Marie (1985). *Petites mythologies de l'oeil et de l'esprit*. Amsterdam, ADES/John Benjamins.

FONTAINILLE, Jacques e ZILBERBERG, Claude. *Tensão e significação* (2001). São Paulo, Discurso/Humanitas (original francês de 1988)

GREIMAS, A. J. (1987). *De l'imperfecction*. Paris, Pierre Fanlac.

GREIMAS, A. J. e FONTAINILLE, J. (1993). *Semiótica das paixões*. São Paulo, Ática (original francês de 1991).

GRIMM, Irmãos (1989). *Contos de Grimm*. Trad. de Tatiana Belinsky. São Paulo, Edições Paulinas.

GUIMARÃES ROSA(1985). Fita verde no cabelo. In: *Ave, Palavra*. 3 ed. Rio de Janeiro, Editora Nova Fronteira.

LANDOWSKI, Eric (1992). *A sociedade refletida*. São Paulo/Campinas, Educ/Pontes (original francês de 1989).

LANDOWSKI, Eric e OLIVEIRA, Ana Cláudia (orgs.) (1995). *Do inteligível ao sensível*. São Paulo, Educ.

LOPES, Edward (1980). *Travessias*. São Paulo, Ed. Moderna, p. 3.

MELO NETO, João Cabral de (1975). Agulhas. In: *Antologia poética*. 3 ed. Rio de Janeiro, José Olympio, p. 22.

NUNES, Lygia Bojunga (1983). *A bolsa amarela*. 8 ed. Rio de Janeiro, Agir, p. 20.

PROPP, Vladimir (1970). *Morphologie du conte*. Paris, Seuil.

SABINO, Fernando (1991). *Zélia, uma paixão*. 3 ed. Rio de Janeiro, Record.

TESNIÈRE, Lucien (1959). *Éléments de syntaxe structurale*. Paris, Klincksieck.

Sugestões de leitura

(obras de apresentação de conjunto da teoria semiótica)

BARROS, Diana Luz Pessoa de. *Teoria do discurso*. Fundamentos semióticos. 3ª edição, São Paulo, Humanitas, 2002 (1ª edição de 1988).
A autora apresenta uma visão de conjunto da teoria, em que são examinadas, entre outras questões, os processos de manipulação, a modalização narrativa, a organização passional e as relações entre texto e contexto.

_____. *Teoria semiótica do texto*. São Paulo, Ática, 1990.
Introdução aos princípios e métodos da teoria semiótica, com exemplos concretos de análise.

COURTÉS, J. *Analyse sémiotique du discours. De l'énoncé à l'énonciation*. Paris, Hachette, 1991.
O autor faz uma boa apresentação dos fundamentos teóricos da semiótica, com ênfase em questões do nível discursivo e nos procedimentos enunciativos.

FIORIN, José Luiz. *Elementos de análise do discurso.* São Paulo, Contexto/EDUSP, 1989.

Introdução clara aos problemas de análise semiótica do discurso, em que o autor examina sobretudo os procedimentos sintáticos e as figuras semânticas do discurso.

GREIMAS, Algirdas Julien. *Sobre o sentido.* Petrópolis, Vozes (original francês de 1970).

Os ensaios reunidos em *Sobre o sentido* apresentam os elementos fundamentais da teoria e da metodologia semiótica. Vejam-se, entre outros, a *Introdução* e o ensaio *Jogo das restrições semióticas*, em que se desenha, pela primeira vez, o quadrado semiótico.

_____(1983). *Du sens II.* Paris, Seuil.

Como o primeiro volume, *Du sens II* reuniu ensaios fundamentais para o desenvolvimento da teoria semiótica, tais como *A modalização do ser* e *Sobre a cólera*, estudos que desencadearam o exame das paixões, ou *O Saber e o crer*, em que se examinam questões de veridicção e de interpretação.

GREIMAS, A. J. e COURTÉS, J. *Dicionário de semiótica.* São Paulo, Cultrix, s/d (original francês de 1979).

O *Dicionário de semiótica* faz, sob a forma de verbetes, a mais completa apresentação de conjunto da teoria, na data de sua publicação. Apresenta, pela primeira vez, a concepção de engendramento do sentido sob a forma de um percurso gerativo.

MARSCIANI, F. e ZINNA, A. *Elementi di semiotica generale.* Bologna, Esculapio, 1991.

Os autores fazem uma boa apresentação dos princípios gerais da teoria semiótica.

TATIT, Luiz. *Análise semiótica através das letras.* São Paulo, Ateliê Editorial, 2001.

A partir da análise semiótica de letras de canções brasileiras conhecidas, são apresentados os elementos teóricos e metodológicos da teoria semiótica, inclusive alguns aspectos da chamada semiótica tensiva.

TATIT, Luiz. Abordagem do texto. In: FIORIN, José Luiz (org.). *Introdução à Linguística I. Objetos teóricos.* São Paulo, Contexto, 2002, p. 187-209.

Nesse texto, o autor introduz alguns elementos da análise semiótica, de forma clara e precisa.

Respostas dos exercícios

Respostas dos exercícios de fonética

(1)
1. nascimento 2. assassino 3. chaveiro 4. arrasado 5. hospício
1. pneu 2. xerox 3. advogado 4. técnica 5. dicção

(2)

	labiodental	alveolar	palatal
oclusiva		t d	c
nasal	ɱ		
fricativa		s z	

	anterior
meio-fechada	e
aberta	a

(3)
a. discente b. restinga c. franquear d. embrulhado e. ouça f. sede g. biscoito
h. perseguidores i. seguirem j.esbelta

(4) b

(5) [b]

(6) c

(7) c

(8) a. [ɛ] b. [b] c. [n]

(9)
a. horrorosa b. ontem c. enganchado d. diarista e. amanhã f. condado
g. bochecha h. destino i. família j. esteira
k. [per.ga.ˈmĩ.ɲʊ] ~ [per.ga.ˈmĩ.ɲʊ] ~ [peh.ga.ˈmĩ.ɲʊ] ~ [peɾ.ga.ˈmĩ.ɲʊ]
l. [mi.ʎa.ˈraw] ~ [mi.ʎa.ˈral]
m. [ˈpox.kʊ] ~ [ˈpor.kʊ] ~ [ˈpor.kʊ] ~ [ˈpoɾ.kʊ]
n. [tra.ba.ˈʎar] ~ [tra.ba.ˈʎax] ~ [tra.ba.ˈʎaɾ]
o. [va.ˈre.tɐ]
p. [ˈsĩn.tʊ]
q. [na.ˈdaɾ] ~ [na.ˈdax] ~ [na.ˈdar] ~ [na.ˈdaɾ]
r. [aw.tʃi.ˈtu.dʒɪ] ~ [al.ti.ˈtu.dɪ]
s. [ˈkej.ʒʊ] ~ [ˈke.ʒʊ]
t. [a.ma.ˈxa.dʊ] ~ [a.ma.ˈra.dʊ]

(10)
a. [ˈpɔr.kɐ][ˈpɔr.tɐ] – ponto de articulação (alveolar *vs* velar)

224 Introdução à Linguística II

b. [ka.ˈbe.lʊ][ka.ˈme.lʊ] – modo de articulação (plosiva *vs* nasal)
c. [ˈba.gʊ][ˈga.gʊ] – ponto de articulação (bilabial *vs* velar)
d. [ˈkã.mɐ][ˈkã.nɐ] – ponto de articulação (bilabial *vs* alveolar)
e. [pɔ][pɛ] – anterior *vs* posterior
f. [ˈvɛ.ʎɐ][ˈvɛ.lɐ] – ponto de articulação (palatal *vs* alveolar)
g. [ˈka.sɐ][ˈka.zɐ] – vozeamento (surda *vs* sonora)
h. [ˈsõ.ɲʊ][ˈsõ.nʊ] – ponto de articulação (palatal *vs* alveolar)
i. [sɛw][sew] – abertura (meio-aberta *vs* meio-fechada) (médio-baixa *vs* médio-alta)
j. [ˈka.lʊ][ˈka.ɾʊ] – modo de articulação (lateral aproximante *vs* vibrante)

(11)
a. plosivas *vs* fricativas
b. arredondadas *vs* não arredondadas
c. surdas *vs* sonoras
d. altas *vs* baixas (fechadas *vs* abertas)
e. sonoras *vs* surdas
f. labiais *vs* alveolares
g. arredondadas *vs* não arredondadas

Respostas dos exercícios de fonologia

I)
a) [– contínuo] → [+contínuo]   b) [– lateral] → [+ lateral] ou [–cont] → [+ cont]
c) [+ sonoro] → [– sonoro]   d) [+ anterior] → [– anterior]
e) [+ posterior] → [– posterior]   f) [– alto] → [+ alto]
g) [+ contínuo] → [– contínuo]   h) [+ post] → [– post] e [+ arred] → [– arred]
i) [+ arredondado]→[– arredondado]
j) [– nasal] → [+nasal]
  [– soante] → [+soante]

II) ALEMÃO: Os sons [uː] e [yː] constituem par mínimo, o que se verifica pelos três últimos pares de formas. Já os sons [ç] e [x] não formam uma oposição distintiva, ocorrendo em distribuição complementar no *corpus*. [ç] ocorre após vogais anteriores e [x] após vogais posteriores.

III) TURCO: Podemos dividir as palavras em dois grupos, cada um dos quais contém vogais que não ocorrem no outro grupo. Assim, temos, por um lado, as formas [evde], [verdim], [køpry] e [gøstermek], que contêm apenas as vogais [e, i, ø, y], e por outro as formas [aldɯm], [ankara], [odun] e [odasɯ], que contêm apenas as vogais [a, o, u, ɯ]. Basta, então, observar a tabela que classifica as vogais de acordo com seus traços e veremos que o primeiro grupo de palavras contém apenas vogais anteriores e o segundo grupo contém apenas vogais posteriores. Temos, então, harmonia vocálica do traço [± posterior].

IV) JAPONÊS: as vogais altas i, ɯ se ensurdecem entre consoantes surdas ou, em final de palavra/enunciado, se o som precedente é uma consoante surda. Deve ser observado que as vogais longas não se ensurdecem, o que a transcrição utilizada torna de visualização mais fácil, já que elas são transcritas como se fossem duas vogais, não sendo uma só vogal entre consoantes surdas.

Ensurdece-se o ɯ da variante [asɯko] porque ele é alto e está entre duas consoantes surdas.

V) ESPANHOL: Listemos, inicialmente, as palavras em que ocorre cada um dos segmentos em estudo:

- ocorre [b] em: [bandiðo], [aɾbol], [buɾdo] e [buskaɾ].
- ocorre [β] em [taβlaðo], [taβako] e [deβeɾ].
- ocorre [d] em: [goɾdo], [tienda], [pɾendeɾ], [aɾdiʎa], [buɾdo] e [deðo].
- ocorre [ð] em: [taβlaðo], [bandiðo] e [deðo].
- ocorre [g] em: [gɾiŋgo] e [goɾdo].
- ocorre [ɣ] em: [aɣusar], [paɣaɾ] e [tiɣɾe].

Verificamos, então, que os pares de consoantes apresentados contêm alofones com distribuição complementar, já que as fricativas [β, ð, ɣ] ocorrem quando precedidas de vogal e as oclusivas [b, d, g] ocorrem nos demais contextos.

VI) GREGO MODERNO: Houve aqui assimilação de ponto de articulação (regressiva) e de sonoridade (progressiva). Como não foi apontada nenhuma maneira de indicar uma assimilação de ponto de articulação, ficaríamos com duas regras referentes ao primeiro processo:

$$/n/ \rightarrow [m] / \text{\_\_\_\_\_} \text{[labial]}$$
$$/n/ \rightarrow [ŋ] / \text{\_\_\_\_\_} \text{[dorsal]}$$

Essa regra se aplica tanto em fronteira de palavra (entre o artigo e o substantivo) como em fronteira de morfema (entre o prefixo e a raiz do verbo). A regra de assimilação de sonoridade, que se aplica após consoante nasal, é a seguinte:

$$\begin{bmatrix} - \text{ sonoro} \\ - \text{ soante} \end{bmatrix} \rightarrow [+ \text{ sonoro}] / [+ \text{ nasal}] \text{\_\_\_\_\_}$$

VII) HÚNGARO: Havendo uma sequência de obstruintes, haverá assimilação do traço [±sonoro] do último som pelo primeiro. A consoante final de ['ne:p] se sonoriza diante da consoante inicial de ['dɑl], produzindo a forma ['ne:bdal]. Já a consoante final de ['ke:z] se ensurdece diante da consoante inicial de ['kre:m], produzindo a forma ['ke:skre:m]. A regra que representa esse processo é a seguinte:

$$\begin{bmatrix} \alpha \text{ sonoro} \\ - \text{ soante} \end{bmatrix} \rightarrow [\beta \text{ sonoro}] / \text{\_\_\_\_\_} [\beta \text{ sonoro}]$$

226 Introdução à Linguística II

VIII) AINU: o que podemos verificar nos dados é que quando, na fronteira entre duas palavras, a primeira termina em tepe e a segunda se inicia por tepe, o primeiro se transforma em nasal coronal. Os dados não nos permitem dizer se isso só ocorre na fronteira entre palavras ou é um fenômeno mais difundido na língua. Supondo que isso só se verifica na fronteira entre palavras, teríamos a seguinte regra fonológica:

$$\begin{bmatrix} + \text{ soante} \\ - \text{ nasal} \\ + \text{ coronal} \end{bmatrix} \rightarrow + \text{nasal} / \underline{\quad} \# \# \begin{bmatrix} + \text{ soante} \\ - \text{ nasal} \\ + \text{ coronal} \end{bmatrix}$$

IX) HEBRAICO:

a) Listemos as palavras em que ocorrem cada um dos fones:

- ocorre [b] em [bika], [mugbal] e [bara].

- ocorre [v] em [ʃavar], [ʃavra] e [ʔikev].

- ocorre [p] em [para], [mitpaxat] e [ɦaʔalpim].

- ocorre [f] em [litef] e [ʃefer].

As consoantes fricativas [v] e [f] ocorrem após vogais. As consoantes oclusivas [p] e [b] ocorrem em início de palavra ou após consoante.

$$\begin{bmatrix} + \text{ consoante} \\ - \text{ contínua} \end{bmatrix} \rightarrow [+ \text{ contínua}] / \_V$$

b) A alternativa correta é a i), pois após consoante apenas pode ocorrer [b], mas não [v]

c) A alternativa correta é a ii), pois após consoante apenas pode ocorrer [p], mas não [f].

Respostas dos exercícios de morfologia

I) Os nomes de agente são formados, de maneira bastante regular, por meio de dois morfemas, um prefixo {ma-} e um sufixo, que substitui a vogal final do verbo e varia conforme o gênero e o número indicados. Para o masculino {-i}, para o feminino {-iya} e para o plural {-a}.

II) O morfema do diminutivo é um infixo; tem a forma {-la-} e pospõe-se à primeira sílaba da palavra. Se a primeira sílaba for constituída por uma vogal somente, o morfema {-la-} é acompanhado pela glotal ʔ. O conjunto formado pela primeira sílaba + {-la-} é prefixado.

III) Os morfemas identificados são:

{ni-}: 1p.sg.;

ti-: 2p.sg;

{kwika}: cantar;

{koni}: beber;

{-s}: futuro;

{-tika}: presente contínuo;

{-taya}: passado contínuo;

{-k}: passado perfeito;

{-ø}: presente.

Também é possível propor que a primeira e a segunda pessoas do singular têm a forma {nik-} e {tik-} e que os lexemas verbais são {wika} e {oni}.

IV) Os morfemas gramaticais expressam os artigos definidos e indefinidos. O morfema do indefinido singular é zero; o do definido singular é {-lɛ}; o do plural, tanto para o definido como para o indefinido, é {-ŋ̊} . O morfema de plural coloca-se depois do zero do indefinido ou depois do {-lɛ}, do definido. O morfema do definido, quando segue uma nasal, tem o alomorfe [ni] que, devido a um processo de assimilação, contrai-se com a nasal do radical.

Quando o morfema de plural segue o definido, a consoante [l] é suprimida e a vogal se assimila ao traço anterior ou posterior da vogal que o precede. Assim:

$$[\varepsilon] \rightarrow [ɔ] \ /[+post.] -$$

$$[\varepsilon] \rightarrow [\varepsilon] \ /[+ant.] -$$

V) Nos dados do Matis ocorrem os seguintes morfemas: {minbi –} pronome de 2 p. sg.;

{ø} – pronome 3 p. sg.; {nuki –} pronome de 1 p. pl.; {mikui –} pronome de 2 p. pl.; {pe} – comer; {abare} – correr; {nami} – carne; {-k }– tempo presente; {-ak} – tempo passado.

VI) Identificam-se os seguintes morfemas: {ò} "3ª pes. sing.; {à-} "passado"; {N-} "negação" e os morfemas lexicais correspondentes aos lexemas verbais: kà, dàfí, bá. A alternância observada nas consoantes que sucedem os morfemas que marcam a flexão de tempo do verbo coloca em jogo o modo de articulação: consoantes oclusivas tornam-se não oclusivas, ou seja, o traço [- contínuo] da consoante inicial do lexema verbal torna-se [+ contínuo]. Observa-se a alternância :

k ~ h   d ~ l   b ~ w

228 Introdução à Linguística II

O acréscimo do morfema de negação {N}– que terá seu ponto de articulação especificado pela consoante inicial do radical verbal – provoca sonorização da consoante inicial, se esta for velar, ou nasalização, quando for uma bilabial ou dental a consoante inicial. A alternância observada é:

k ~ g   b ~ m   d ~ n

VII) O morfema do definido é {-la}, com os seguintes alomorfes:

/-a/ , /-ã/. Seus alomorfes podem ser descritos pela regra:

[la] / consoante não nasal –

{-la} ->   [a] / vogal oral –

[ã] /vogal nasal –

VIII) Os morfemas que expressam a pessoa prendem-se à base verbal em posição inicial: {a-}, 1ª pessoa, {mi-} 2ª pessoa. Os morfemas que expressam tempo pospõem-se à base verbal. O morfema do presente é {-pa}, com os alomorfes {-pa} e {-p}, sendo que este último segue a base verbal terminada em /a/. O morfema do pretérito é {-wom}.

Correção dos exercícios de sintaxe

A. Determine a que categorias gramaticais pertencem as palavras em caixa alta (palavras inventadas) nas seguintes sentenças, retiradas, em sua forma original, de obras de Machado da Assis. Argumente em favor de sua análise.

(1). a) Como eu estava cansado, SEFLEI os olhos três ou quatro vezes.
   b) Disse isso SEFLANDO o punho e proferi outras ameaças.
   c) José Dias sorriu deliciosamente, mas fez um esforço grande e SEFLOU outra vez o rosto.
   d) O beijo de Capitu SEFLAVA-me os lábios.

Podemos dizer que as palavras grifadas em (1) pertencem à categoria VERBO, uma vez que apresentam marcas de 1ª pessoa do singular em (1)a, e de 3ª pessoa do singular em (1)c e (1)d, concordando, morfologicamente, com seus sujeitos, que são *eu*, *José Dias* e *o beijo de Capitu*, respectivamente. Além disso, tais palavras contêm marcas que indicam que a situação descrita pela oração em que ocorrem está se desenvolvendo concomitantemente à situação descrita pela oração principal no mesmo período, como em (1)a e (1)b. Também é possível identificar marcas que apontam para o caráter episódico do evento descrito (em (1)a ou (1)c) ou durativo (em (1)b). Nenhum exemplo apresenta marcas de gênero e número, próprias de nomes. O critério distribucional também confirma a hipótese inicial e nos permite dizer que as palavras em exame são verbos transitivos, já que aparecem com um complemento em todas as sentenças. Finalmente, os itens lexicais marcados nas sentenças denotam eventos, ou seja, o critério semântico é mais uma evidência em favor de nossa análise.

> (2) a) E a voz não lhe saía DOLMA, mas velada e esganada.
> b) Já agora acabo com as coisas DOLMAS.
> c) A cabeça da minha amiga sabia pensar DOLMO e depressa.
> d) Senti que não poderia falar DOLMAMENTE.

O item lexical DOLMA pode ser classificado como membro da categoria dos ADJETIVOS pelas seguintes razões. Em (2)a, *dolma* denota uma propriedade que é atribuída ao substantivo *voz*, com o qual concorda em gênero e número. Lembre que, pelo critério semântico, itens lexicais que atribuem uma propriedade a um constituinte nominal são adjetivos. A relação de concordância que se estabelece entre o adjetivo *dolma* e o substantivo *voz* pode ser atestada pela estranheza de uma sentença como (2)a', em que os traços de gênero masculino e plural de *dolmos* conflitam com os traços de gênero feminino e singular do substantivo *voz*.

> (2)a' *E a voz não lhe saía DOLMOS, mas velada e esganada

Também em (2)b o item lexical DOLMAS exibe morfologia de gênero e número em concordância com os traços morfológicos do substantivo coisas. Observe que a utilização de uma PROFORMA, na sentença (2)a", nos mostra que *dolma* forma um constituinte independente de *voz*, em (2)a:

> (2)a" E a voz não lhe saía ASSIM, mas velada e esganada.

Por outro lado, em (2)b o uso de uma PROFORMA mostra que *dolmas* integra o constituinte nominal, como em (2)b'.

> (2)b' Já agora acabo com as coisas DOLMAS. Sim, acabo com ELAS.

Além disso, adjetivos como *velada* e *esganada*, em (2)a, estão coordenados com *dolma*. Só elementos da mesma categoria podem ser coordenados.

Ainda, a sentença (2)d confirma a análise segundo a qual *dolmo/a(s)* é um ADJETIVO, já que só adjetivos alimentam o processo derivacional de formação de advérbios terminados em -*mente*.

Em (2)c e (2)d, verifica-se uma modificação do item lexical em relação a (2)a. Nos dois casos, novos itens lexicais são formados e o critério morfológico nos aponta diferenças entre esses elementos e os exemplificados por (2)a e (2)b: marcas nominais como gênero e número não são possíveis em (2)c e (2)d. Isso sugere que *dolmo* e *dolmamente* pertencem a uma outra classe de itens lexicais, os ADVÉRBIOS. O critério distribucional, nesse caso, nos informa que há distribuição complementar

230 Introdução à Linguística II

entre os casos em (2)a, por um lado, e os casos em(2)c e (2)d, por outro. Em (2) a e (2)b, *dolma/dolmas* estão para constituintes nominais, assim como *dolmo* e *dolmamente*, em (2)c e (2)d, respectivamente, estão para verbos. Isso sugere que as duas classes – adjetivos e advérbios em -*mente* – podem ser fundidas em uma única classe.

(3) a) Fiquei tão MUPESTRE com esta ideia, que ainda agora me treme a pena na mão.
b) As horas tristes e compridas eram agora breves e MUPESTRES.
c) Ele me explicou por estas palavras MUPESTRES.

As palavras grifadas denotam propriedades e, portanto, o critério semântico sugere que elas podem pertencer à categoria ADJETIVO. Morfologicamente, elas apresentam variação de número, em concordância com o número dos substantivos aos quais estão relacionadas. Além disso, o grau da propriedade que expressam pode ser comparado ou intensificado por itens como *tão*, como em (3)a, e muitos outros, como *muito, pouco, mais, menos*. A hipótese de que *mupestre* pertence à categoria dos adjetivos se confirma pela distribuição de *mupestre* nas sentenças. Em (3)c, *mupestre* se combina com o substantivo *palavras*, que se combina, então, com o determinante *estas*, formando *estas palavras mupestres*. *Mupestre* é, assim, parte integrante desse sintagma, o que se confirma com a utilização da PROFORMA ISSO: *ele me explicou por ISSO*. Em (3)a e (3)b, *mupestre* é um constituinte independente, como mostra a substituição pela PROFORMA ASSIM: *fiquei ASSIM com esta ideia, as horas tristes e compridas eram agora ASSIM*. A utilização da PROFORMA ISSO confirma a ideia de que *mupreste* pertence à categoria dos adjetivos, uma vez que estes são os itens lexicais que tanto podem integrar constituintes nominais (em (3)c), como podem formar constituintes independentes do nome ao qual atribuem uma propriedade (em (3)a e (3)b).

(4) a) Era o pai de Capitu, que voltava da repartição um pouco mais BODRO, como usava às vezes.
b) Não quero saber dos santos óleos da teologia; desejo sair daqui o mais BODRO que puder, ou já....
c) (...) íamos sempre muito BODRO, logo depois do almoço, para gozarmos o dia compridamente.

Analisando (4)a, notamos, mais uma vez, que estamos diante de um item lexical que denota propriedade. Sendo assim, podemos levantar a hipótese de que a palavra destacada pertence à categoria dos ADJETIVOS. Se, para confirmar essa hipótese, manipularmos a sentença de tal maneira a observar seu comportamento morfológico com relação à concordância de gênero e número com o substantivo ao qual está relacionado, veremos que precisamos de mais dados.

Respostas dos exercícios 231

(4) a' Era Capitu, que voltava da repartição um pouco mais BODRA.
   a'' Era Capitu, que voltava da repartição um pouco mais BODRO.

Tanto a forma com marcas morfológicas de gênero e número, em (4)a', como a forma invariável, em (4)b', são possíveis, o que nos deixa entre classificá-la como adjetivo, no primeiro caso, ou como advérbio, no segundo. Já em (4)b e (4)c temos evidências para propor que *bodro* pertence à categoria dos advérbios. Primeiramente, porque em (4)b, o constituinte do qual ele é núcleo está coordenado ao item lexical *já*, tradicionalmente classificado como um advérbio. Segundo, porque, em (4)c, ele não pode estar relacionado a um constituinte nominal, uma vez que isso exigiria que ele exibisse marcas morfológicas de número. Concluímos que, por apresentar uma forma invariável, *bodro* está associado ao constituinte verbal e pode ser classificado como ADVÉRBIO. Note que em todas as sentenças de (4), o grau de *bodro* é intensificado. As sentenças em (4), reiteram a proposta de considerar adjetivos e advérbios (do tipo de *bodro*) como uma classe gramatical única.

B. A definição usual de advérbio é:

> "Advérbio é uma palavra invariável que modifica um verbo, um adjetivo ou outro advérbio, exprimindo circunstância de tempo, lugar, modo, dúvida, etc."

Examine o comportamento da palavra LÁ, usualmente classificada como advérbio, nas sentenças abaixo. Diga se a definição acima pode se aplicar a cada uma delas. Se não, diga a que categoria você acha que LÁ pertence, em cada um dos exemplos.

(5) LÁ é maravilhoso.
(6) Eu detestava LÁ.
(7) Ele saiu de LÁ.
(8) Aquele homem LÁ disse coisas ótimas.
(9) Eu cheguei LÁ em Santos.
(10) Eu cheguei LÁ atrasado.
(11) LÁ, tudo acontecia como se ninguém soubesse de nada.

Em nenhuma das sentenças, o item lexical LÁ modifica um verbo, um adjetivo ou um outro advérbio, como sugere a definição tradicional para advérbio. Nas sentenças (5), (6) e (7), LÁ está no lugar de um sintagma como *aquele lugar*, que tem propriedades nominais e ocupa, respectivamente, as posições de sujeito da oração, complemento do verbo *detestar* e complemento da preposição *de*. Essas posições não são posições características de modificadores, o que impede que LÁ seja tomado como um advérbio nesses casos, segundo a definição tradicional de advérbios.

Em (8), LÁ integra o sintagma nominal do qual *homem* é núcleo. Mais uma vez a utilização de uma PROFORMA, como *ele* em (8)a, em substituição ao sintagma *aquele homem LÁ*, confirma essa análise:

232 Introdução à Linguística II

(8)a Ele disse coisas ótimas.

Em (8), *LÁ* pode estar no lugar de expressões como: *no canto da sala, que está naquele lugar*. Pode-se dizer, então, que *LÁ* está no lugar de um sintagma preposicionado ou mesmo de uma oração inteira, que integram o sintagma que tem por núcleo o substantivo *homem*. Sendo assim, *LÁ* é, nesse caso, modificador de um substantivo. Mais uma vez, a definição tradicional de advérbio não se aplica a esse caso.

Em (9), *LÁ* é núcleo do sintagma *LÁ em Santos*, que é argumento do verbo *chegar*. Em (10) e (11), *LÁ* substitui um constituinte como *naquele lugar*. No caso de (10), *LÁ* é o argumento do verbo *chegar*, desempenhando o papel, exigido por *chegar*, de lugar atingido pela chegada. Já em (11), *LÁ* localiza todo o evento denotado pela sentença. Assim, as sentenças acima tornam fácil a verificação de que a definição que tradicionalmente se atribui aos advérbios é insuficiente para abarcar todos os casos de sentenças em que um elemento dessa natureza pode ocorrer.

C. Dentre as construções discutidas no item 3 do texto (topicalização, clivagem, pronominalização, fragmento de sentença, elipse), utilize as que forem apropriadas para descobrir as diferentes possibilidades de estruturação sintática das sentenças que seguem:

(12) O professor vai presentear os alunos com notas altas.
(13) Os alunos andavam entusiasmados pelo Museu.
(14) O presidente parecia confiante no Senado.

A sentença (12) tem duas interpretações. Intuitivamente, pode-se ter, como primeira interpretação, a de que o professor vai dar notas altas aos alunos de maneira geral. Como segunda interpretação, tem-se que o professor vai dar algum presente àqueles alunos que tiveram notas altas. Essa possibilidade de dupla interpretação está associada à possibilidade de a sentença ter duas estruturas sintáticas diferentes. A primeira interpretação corresponde a uma estrutura em que o constituinte *com notas altas* não se compõe com *alunos* para formar um único constituinte, formando, portanto, uma projeção independente; diferentemente, a segunda interpretação é possibilitada por uma estrutura em que *os alunos* e *com notas altas* estão juntos na mesma projeção. Vejamos como as construções de topicalização, clivagem e passiva, a pronominalização e os fragmentos de sentença nos ajudam a ver a diferença entre as duas estruturas. Marcamos os constituintes relevantes em itálico para deixar mais claro que a primeira interpretação corresponde à estrutura em que esses constituintes estão separados e a segunda interpretação corresponde à estrutura em que esses constituintes estão juntos.

• Topicalização

Leitura 1: *Os alunos*, o professor vai presentear *com notas altas*.
Leitura 2: *Os alunos com notas altas*, o professor vai presentear.

- Clivagem

> Leitura 1: É *os alunos* que o professor vai presentear *com notas altas*.
> Leitura 2: É *os alunos com notas altas* que o professor vai presentear.

- Passiva

> Leitura 1: *Os alunos* vão ser presenteados *com notas altas*.
> Leitura 2: *Os alunos com notas altas* vão ser presenteados.

- Pronominalização

> Leitura 1: O professor vai presenteá-*los com notas altas*. (os = os alunos)
> Leitura 2: O professor vai presenteá-*los*. (os = os alunos com notas altas)

- Fragmento de Sentença

> Leitura 1: *Quem* o professor vai presentear *com notas altas*?
> Resposta: *Os alunos*
> Leitura 2: *Quem* o professor vai presentear?
> Resposta: *Os alunos com notas altas*.

A sentença (13) também tem duas possibilidades de interpretação: a primeira é a de que o museu é o local em que os alunos andavam entusiasmados; a segunda é a de que o museu é a razão do entusiasmo dos alunos. Novamente, essas diferentes possibilidades de interpretação estão relacionadas a duas estruturas sintáticas diferentes. Vejamos como outras construções da língua nos ajudam a perceber essas diferenças estruturais:

- Topicalização

> Leitura 1: *Pelo museu*, os alunos andaram *entusiasmados* a tarde inteira; pelo parque, andaram cabisbaixos por pouco tempo.
> Leitura 2: *Entusiasmados pelo museu*, os alunos andaram durante um certo tempo; agora andam entusiasmados pela política.

- Clivagem

> Leitura 1: Foi *pelo museu* que os alunos andaram *entusiasmados*; pelo parque, andaram cabisbaixos.
> Leitura 2: Era *entusiasmados pelo museu* que os alunos andaram durante um certo tempo; agora andam entusiasmados pela política.

- Pronominalização

> Leitura 1: Os alunos andavam por *lá* entusiasmados. (lá = o museu)
> Leitura 2: Os alunos andavam *assim*. (assim= entusiasmados pelo museu)

234   Introdução à Linguística II

- Pronominalização com pronomes interrogativos

> Leitura 1: *Por onde* os alunos andavam entusiasmados?
> Resposta: *Pelo museu.*
> Leitura 2: *Como* os alunos andavam?
> Resposta: *Entusiasmados pelo museu.*

A sentença (14) também tem duas possíveis leituras. Pela primeira, entendemos que, no recinto do senado, o presidente parecia confiante. Pela segunda, entendemos que o senado era a instituição em que o presidente tinha confiança. Como no caso das duas sentenças anteriores, essas possibilidades de interpretação estão associadas a duas estruturas sintáticas distintas. Outras construções do português podem nos ajudar a ver essas diferenças:

- Topicalização

> Leitura 1: *No senado*, o presidente parecia *confiante*; em seu gabinete, mostrava-se inseguro.
> Leitura 2: *Confiante no senado*, o presidente parece sempre; confiante na câmara de deputados, ele nunca está.

- Clivagem

> Leitura 1: Foi *no senado* que o presidente pareceu *confiante*; em seu gabinete, mostrava-se inseguro.
> Leitura 2: É *confiante no senado* que o presidente sempre parece estar; confiante na câmara ele nunca parece estar.

- Pronominalização

> Leitura 1: O presidente parecia confiante *lá*. (lá = no senado)
> Leitura 2: O presidente parecia *assim*. (assim = confiante no senado)

- Pronominalização com pronomes interrogativos

> Leitura 1: *Onde* o presidente parecia confiante?
> Resposta: *No senado.*
> Leitura 2: Como o presidente parecia?
> Resposta: *Confiante no senado.*

D. Nas expressões abaixo, os predicados, que são os núcleos de sua projeção, aparecem em caixa alta. Diga qual a posição que os demais constituintes ocupam na projeção desses predicados: complementos, especificadores ou adjuntos. Para treino, faça uma árvore para cada projeção. Ignore os artigos e os verbos de ligação.

> (15)   professores CONSCIENTES de sua responsabilidade

O sintagma em (15) tem como núcleo um adjetivo – *consciente* – sendo, portanto, um sintagma adjetival. O sintagma preposicional *de sua responsabilidade* é complemento do núcleo e o sintagma nominal *professores* é o especificador. A representação arbórea é a que segue:

Figura 1

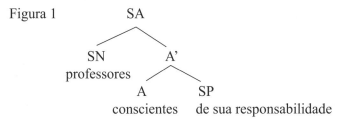

(16) a CONSCIÊNCIA da responsabilidade

O sintagma em (16) tem como núcleo um nome – *consciência* – sendo, portanto, um sintagma nominal. O sintagma preposicional *de sua responsabilidade* é complemento do núcleo. Esse sintagma nominal não tem nenhum constituinte em sua posição de especificador. A representação arbórea é a que está na Figura 2:

Figura 2

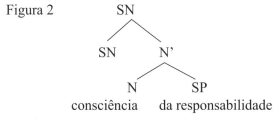

(17) um JOGADOR de futebol da Itália

O sintagma em (17) tem como núcleo um nome – *jogador* – sendo, portanto, um sintagma nominal. O sintagma preposicional *de futebol* é complemento do núcleo. Esse sintagma nominal não tem nenhum constituinte em sua posição de especificador, mas tem um adjunto, que é o constituinte *da Itália*. A presença desse constituinte não se deve a uma exigência do nome *jogador*. Por isso, quando ele é mapeado na sintaxe, não há uma nova projeção hierárquica. O constituinte *da Itália* é mapeado como um constituinte que se aplica a uma projeção fechada do tipo SN e a mantém com a mesma estruturação hierárquica que ela apresentava anteriormente. Trata-se, portanto, de um adjunto. Examinem a representação arbórea na Figura 3

Figura 3

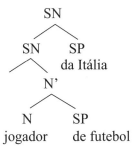

(18) o João JOGA basquete nos Estados Unidos

Na análise de (18), vamos ignorar a projeção do tempo verbal e considerar somente a projeção do sintagma verbal, que tem como núcleo um verbo – *joga*. O sintagma nominal *basquete* é o argumento interno do verbo e ocupa a posição de complemento do núcleo. Na posição de especificador, está o argumento externo do verbo, que é *o João*. O sintagma preposicional *nos Estados Unidos* não é um dos argumentos do verbo, porque não é necessariamente exigido por ele. Por isso, ele é mapeado em uma posição de adjunto, aplicando-se à projeção já fechada do SV. A representação arbórea está na Figura 4

Figura 4

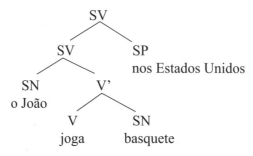

(19) o pé SOBRE a mesa

O sintagma em (19) tem como núcleo uma preposição – *sobre* – sendo, portanto, um sintagma preposicional. O sintagma nominal *a mesa* é complemento do núcleo. Na posição de especificador, está outro sintagma nominal – *o pé*. A representação arbórea é a que está a seguir:

Figura 5

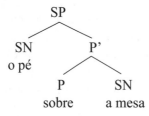

(20) o pé sobre a mesa é FALTA de educação

A estrutura em (20) tem como núcleo um nome – *falta* – sendo, portanto, um sintagma nominal. O sintagma preposicional *de educação* é complemento do núcleo. Esse sintagma nominal tem, em sua posição de especificador, um sintagma preposicional, cuja estrutura foi analisada em (19):

Figura 6

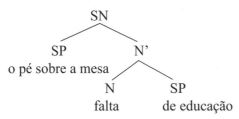

(21) trabalhadores IRRITADOS com seus baixos salários

O sintagma em (21) tem como núcleo um adjetivo – *irritados* – sendo, portanto, um sintagma adjetival. O sintagma preposicional *com seus baixos salários* é complemento do núcleo e o sintagma nominal *trabalhadores* é o especificador. A representação arbórea é a que segue:

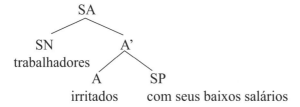

(22) trabalhadores irritados com seus baixos salários é COMUM.

A estrutura em (22) tem como núcleo um adjetivo – *comum* – sendo, portanto, um sintagma adjetival. Não há nenhum constituinte na posição de complemento do núcleo. Na posição de especificador, está outro sintagma adjetival, cuja estrutura foi analisada em (21):

Figura 7

(23) um ALUNO de Física de cabelo encaracolado

O sintagma em (23) tem como núcleo um nome – *aluno* – sendo, portanto, um sintagma nominal. O sintagma preposicional *de Física* é complemento do núcleo. Esse sintagma nominal não tem nenhum constituinte em sua posição de especificador, mas tem um adjunto, que é o sintagma preposicional *de cabelo encaracolado*. A presença desse constituinte não se deve a uma exigência do nome *aluno*. Por isso, quando ele é mapeado na sintaxe, ele se aplica à projeção já fechada do SN e a mantém com a mesma estruturação hierárquica que ela apresentava anteriormente:

Figura 8

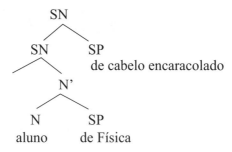

(24) a Cecília CONHECEU um aluno de Física de cabelo encaracolado

Na análise de (24), como fizemos na análise de (18), vamos ignorar a projeção do tempo verbal e considerar somente a projeção do sintagma verbal, que tem como núcleo um verbo – *conheceu*. O sintagma nominal *um aluno de Física de cabelo encaracolado* (analisado anteriormente) é o argumento interno do verbo e ocupa a posição de complemento do núcleo. Na posição de especificador, está o argumento externo do verbo, que é *a Cecília*. A representação arbórea está a seguir:

Figura 9

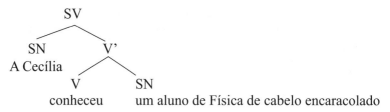

(25) a PROFUNDEZA do oceano ao sul do Equador

O sintagma nominal em (25) é ambíguo. O núcleo nominal – *profundeza* – exige um complemento, que pode ser o constituinte *o oceano ao sul do Equador*. Nesse caso, o sintagma preposicional *ao sul do Equador* seria um adjunto do sintagma nominal *oceano*, como mostra a representação a seguir:

Figura 10

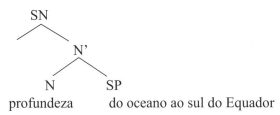

Entretanto, é possível termos, também, a estrutura em que o sintagma preposicional *ao sul do Equador* é um adjunto de todo o sintagma nominal *a profundeza do oceano*, como na representação abaixo:

Figura 11

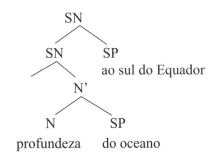

(26) o oceano ao sul do Equador é PROFUNDO

A estrutura em (26) tem como núcleo um adjetivo – *profundo* – sendo, portanto, um sintagma adjetival. Não há nenhum constituinte na posição de complemento do núcleo. Na posição de especificador, está um sintagma nominal, modificado por um sintagma preposicional adjunto:

Figura 12

(27) líderes governistas CONTRA deputados da oposição

O sintagma em (27) tem como núcleo uma preposição – *contra* – sendo, portanto, um sintagma preposicional. O sintagma nominal *deputados da oposição* é complemento do núcleo. Na posição de especificador, está outro sintagma nominal – *líderes governistas*. A representação arbórea é a que está a seguir:

Figura 13

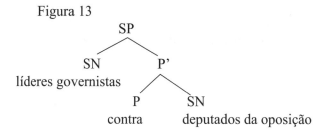

(28) líderes governistas contra deputados da oposição é o RESUMO da história política do país

A estrutura em (28) tem como núcleo um nome – *resumo* – sendo, portanto, um sintagma nominal. O sintagma preposicional *da história política deste país* é complemento do núcleo. Esse sintagma nominal tem, em sua posição de especificador, um sintagma preposicional, cuja estrutura foi analisada no exercício anterior:

Figura 14

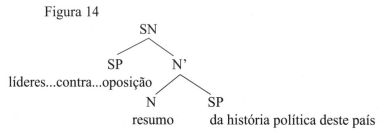

(29) olhos SENSÍVEIS à claridade

O sintagma em (29) tem como núcleo um adjetivo – *sensíveis* – sendo, portanto, um sintagma adjetival. O sintagma preposicional *à claridade* é complemento do núcleo e o sintagma nominal *olhos* é o especificador. A representação arbórea é a que segue:

Figura 15

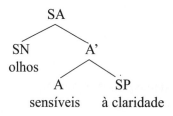

(30) a sensibilidade à claridade CAUSA problemas sérios para a visão

Na análise de (30), como fizemos nas análises de (18) e (24), vamos ignorar a projeção do tempo verbal e considerar somente a projeção do sintagma verbal, que tem como núcleo um verbo – *causa*. O sintagma nominal *problemas sérios para a visão* é o argumento interno do verbo e ocupa a posição de complemento do núcleo. Na posição de especificador, está o argumento externo do verbo, que é *a sensibilidade à claridade*. A representação arbórea está a seguir:

Figura 16

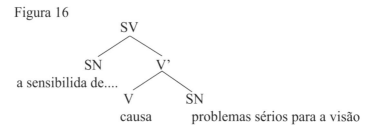

E. Levando em consideração as exigências lexicais dos predicados em caixa alta, localize, nas sentenças abaixo, o elemento que atende a cada uma dessas exigências.

Uma maneira eficiente de iniciar o trabalho de análise da estrutura das sentenças de nossa língua consiste em: (i) localizar cada um dos predicados que nucleiam os sintagmas que integram a sentença a ser analisada; (ii) determinar quais são as exigências que eles impõem aos constituintes que com eles podem vir a se combinar; (iii) determinar, na sentença a ser analisada, qual o constituinte que satisfaz cada uma dessas exigências. Neste exercício, vamos exercitar os passos (ii) e (iii), uma vez que, nas sentenças que ele inclui, alguns predicados já foram selecionados. Passemos à sentença (31):

(31) As escolas não PUNEM os alunos que FALTAM à aulas.

Nela, dois predicados foram marcados. O primeiro, *punir*, é um verbo que exige dois argumentos: (i) algo ou alguém que pune; (ii) alguém que é punido. Em (31), o constituinte *as escolas* desempenha o papel do punidor e o constituinte *os alunos que faltam às aulas* desempenha o papel de quem é punido. O segundo predicado marcado é *faltar*, também um verbo. *Faltar* exige, para compor uma sentença bem formada, dois constituintes: (i) um que desempenhe o papel de quem ou o que falta; (ii) outro que desempenhe o papel de a quem ou a que alguém/algo falta. Na sentença (31), esse segundo papel é desempenhado pelo constituinte *às aula*s. O papel do faltante é desempenhado pelo constituinte *que*. Alguém poderia sugerir que o constituinte que desempenha o papel do faltante é *os alunos*. O problema dessa sugestão, no entanto, está no fato de que, como já vimos, *os alunos* é parte do constituinte maior *os alunos que faltam às aulas*. Mas esse constituinte já satisfaz

242 Introdução à Linguística II

as exigências de um outro predicado – o verbo *punir*. Observe que ele ocupa a posição sintática de complemento de *punir*.

A intuição de que *os alunos* são os faltantes deve-se ao fato de que o item lexical *que* é um pronome relativo. Enquanto pronome, ele tem sua denotação determinada por uma ligação com um antecedente, que, no caso em questão, é *os alunos*. Para visualizar melhor como se dá a estruturação de sentenças que se encaixam em outras sentenças por meio de um pronome relativo, vamos transformar a sentença (31) em duas sentenças independentes, com algumas adaptações para que a natureza do pronome relativo *que* se torne mais transparente:

(31)' As escolas não punem os alunos (faltantes às aulas). Eles faltam às aulas.

Na sentença (31)', o papel do faltante é desempenhado pelo pronome *eles*, cuja interpretação é dada por sua ligação com *os alunos*, que é parte do complemento do verbo *punir*. O pronome *que*, na sentença (31), é equivalente ao pronome *eles* na sentença (31)'.

(32) Ao APLICAR o exame, o diretor não ESCOLHEU os melhores alunos.

Na sentença (32), dois predicados foram escolhidos: *aplicar* e *escolher*. *Aplicar* é um predicado que exige dois argumentos: quem aplica e o que é aplicado. O papel de o que é aplicado é satisfeito, na sentença (32), pelo constituinte *o exame*. Já com relação ao papel do aplicador, poderíamos propor que é o constituinte *o diretor* que satisfaz tal exigência. No entanto, novamente deparamos com o problema de que o constituinte *o diretor* também satisfaz exigências do predicado *escolher*. Vejamos: *escolher* é um predicado que exige dois argumentos – quem escolhe e quem é escolhido. Na sentença analisada, o papel de realizador da escolha é desempenhado pelo constituinte *o diretor* e o papel de objeto da escolha é desempenhado pelo constituinte *os melhores alunos*. Portanto, o constituinte *o diretor* parece satisfazer exigências, tanto do predicado *aplicar*, quanto do predicado *escolher*.

Pelo procedimento de análise da estrutura das sentenças que propusemos acima, devemos, inicialmente, determinar as exigências dos predicados e, em seguida, localizar nas sentenças dadas os constituintes que satisfazem tais exigências. De acordo com esse procedimento, cada predicado deve ter, em sua projeção, tantos constituintes quantos forem necessários para satisfazer suas exigências. Portanto, propor que um mesmo constituinte satisfaz as exigências de dois predicados diferentes significa dizer que um mesmo constituinte se combina com dois núcleos ao mesmo tempo, ou que o mesmo constituinte está dentro da projeção de dois predicados ao mesmo tempo. Isso traz problemas insolúveis para nossa análise, uma vez que isso é o mesmo que dizer que um único constituinte ocupa, ao mesmo tempo, duas posições hierárquicas diferentes na mesma sentença. A exemplo do que ocorre com as sentenças introduzidas por pronomes relativos, vamos solucionar esse problema propondo que o constituinte *o diretor* é, na verdade, argumento do predicado *escolher* e ocupa a posição de especificador do sintagma do qual *escolher* é núcleo. O papel de aplicador e, consequentemente, a posição de especificador do sintagma que tem *aplicar* como núcleo é ocupada por uma PROFORMA, cuja interpretação é dada por sua ligação com o constituinte *o diretor*, que ocupa a posição de sujeito de *escolher*. Essa proforma, contrariamente ao pronome relativo, não tem realização fonológica, ou seja, é uma instância do sujeito que tradicionalmente se conhece como sujeito oculto. O símbolo [∅] será usado para representar essas proformas silenciosas (sem realização fonológica). A interpretação a ela associada virá subscrita, entre parênteses.

Para facilitar a análise das sentenças seguintes, vamos representar, de forma esquemática, as exigências de cada um dos predicados e os constituintes que satisfazem tais exigências. Repetimos abaixo a análise da sentença (32) para exemplificar o procedimento que vamos adotar daqui para frente.

> APLICAR – quem aplica: $\emptyset$ (o diretor)
> o que aplica: o exame
>
> ESCOLHER – quem escolhe: o diretor
> o que escolhe: os melhores alunos

(33) Como os governadores não PROPUSERAM emendas à Constituição aos deputados e senadores, o presidente já ANUNCIOU apoio ao projeto.

> PROPOR – quem propõe: os governadores
> o que propõe: emendas à Constituição
> a quem propõe: aos deputados e senadores
>
> ANUNCIAR – quem anuncia: o presidente
> o que anuncia: apoio ao projeto

(34) Como FORAM ANALISADAS mais de mil propostas, VÊ-se que a escolha deve ter sido difícil.

> ANALISAR – quem analisa: $\emptyset$ (arbitrário)
> o que analisa: mais de mil propostas
>
> VER – quem vê: $\emptyset$ (arbitrário)
> o que vê: que a escolha deve ter sido difícil.

A análise da sentença (34) merece alguns comentários. Em primeiro lugar, por estar na voz passiva, o argumento que desempenha o papel de analisador, exigido pelo verbo *analisar*, não está realizado fonologicamente e, por isso, aparece representado por $\emptyset$, uma proforma silenciosa. Essa proforma tem uma interpretação arbitrária, uma vez que não está ligado a nenhum constituinte. Em segundo lugar, a partícula *se*, associada ao verbo, assim como a passiva, tem o poder de implicitar o argumento que desempenha o papel de quem vê. É por isso que, também nesse caso, representamos esse argumento pela proforma silenciosa $\emptyset$.

(35) Os alunos aprovados ganham bolsas para ESTUDAR e VIVEM nos alojamentos da faculdade.

ESTUDAR – quem estuda: ∅ (os alunos)

VIVER – quem vive: ∅ (os alunos)
onde vivem: nos alojamentos da faculdade

(36) Nos primeiros anos de vida pode-se DIZER se uma criança será um
adulto introvertido ou expansivo. Isso é o que se CHAMA traço de
personalidade.

DIZER – quem diz: ∅ (arbitrário)
o que é dito: se uma criança será um adulto introvertido
ou expansivo

CHAMAR – quem chama: ∅ (arbitrário)
o que chama: o que
do que chama: traço de personalidade

(37) Que animais o diretor do zoológico DISSE que a comida que COMERAM
FOI COMPRADA direto do CEAGESP?

DIZER – quem disse: o diretor do zoológico
o que disse: que a comida que que animais comeram foi
comprada direto do CEAGESP

COMER – quem come: que animais
o que comem: que

COMPRAR –quem compra: ∅ (arbitrário)
o que compra: a comida que que animais comeram

F. Considere os pares de sentenças abaixo. As sentenças (a) têm um argumento
presente a mais do que a variante (b). Considerando as exigências lexicais feitas
pelo verbo em cada sentença, imagine uma explicação para essa possibilidade.
Contraste os pares entre (38) e (41) com as impossibilidades apresentadas pelos
pares entre (42) e (45)(o sinal * que antecede os exemplos em (b) marca a agramaticalidade das sentenças):

(38) a) A Maria está lavando suas camisetas importadas.
b) As camisetas importadas lavam fácil.

(39) a) A tempestade afundou o barco.
b) O barco afundou.

Respostas dos exercícios   245

(40) a) Poirot prendeu o criminoso.
b) O criminoso foi preso.

(41) a) As crianças já comeram o bolo.
b) As crianças já comeram.

(42) a) O Pedro vai comprar aquela casa de esquina.
b) *Aquela casa de esquina compra fácil.

(43) a) O professor escreveu o artigo.
b) *O artigo escreveu.

(44) a) A atitude do marido chateava a Ana.
b) *A Ana era chateada.

(45) a) As crianças devoraram o bolo.
b) *As crianças devoraram.

Passemos à análise das sentenças em (38):

(38) a) A Maria está lavando suas camisetas importadas.
b) As camisetas importadas lavam fácil.

O predicado *lavar* pede dois argumentos: quem lava – no caso, o constituinte *a Maria* – e o que é lavado – no caso, o constituinte *suas camisetas importadas*. Ambos aparecem realizados na sentença (38)a. A sentença (38)b, quando comparada a (38)a, apresenta três diferenças: (i) o argumento que desempenha a função de quem lava é eliminado; (ii) o argumento que desempenha a função do objeto lavado, que (38)a ocupava a posição de complemento do verbo, passa a ocupar a posição de sujeito; e (iii) o verbo assume a forma de um tempo presente com interpretação genérica, facilitada pela introdução do advérbio *fácil*.

A possibilidade da alternância verificada nas sentenças em (38) parece estar relacionada à genericidade introduzida na sentença (38)b. Quando comparamos a sentença (38)b com a sentença (42)b, vemos que os predicados têm maneiras diferentes de se relacionar com as marcas de genericidade. Não é só em contextos como os de alternância apresentado no par (38) que o verbo *lavar* pode indicar uma atividade genérica. Essa relação com a genericidade também é possível em uma sentença como (38)a'. Diferentemente, um verbo como *comprar*, não só não aceita marcas de genericidade em contexto de alternância (como (42)), mas também não pode participar de uma sentença como (38)a''. Nesse último caso, a única possibilidade de expressão de genericidade é a que está em (38)a''':

(38) a' Eu lavo e passo todos os dias.
a'' *Eu compro todos os dias.
a''' Eu faço compras todos os dias.

246 Introdução à Linguística II

Em (39), o predicado *afundar* não exige a transformação em um tempo genérico para que a alternância seja possível. Nesse caso a possibilidade de alternância parece exigir um refinamento na caracterização das exigências do predicado com relação a seus argumentos. O papel de quem causa o afundamento não tem, a ele associado, características como intencionalidade e controle sobre o processo. Diferentemente, o predicado *escrever*, em (43), exige um escritor controlador, que cria um novo objeto. Portanto, uma generalização inicial que pode ser feita é a de que constituintes que têm, a ele associados, um papel de intencionalidade ou controle sobre o processo não podem participar de alternâncias como a exibida pelo par (39).

As sentenças em (40) exemplificam a alternância entre sentenças ativas e sentenças passivas. Nesse tipo de alternância, o argumento que desempenha o papel de agente e ocupa a posição de sujeito na voz ativa, é implicitado na voz passiva, isto é, ele ainda está presente na estrutura lógica do predicado, mas tem uma interpretação não definida. Além disso, o argumento que desempenha o papel de objeto afetado passa a ocupar a posição de sujeito. Novamente parece que um refinamento das exigências semânticas dos predicados é necessário para explicar a possibilidade de alternância ativa/passiva. Alguns predicados verbais que denotam eventos psicológicos não permitem essa alternância. Esse é o caso do verbo *chatear*, nas sentenças em (44).

Na sentença (41)b, o que é implicitado é o argumento que desempenha a função daquilo que foi comido. Como já foi dito, um argumento implicitado ainda está presente na estrutura lógica da sentença, mas tem uma interpretação arbitrária. A interpretação de (41)b é a de que a criança comeu algo. Essa implicitação parece não ser possível com um verbo muito semelhante a *comer*, como o verbo *devorar*, na sentença (45)b. *Devorar* traz nele incorporado o modo como algo é comido. Essa incorporação parece excluir a possibilidade de implicitação do argumento que desempenha o papel do algo que é comido.

Respostas dos exercícios de semântica lexical

1) Em seu livro *Estruturas léxicas do português* (Vilela, 1979), Mário Vilela mostra a construção de vários campos semânticos. Utilizando-se de um dicionário da língua portuguesa, preencha os campos abaixo colocando o sinal + para marcar a presença do sema especificado e o sinal – para marcar sua ausência. Caso a presença do sema seja facultativa, preencha com o sinal +/–.

Respostas dos exercícios 247

• campo semântico de *cursos de águas* (adaptado de Vilela, 1979:140-141):

semas / palavras	curso de águas	volume grande	volume pequeno	deságua no rio	deságua no mar	feito pelo homem
rio	+	+	-	+	+	-
afluente	+	+	-	+	-	-
levada	+	-	+	-	-	+
ribeira	+	+	-	+	+	-
ribeiro	+	-	+	+	+	-
arroio	+	-	+	+	-	-

• campo semântico de *vias de comunicação* (adaptado de Vilela, 1979:141-142):

semas / palavras	via de comuni-cação	em meios urbanos	com dupla saída	com im-pressão de vastidão	para auto-móveis	caminho principal	rua prin-cipal	caminho estreito	com plantas	com jardim
via	+	+/-	+/-	+/-	+/-	+/-	+/-	+/-	+/-	+/-
rua	+	+	+	+/-	+/-	+/-	+/-	+/-	-	-
ruela	+	+	+	-	+/-	-	-	+	-	-
avenida	+	+	+	+	+	+	-	-	+/-	+
travessa	+	+	+	-	+/-	-	-	+	-	-
beco	+	+	-	-	+/-	-	-	+	-	-
estrada	+	-	+	+	+	+/-	-	-	+/-	+/-
caminho	+	+/-	+	+/-	+/-	+/-	-	+/-	+/-	+/-
vereda	+	-	+	-	-	-	-	+	+/-	+/-
senda	+	-	+	-	-	-	-	+	+/-	+/-

2) A partir das palavras e dos semas dados, construa o campo semântico especi-ficado, repetindo os mesmos procedimentos do exercício anterior.

• campo semântico: *verbos de cozinhar* (adaptado de Vilela, 1979:143-144)
• palavras: cozinhar, ferver, cozer, assar, grelhar, torrar, tostar, fritar, estufar, escalfar, refogar e guisar.
• semas: ação de preparar alimentos
> por ação do fogo
> utilizando água
> utilizando gordura
> fogo direto
> com utensílio especial
> para o alimento ovo
> para os alimentos carne e peixe
> para o alimento legume
> para o alimento pão

248 Introdução à Linguística II

semas\palavras	ação de preparar alimentos	por ação do fogo	utilizando água	utilizando gordura	fogo direto	com utensílio especial	para o alimento ovo	para os al. carne e peixe	para o al. legume	para o al. pão
cozinhar	+	+	+/-	+/-	+/-	+/-	+/-	+/-	+/-	+/-
ferver	+	+	+	-	-	+/-	+/-	+/-	+/-	-
cozer	+	+	+/-	+/-	+/-	+/-	+/-	+/-	+/-	+
assar	+	+	-	-	+	+/-	+/-	+/-	+/-	-
grelhar	+	+	-	-	+	+/-	-	+	+/-	+/-
torrar	+	+	-	-	+	+/-	-	-	-	+
tostar	+	+	-	-	+	+/-	-	-	-	+/-
fritar	+	+	-	+	-	+	+	+	+	-
estufar	+	+	+/-	+/-	-	+	+/-	+/-	+/-	-
escalfar	+	+	+	-	-	+	+/-	+/-	+/-	-
refogar	+	+	+/-	+	-	-	-	+/-	+	-
guisar	+	+	+/-	+/-	-	-	-	+/-	+/-	-

- campo semântico: *som* (adaptado de Vilela, 1979:145-146)
- palavras: som, ruído, eco, tom, timbre, estrondo, detonação, estalido, estampido, grito, clamor
- semas: algo audível
         contínuo
         refletido
         homogêneo
         agudo
         musical
         intensivado
         por seres vivos
         localizado

semas\palavras	algo audível	contínuo	refletido	homogêneo	agudo	musical	intensivado	por seres vivos	localizado
som	+	+/-	+/-	+/-	+/-	+/-	+/-	+/-	+/-
ruído	+	+/-	+/-	-	+/-	+/-	+/-	+/-	+/-
eco	+	+/-	+	+/-	+/-	+/-	+/-	+/-	+/-
tom	+	+	-	+	+/-	+	+/-	+	+/-
timbre	+	+	-	+/-	+/-	+	+/-	+/-	+/-
estrondo	+	-	-	-	-	-	+	-	-
detonação	+	-	-	-	-	-	+	-	+
estalido	+	-	-	-	+	-	-	+/-	+/-
estampido	+	-	-	-	+/-	-	+	-	+/-
grito	+	+/-	-	+/-	+/-	+/-	+	+	+
clamor	+	+/-	-	+/-	+/-	-	+/-	+	+/-

3) As palavras *espírito* e *alma* são geralmente usadas como sinônimas. Verifique se na citação abaixo, extraídas do livro *A grande tríade*, de René Guénon, é possível manter essa relação entre elas, justificando sua resposta por meio de uma análise sêmica.

> Pode-se ainda formular a pergunta: como é possível que, apesar da falta de simetria que apontamos entre eles, o espírito e a alma sejam, no entanto, tomados às vezes, de certo modo, como complementares, sendo então o espírito considerado em geral como princípio masculino e a alma como princípio feminino? que, sendo o espírito o que, na manifestação, está mais próximo do polo essencial, a alma se acha, em relação a ele, do lado substancial; assim, um em relação ao outro, o espírito é *yang* e a alma *yin*, e é por isso que eles são muitas vezes simbolizados, respectivamente, pelo Sol e a Lua. Isso pode, além disso, justificar-se ainda de modo mais completo, dizendo-se que o espírito é a luz emanada diretamente do Princípio, enquanto a alma apresenta apenas um reflexo dessa luz.

> (Guénon, s.d.: 73)

Na citação acima as palavras *espírito* e *alma* não são tomadas como palavras sinônimas. A palavra *espírito* está relacionada com as palavras *princípio masculino*, *polo essencial*, *yang* e *Sol*, ao passo que a palavra *alma* está relacionada com as palavras *princípio feminino*, *polo substancial*, *yin* e *Lua*. Nessa relação, os termos correlatos ao *espírito* são considerados ativos em relação aos termos correlatos à *alma*, apresentados como um reflexo passivo da atividade dos primeiros. Assim como o masculino fecunda o feminino, a essência molda a substância e o Sol ilumina a Lua, o espírito anima a alma.

Desse modo, a categoria semântica *ativo vs. passivo* é utilizada para construir a relação que diferencia *espírito* de *alma*:

semas	ativo	passivo
palavras	espírito	alma
	princípio	princípio
	masculino	feminino
	essência	substância
	yang	yin
	Sol	Lua

4) A partir da citação do exercício 3, mostre como a polissemia das palavras *espírito* e *alma* foi transformada em monossemia no discurso religioso de René Guénon. Use a análise sêmica para justificar sua resposta.

> As palavras *espírito* e *alma*, na medida em que designam uma dimensão metafísica em relação às dimensões físicas do corpo, podem ser tomadas como sinônimas. Na citação do exercício anterior, o campo semântico de ambas as palavras sofre uma restrição, de modo que, além de designar essa dimensão metafísica, cada uma delas adquire um sentido específico dessa dimensão. Por meio da categoria semântica *ativo vs. passivo*, o *espírito* é definido como ativo e, a *alma*, como passiva em relação a ele. Assim, a polissemia de ambas as palavras é desfeita e cada uma delas adquire um sentido monossêmico na citação, operado pela inclusão do sema *ativo* no semema de *espírito* e pela inclusão do sema *passivo* no semema de *alma*.

250　Introdução à Linguística II

5) As palavras *lixo* e *luxo* pertencem a campos semânticos contrários, no entanto, o poeta Augusto de Campos utiliza a permuta dos fonemas /i/ e /u/ para contruir uma paronomásia em seu poema concreto *Luxo*. Analise o tema discursivizado e mostre como essa aproximação é realizada no texto do poema.

Augusto de Campos – *Poesia*. (1979) São Paulo, Duas Cidades, p. 119.

As palavras *lixo* e *luxo* pertencem a campos semânticos contrários, *lixo* significa qualquer objeto sem valor ou utilidade e aquilo que é jogado fora como imprestável, e *luxo* significa objetos caros e supérfluos e o modo de vida caracterizado pela ostentação. Escrevendo a palavra *lixo* com palavras *luxo*, o poema complexifica os valores contrários significados por elas mostrando, em seu discurso, que o supérfluo do *luxo* é também o imprestável do *lixo*. No que diz respeito ao modo de vida caracterizado pela ostentação do luxo, há no poema a discursivização de um tema político denunciando que o luxo de alguns é sustentado pelo lixo de outros, ou seja, o poema discute a relação riqueza-miséria mostrando que a primeira mantém e é mantida pela segunda. Essas relações semânticas são reforçadas pela aproximação entre os significantes das duas palavras na contrução da paronomásia entre *luxo* e *lixo* pela permutação entre os fonemas /i/ e /u/.

6) A palavra *são*, a terceira pessoa do plural do presente do indicativo do verbo ser, a palavra *são*, com o sentido de sadio, e a palavra *são*, com sentido de santo, são homônimas. Consultando o *Dicionário Houaiss da língua portuguesa*, demonstre essa homonímia por meio de uma análise etimológica.

A palavra *são*, com o sentido de terceira pessoa do plural do presente do indicativo do verbo ser, é uma flexão do verbo ser, do latim *essere*. Na conjugação desse verbo em latim, a terceira pessoa do plural tem a forma *sunt*, de onde vem a forma são em português; a palavra *são*, com o sentido de sadio, vem do latim *sanus*, que quer dizer sadio, com saúde; e a palavra *são*, como sentido da santo, vem do latim *sanctus*, que quer dizer santo.

7) Em seu texto *A sistemática das isotopias* (Greimas, 1975: 96-125), François Rastier analisa o poema *Salut*, de Mallarmé, mostrando as metáforas construídas no discurso do poema em torno dos temas do brinde e da navegação. Demonstre como isso pode ser feito a partir da tradução de Augusto de Campos do mesmo poema (Campos, Pignatari e Campos, 1991: 33). Utilize as palavras destacadas em itálico para sua demonstração.

> Nada, esta *espuma*, virgem verso
> A não designar mais que a copa;
> Ao longe se afoga uma tropa
> De sereias vária ao inverso.
>
> Navegamos, ó meus fraternos
> Amigos, eu já sobre a *popa*
> Vós a *proa* em pompa que topa
> A onda de raios e de invernos;
>
> Uma *embriaguez* me faz arauto,
> Sem medo ao *jogo do mar alto*,
> Para erguer, de pé, este brinde.
>
> Solitude, recife, estrela
> A não importa o que há no fim de
> Um branco afã de nossa vela.

Nesses versos, há a tematização de um brinde. Assim, as palavras *espuma*, *popa*, *proa*, *embriaguez* e *mar alto* podem ser relacionadas a esse tema. A *espuma* é a espuma da bebida utilizada no brinde, geralmente o champanhe, e a *embriaguez* pode ser tomada como os efeitos causados pela bebida. Já *popa* e *proa*, palavras referentes ao tema da navegação, podem ser tomadas como metáforas das posições das pessoas sentadas à mesa onde se realiza esse brinde, sendo a *popa* a cabeceira da mesa e, a *proa*, as demais posições. No tema do brinde, o *mar alto* torna-se uma metáfora correlata à *embriaguez*, e a palavra *espuma*, no tema da navegação, pode ser tomada como a espuma do mar.

Resposta dos exercícios de semântica formal

1) Quando usamos a expressão 'Pelé' imediatamente pensamos naquele jogador de futebol excepcional, que usava a camisa 10 quando jogava no Santos e quando jogava na seleção brasileira. 'Pelé' representa um dos sentidos que nos permite chegar a esse indivíduo no mundo. Pense em outros sentidos para essa mesma referência.

Resposta: 'O maior jogador de futebol de todos os tempos', 'o pai de Edinho', 'o camisa 10 da seleção brasileira em 1962', 'Edson Arantes do Nascimento', 'o rei do futebol'.

252 Introdução à Linguística II

2) Explique por que é que quando dizemos uma sentença como "Chico Buarque de Hollanda é o compositor de 'Construção'" aprendemos algo sobre o mundo.

Resposta: Se as expressões possuíssem apenas referência, a sentença "Chico Buarque de Hollanda é o compositor de 'Construção'" seria equivalente a uma sentença como "Chico Buarque de Hollanda é Chico Buarque de Hollanda" ou "O compositor de 'Construção' é o compositor de 'Construção'". As duas últimas sentenças são verdades lógicas e não nos dão nenhuma informação sobre o mundo, diferentemente da primeira sentença. Isso se explica se percebemos que, apesar de 'Chico Buarque de Hollanda' e 'o compositor de 'Construção'' possuírem a mesma referência, possuem sentidos diferentes. A sentença proposta pelo exercício nos informa de uma verdade acidental: a de que a entidade que é a referência de 'Chico Buarque de Hollanda' é a mesma entidade que é a referência de 'O compositor de 'Construção''.

3) Analise os pares de sentenças abaixo e diga se eles podem ser consideradas paráfrases:

   a) O João é o irmão do Thiago.
   b) O Thiago é o irmão do João.

Resposta: (a) e (b) são paráfrases porque (a) acarreta (b) e (b) acarreta (a). Ou seja, se o Thiago é o irmão do João necessariamente o João é o irmão do Thiago e, se o Thiago não é o irmão do João, o João não pode ser o irmão do Thiago.

   c) O meu primo é o dono desta casa.
   d) Esta casa pertence ao meu primo.

Resposta: Da mesma forma que acima, (c) e (d) são paráfrases. Ou seja, se é verdade que o meu primo é o dono desta casa, é necessariamente verdade que esta casa pertence ao meu primo e, se é falso que esta casa pertence ao meu primo, é igualmente falso que o meu primo seja o dono da casa.

   e) Alguns estados brasileiros não são banhados pelo mar.
   f) Nem todos os estados brasileiros são banhados pelo mar.

Resposta: Os pares de sentenças (e) e (f) são sinônimos ou paráfrases um do outro. Vejam que não há maneira de, em um mesmo contexto, uma das sentenças do par ser verdadeira e a outra ser falsa. Se é verdade que "Alguns estados brasileiros não são banhados pelo mar", então é necessariamente verdade que "Nem todos os estados brasileiros são banhados pelo mar" e vice-versa.

   g) O Pedro vendeu o livro para um amigo da Joana.
   h) Um amigo da Joana comprou o livro do Pedro.

Resposta: Os pares de sentenças (g) e (h) são sinônimos ou paráfrases um do outro. Vejam que não há maneira de, em um mesmo contexto e entendidas da mesma

Respostas dos exercícios **253**

forma, (g) ser verdadeira e (h) ser falsa, e vice-versa. (Observação: para a sinonímia valer, 'Pedro', em (g), deve ser entendido como o vendedor.)

4) Normalmente, as versões ativa e passiva de uma sentença são consideradas paráfrases uma da outra, como em 'O médico examinou a garota' e 'A garota foi examinada pelo médico'. Observe, agora, o seguinte par:

  a) Todos os alunos desta sala falam duas línguas.
  b) Duas línguas são faladas por todos os alunos.

Será que essas duas sentenças podem ser consideradas paráfrases? Dê uma explicação para sua resposta.

Resposta: As sentenças (a) e (b) não são paráfrases exatas uma da outra porque, ao contrário de (b), a sentença (a) é ambígua, pois pode ter duas leituras: (i) 'Existem duas únicas línguas que são faladas por todos os alunos desta sala' e (ii) 'Cada aluno desta sala fala duas línguas' (ou seja, não são necessariamente as mesmas para todos os alunos).

5) Analise os pares de sentenças abaixo e diga se há acarretamento da primeira para a segunda sentença. Justifique suas respostas:

  a) O Pedro cozinhou um ovo.
  b) O Pedro ferveu um ovo.

Resposta: Há acarretamento. Não é possível cozinhar um ovo, sem fervê-lo.

  c) O Ricardo ferveu um ovo.
  d) O Ricardo cozinhou um ovo.

Resposta: Não há acarretamento. É possível ferver um ovo sem cozinhá-lo.

  e) A Cecília viu uma menina correndo.
  f) A Cecília viu uma pessoa correndo.

Resposta: Há acarretamento, pois sempre que (e) for verdadeira, (f) será necessariamente verdadeira.

  g) O Juca ouviu uma pessoa cantando.
  h) O Juca ouviu um homem cantando.

Resposta: Não há acarretamento, pois a primeira sentença pode ser verdadeira ao mesmo tempo que a segunda é falsa, e.g., a pessoa que Juca ouviu pode não ser um homem.

  i) Hoje teve sol.
  j) Hoje fez calor.

254 Introdução à Linguística II

Resposta: 'Hoje teve sol' não acarreta 'Hoje fez calor' porque um dia pode estar ensolarado, sem estar quente. Ou seja, a verdade da primeira sentença não acarreta a verdade da segunda sentença.

k) O Rui sempre come sobremesa depois do almoço.
l) O Rui sempre come doce depois do almoço.

Resposta: Não há acarretamento, pois as duas sentenças não são verdadeiras em exatamente os mesmos casos. Por exemplo, João pode comer uma fruta, e não um doce, como sobremesa.

m) O João tirou nota 10 na prova.
n) Alguém tirou nota 10 na prova.

Resposta: Há acarretamento. Se (m) é verdadeira, (n) é necessariamente verdadeira.

o) O João e a Maria são casados.
p) O João é casado com a Maria.

Resposta: Não há acarretamento. A sentença (o) é ambígua: ela tanto pode significar que o João é casado com a Maria, como pode significar que o João e a Maria são casados, mas não um com o outro. Portanto, a verdade de (p) não segue necessariamente da verdade de (o).

6) Analise os pares de sentenças abaixo e diga se a segunda sentença do par pode ser pressuposta da primeira. Lembre-se que a pressuposição lógica é uma relação que se estabelece quando tanto a verdade quanto a falsidade da primeira sentença implicam a verdade da segunda:

a) O João tirou nota 10 na prova.
b) Alguém tirou nota 10 na prova.

Resposta: A sentença (b) não pode ser pressuposta da sentença (a). Apesar de (a) acarretar (b), sua negação (*O João tirou nota 10 na prova*) não acarreta (b).

c) Foi a Maria que tirou nota 10 na prova.
d) Alguém tirou nota 10 na prova.

Resposta: A sentença (d) é uma pressuposição da sentença (c), porque tanto (c) quanto sua negação (*Não foi Maria que tirou nota 10 na prova*) acarretam que alguém tirou nota 10 na prova.

e) O Luís começou a tocar clarineta.
f) O Luís não tocava clarineta.

Resposta: Veja que tanto 'O Luís começou a tocar clarineta' quanto 'Não é verdade que o Luís começou a tocar clarineta' acarretam que 'O Luís não tocava clarineta'. Portanto, (e) pressupõe (f).

Respostas dos exercícios 255

g) Só o João sabe o caminho para a casa do Marcelo.

h) Ninguém mais sabe o caminho para a casa do Marcelo.

Resposta: Não há pressuposição, pois a negação de (g), "Não é verdade que só o João sabe o caminho para a casa do Marcelo", não acarreta que ninguém além do João sabe o caminho para a casa do Marcelo.

i) A Regina continua morando em São Paulo.

j) A Regina morava em São Paulo.

Resposta: Vejam que tanto (i), como sua negação, acarretam a verdade de (j). Consequentemente, (i) pressupõe (j).

k) Foi difícil para o Pedro enfrentar aquela crise.

l) O Pedro enfrentou a crise.

Resposta: Idem ao caso acima: (k) pressupõe (l).

7) Compare o par de sentenças abaixo e discuta o comportamento do pronome 'ele' nos dois casos:

a) A Cecília tem um cachorro e cuida bem dele.

b) Toda criança que tem um cachorro cuida bem dele.

Resposta: Na sentença (a), o pronome '(d)ele' retoma 'um cachorro'. Nesse caso, tanto o sintagma nominal 'um cachorro' quanto o pronome se referem ao mesmo indivíduo no mundo. Há uma identidade de referência entre as duas expressões linguísticas. O pronome aqui é referencial.

Já na sentença (b), não é possível dizer que 'um cachorro' e '(d)ele' se referem a um mesmo indivíduo no mundo. O que ocorre é um fenômeno de covariação: para cada criança existe um cachorro diferente e o pronome 'ele' retoma o cachorro que é diferente para cada criança. O pronome aqui é uma variável.

8) Discuta a ambiguidade das seguintes sentenças:

a) Todo homem ama uma mulher.

Resposta: Todo homem ama uma mulher é ambígua, pois apresenta uma interpretação específica para uma mulher – por exemplo, 'Todo homem ama a Michelle Pfeifer' – e uma interpretação na qual cada homem ama uma mulher possivelmente distinta.

b) Três meninos comeram duas pizzas.

Resposta: A sentença (b) possui duas interpretações: 'Os três meninos comeram um total de duas pizzas' versus 'Cada menino comeu duas pizzas'. Nesse caso, temos um total de seis pizzas.

c) O Ricardo quer se corresponder com uma norueguesa.

256 Introdução à Linguística II

Resposta: A ambiguidade se dá porque a expressão 'uma norueguesa' pode ser interpretada de modo específico, como se referindo a uma pessoa predeterminada, ou pode ser interpretada de modo não específico como 'uma norueguesa, qualquer que seja ela'.

d) Todas as crianças não comem jiló.

Resposta: São duas as interpretações possíveis para (d): 'Nenhuma criança come jiló', ou seja, levando em conta o conjunto de todas as crianças, sabe-se que esse conjunto todo não come jiló; 'Nem todas as crianças comem jiló', isto é, de um conjunto de todas as crianças, algumas comem jiló e outras não.

Respostas dos exercícios de pragmática

1. a) Debreagem enunciativa, porque os tempos instalados no enunciado são os do sistema enunciativo.

Valor dos tempos:

- sou/pode/juro – presente – concomitância em relação ao presente (sou – presente durativo; pode – presente gnômico; juro – presente pontual);
- desmentiu/foi dada/(foi) conquistada – pretérito perfeito 1 – anterioridade em relação ao presente;
- reinarás/viverás – futuro do presente – posterioridade em relação ao presente.

b) Debreagem enunciva, porque os tempos instaurados no enunciado são os do subsistema do pretérito.

Valor dos tempos:

- foi aclamado/embainhou/retirou-se/esperou/pretendeu/jurou/tomou/foi estabelecer-se – pretérito perfeito 2 – concomitância pontual em relação a um momento de referência pretérito;
- realizava/valiam – pretérito imperfeito – concomitância durativa em relação a um momento de referência pretérito;
- guardaria – futuro do pretérito – posterioridade a um momento de referência pretérito;
- concedera – pretérito mais que perfeito simples – anterioridade a um momento de referência pretérito.

c) Debreagem enunciva, porque os tempos projetados no enunciado são os do subsistema do futuro.

Respostas dos exercícios 257

- deixará – presente do futuro – concomitância em relação a um momento de referência futuro;
- terá caído – futuro anterior – anterioridade em relação a um momento de referência futuro;
- produzir-se-á – futuro do futuro – posterioridade em relação a um momento de referência futuro.

2.a) três anos depois – sistema enuncivo – usa-se para indicar uma posterioridade em relação a um momento de referência pretérito ou futuro;

  b) na semana passada – sistema enunciativo – usa-se para indicar anterioridade em relação ao presente;

  c) há três meses – sistema enunciativo – indica anterioridade em relação ao presente;

  d) daqui a dois dias – sistema enunciativo – indica posterioridade em relação ao presente;

  e) dali a dois anos – sistema enuncivo – indica posterioridade em relação a um momento de referência pretérito ou futuro.

3. O presidente *diz* que *lastima* o tempo que *perdeu* a tentar convencer o Congresso a aprovar as reformas constitucionais e que, num eventual segundo mandato, *dedicará* suas energias aos programas sociais do governo.

4.a) Naquele momento, para o cidadão da classe média, esse debate sobre a aposentadoria dos funcionários públicos pouco *significou* (*significava*), pois, no seu caso, a Previdência *fora* (*tinha sido*) e *continuaria* sendo um sistema injusto.

  b) Em dez anos, para o cidadão da classe média, esse debate sobre a aposentadoria dos funcionários públicos pouco *significará*, pois, no seu caso, a Previdência *terá sido* e *continuará* sendo um sistema injusto.

5.a) presente pontual – concomitância em relação ao presente;
  b) presente gnômico – concomitância em relação ao presente;
  c) pretérito perfeito 1 – anterioridade em relação ao presente;
  d) futuro do presente – posterioridade em relação ao presente;
  e) pretérito imperfeito – concomitância durativa em relação a um momento de referência pretérito;
  f) pretérito perfeito 2 – concomitância pontual em relação a um momento de referência pretérito;
  g) pretérito mais que perfeito – anterioridade em relação a um momento de referência pretérito;
  h) futuro do pretérito – posterioridade em relação a um momento de referência pretérito;
  i) futuro anterior – anterioridade em relação a um momento de referência futuro;

258 Introdução à Linguística II

j) presente do futuro – concomitância em relação a um momento de referência futuro.

6. Os *eu* que aparecem no texto, ocorrendo em *me deu a notícia*, em *falou–me* e em *interrompi eu*, pertencem ao mesmo nível enunciativo. Aparecem em falas do narrador.

7. a) debreagem enunciativa, pois um dos participantes da instância de enunciação, o *eu*, é projetado no enunciado;

   b) debreagem enunciva, pois os participantes da instância da enunciação não aparecem no texto, ocorre apenas o *ele*.

8. a) ele, dele, sua – 3ª pessoa do singular – 3ª pessoa do singular no lugar da 2ª singular, para retirar o interlocutor da situação de enunciação e, assim, estabelecer uma distância respeitosa;

   b) os católicos – 3ª pessoa do plural – 3ª pessoa do plural no lugar da 2ª do plural, para identificar o interlocutor não pela sua situação na enunciação, mas por um papel social;

   c) nós (vamos) – 1ª pessoa do plural – 1ª pessoa do plural no lugar da 2ª pessoa do singular, para identificar-se com o interlocutor;

   d) (eu) sou/ (eu) hei – 1ª pessoa do singular – 1ª pessoa do singular no lugar da 1ª pessoa do plural, para indicar que a característica de ser pó atinge cada pessoa considerada individualmente;

   e) confessa (tu)/(tu) sentiste – 2ª pessoa do singular – 2ª pessoa do singular no lugar da 1ª pessoa do singular, para criar uma distância do eu, ao realizar um julgamento sobre si mesmo.

9. a) esconderei – futuro do presente – posterioridade em relação ao presente – futuro do presente no lugar do presente, para criar um efeito de atenuação;

   b) vinha – pretérito imperfeito – concomitância durativa em relação ao pretérito – pretérito imperfeito no lugar do pretérito mais que perfeito, para indicar aproximação do marco temporal;

   c) fora assassinado – pretérito mais que perfeito – anterioridade em relação ao pretérito – pretérito mais que perfeito no lugar do pretérito perfeito 2, para indicar afastamento do marco temporal;

   d) teria ido – futuro anterior – anterioridade em relação ao futuro – futuro anterior no lugar do pretérito mais que perfeito, para mostrar que o responsável pela informação não tem certeza de sua veracidade;

   e) teremos alcançado – futuro anterior – anterioridade em relação ao futuro – futuro anterior no lugar de futuro do futuro, para indicar a certeza da vitória;

   f) fazia – pretérito imperfeito – concomitância durativa em relação ao pretérito – pretérito imperfeito no lugar do presente, para indicar um fato hipotético;

g) publicará – futuro do presente – posterioridade ao presente – futuro do presente no lugar do futuro do pretérito, para indicar que o fato realmente ocorreu;

h) seria – futuro do pretérito – posterioridade em relação ao pretérito – futuro do pretérito no lugar do futuro do presente, para indicar que não se tem certeza da realização do evento projetado;

i) terão esquecido – futuro anterior – anterioridade em relação ao futuro – futuro anterior no lugar do pretérito perfeito 1, para indicar que o enunciador não tem certeza da realidade do fato que relata;

j) quisera – pretérito mais que perfeito – anterioridade em relação ao pretérito – pretérito mais que perfeito no lugar do presente, para indicar atenuação

10. a) estes – marcador espacial de 1ª pessoa, que aparece no lugar do marcador de 3ª pessoa, para indicar presentificação na cena enunciativa;

b) lá – marcador espacial de 3ª pessoa, que ocorre no lugar do marcador de 2ª pessoa, para mostrar que o interlocutor não deve estar na cena enunciativa;

c) esse – marcador espacial de 2ª pessoa, que é usado no lugar do marcador de 3ª pessoa, para indicar presentificação de uma 3ª pessoa;

d) lá – marcador de 3ª pessoa, que é utilizado no lugar do marcador de 2ª pessoa, para retirar o interlocutor da cena enunciativa e, assim, mostrar um certo desdém por ele.

Respostas dos exercícios de estudos do discurso

1. O texto apresenta quatro relações claras de manipulação entre destinadores e destinatários diferentes:

a) o destinador *três ladrões* manipula o destinatário *Marcelo Kneese* por intimidação (ameaça, com armas), para que ele lhe dê dinheiro;

b) o destinador *três ladrões* manipula (ou pretende manipular) a polícia por tentação (oferecimento do objeto de valor positivo *dinheiro*), para que ela solte um comparsa;

c) o destinador *Marcelo Kneese* manipula o destinatário *três ladrões* por sedução (faz uma imagem positiva deles, como *amigos*), para que eles não o matem;

d) o destinador *colegas dos três ladrões* manipula os *três ladrões* para que ajam como homens sem laços afetivos.

Três manipulações não foram bem sucedidas. Na primeira (a), Marcelo Kneese não tinha o dinheiro e tentou manipular os três ladrões para que não o matassem, e, além disso, manipulado por valores sociais e afetivos de proteção à filha, não

260 Introdução à Linguística II

abriu sua casa. Foi sancionado negativamente com a morte. Na segunda (b), os três ladrões não obtiveram o valor desejado para realizar a manipulação por tentação da polícia. Na terceira (c), Marcelo Kneese procurou manipular os três ladrões com valores que ele julgou positivos (amizade), mas que eram negativos para o destinatário (gozação). A manipulação, portanto, não foi bem sucedida, o dentista não persuadiu os ladrões. A única manipulação que teve sucesso foi a dos colegas sobre os três ladrões. Para evitar a sanção negativa dos colegas (gozação), os três ladrões mataram o dentista.

2. Em *Terezinha*, o texto pode ser dividido em três partes. Na primeira parte, o destinador *homem* procura manipular o destinatário *Terezinha* por tentação (oferece valores positivos: bicho de pelúcia, broche de ametista, viagens, relógio) e por sedução (apresenta uma imagem positiva dela, como *rainha* e como mulher desejada por um homem tão cheio de *vantagens*). A manipulação não foi bem sucedida porque a mulher interpretou que ele lhe oferecia tanto que não podia ser verdade, ou seja, parecia mas não era verdadeiro, era uma mentira. Não acreditou assim que o destinador fosse confiável. A outra leitura possível é a de que a imagem positiva que o destinador faz dela, de *rainha*, não era tão positiva assim para ela, pois ela temia não ser capaz de manter uma imagem irreal e idealizada. Em outras palavras, a manipulação não funcionou porque o destinatário interpretou que tanto o destinador, quanto os valores oferecidos eram uma mentira, pareciam mas não eram verdadeiros.

Na segunda parte, o destinador *homem* tenta manipular o destinatário *Terezinha* por intimidação (oferecimento de valores negativos, *amargos*) e por provocação (apresenta uma imagem negativa dela como *perdida*, com passado que a compromete, sem qualidades de dona de casa). A manipulação não se realizou porque o destinatário interpretou que os valores não lhe interessavam, que não eram valores verdadeiros e sim falsos (não pareciam e não eram bons para ela).

Na terceira parte, o destinador *homem* manipula o destinatário *Terezinha* sobretudo por *sedução*, ao oferecer uma imagem positiva dela como *mulher*. Ela interpretou a persuasão do destinador e acreditou nele e nos valores oferecidos.

3. Em *Chapeuzinho Vermelho*, mais de um esquema narrativo pode ser apontado, já que, como foi visto, as narrativas se desdobram polemicamente. Do ponto de vista do sujeito *Chapeuzinho Vermelho* os três percursos do esquema narrativo são:

    a) **manipulação:** o destinador mãe manipulou *Chapeuzinho* por sedução (boa menina que ama a avozinha) e por intimidação (deixar a avozinha sem nada, etc.) para que ela levasse bolo e vinho para a avó doente, sem afastar-se do caminho; o destinador *lobo* manipulou o destinatário *Chapeuzinho* por tentação (flores bonitas, belo canto, diversão) e por provocação (ao dizer que ela só sabia obedecer e ir à escola) para que ela se desviasse do bom caminho, dando-lhe tempo e oportunidade para comer a avó e a ela, depois; *Chapeuzinho* interpretou que a mãe não era confiável – exagerada, como todas as mães – e que os valores negativos apresentados na intimidação da mãe não eram verdadeiros, e, ao contrário, interpretou a persuasão do lobo e acreditou nele e em seus valores;

b) **ação:** *Chapeuzinho* não cumpriu o contrato assumido com a mãe e não realizou a ação de ir diretamente à casa da avó; *Chapeuzinho* realizou a ação proposta pelo lobo e desviou-se do caminho, para colher flores e divertir-se;

c) **sanção:** *Chapeuzinho* foi sancionada negativamente (comida pelo lobo) por não ter cumprido o contrato com a *mãe*. Tendo em vista, porém, o caráter pedagógico do texto, a menina teve uma segunda oportunidade, desde que cumprisse o contrato de obediência: *Nunca mais me afastarei, sozinha, da estrada quando minha mãe o tiver proibido.*

Do ponto de vista do sujeito *lobo*, que disputa com *Chapeuzinho* os valores de sobrevivência e vida (pela comida, sobretudo), tem-se o esquema narrativo que segue:

a) **manipulação:** o percurso não está bem explicitado, pois o lobo é, quem sabe, levado pela intimidação da fome (natureza) e pela tentação da *menina gordinha* a dever e a querer comer avó e neta;

b) **ação:** o lobo realizou várias ações para passar do estado de disjunção com a comida para o estado de conjunção: algumas são ações de manipulação do outro – persuadiu a menina lhe dar o endereço da avó e a ir pelo caminho mais longo, convenceu a avó a abrir-lhe a porta e, de novo, *Chapeuzinho* a aproximar-se da cama – outras são programas secundários realizados pelo próprio lobo – deslocar-se até a casa da avó, vestir a roupa da avó, etc. – necessários para a realização da ação principal de comer a avó e a menina;

c) **sanção:** o lobo foi sancionado negativamente porque foi julgado em outro quadro de valores, ou seja, ele foi julgado como não tendo cumprido o contrato cultural de não comer gente (*velho patife, bicho tão malvado*) e punido com a morte, e não pelo contrato natural de sobrevivência.

Vamos deixar de lado as perspectivas da mãe, da avó e do caçador.

4. Em *A Rita*, a ação narrativa aparece claramente desdobrada: há um sujeito operador *Rita*, que transforma sua situação de disjunção com os objetos de valor (sorriso, assento, retrato, trapo, prato, São Francisco, disco de Noel, planos, coração, música, etc.) em estado de conjunção e, ao mesmo tempo, transforma a situação de conjunção do sujeito *homem* com os mesmos objetos de valor em estado de

262 Introdução à Linguística II

disjunção. Houve, portanto, concomitantemente uma aquisição e uma privação de valores. Os percursos passionais mais bem definidos no texto são: a passagem da satisfação e alegria do homem por estar em conjunção com os valores desejados (querer ser e ser) para a insatisfação e tristeza decorrentes da disjunção dos valores desejados (querer ser e não ser); a passagem da confiança e da crença em *Rita*, com quem o homem acredita ter um acordo (crer ser) para a decepção e a desilusão (não crer ser); o percurso pressuposto da insatisfação e decepção do sujeito *Rita* em relação ao sujeito *homem*, o que a leva à vingança, isto é, a querer fazer mal ao *homem* que não cumpriu o compromisso com ela assumido; a passagem, portanto, do querer fazer bem (do amor) ao sujeito responsável pela crença e satisfação do sujeito da paixão, ao querer fazer mal (da vingança) ao sujeito responsável por sua decepção e infelicidade; no caso do *homem*, não há o querer fazer mal, mas apenas a duração, a continuidade da tristeza, da decepção, da infelicidade.

5. Na notícia do assalto há claramente duas sanções. Na primeira, o assaltante sanciona negativamente o comerciante Viana, que, a seu ver, não cumpriu o acordo de entregar armas, de não esconder que está armado (*Você mentiu para mim*). Aparecem as duas fases da sanção: o reconhecimento de que o sujeito não agiu conforme o acordo e a punição, com a morte. A segunda sanção é também negativa: o assaltante Nascimento puniu, também com a morte, um comparsa que não cumpriu o contrato de vigiar a casa e facilitar a fuga dos assaltantes, pois, ao ouvir tiros, ele fugiu com o carro. Os dois principais efeitos de sentido passionais que o texto produz são: a irritação e o ódio, que levam à vingança, e o medo. A irritação e o ódio são paixões malevolentes, ou seja, de querer fazer mal a quem causou insatisfação e decepção pelo não cumprimento dos acordos (no caso, o comerciante e o terceiro assaltante), e que podem desembocar na vingança. O medo é, no texto, o efeito passional decorrente do querer não ser privado de objeto de valor (perder a vida, por exemplo) ou do querer não ser sancionado negativamente (com a prisão, por exemplo).

6. A piada baseia-se na questão da veridicção e da crença. Interpretar que a reforma agrária é verdadeira, ou seja, parece que está acontecendo, conforme promessa do governo, e está mesmo, e nela acreditar, depende, como em qualquer interpretação, dos conhecimentos e crenças anteriores daquele que interpreta. Na piada, apenas aqueles que já andaram de disco voador e que acreditam em disco voador podem realizar tal interpretação. Em outras palavras, a piada diz que a reforma agrária ou é uma mentira (parece, mas não é verdadeira) ou é falsa (nem parece, nem é verdadeira) e nela só acreditam aqueles que creem em qualquer coisa, aqueles que não sabem bem interpretar.

7. O trecho do livro infantojuvenil *A bolsa amarela* relata sobretudo um programa de aquisição de competência do sujeito galo para realizar a perfórmance de *fugir*, que ocorre apenas no final do texto (*E aí ele foge*). No início do texto, temos um

galo que é manipulado em um quadro de valores de *igualdade/liberdade* (*achava que era galinha demais para um galo só; vivia um bocado sem jeito de ser chefe de uma família tão esquisita assim*) e que passa a querer fugir, isto é, torna-se sujeito virtual para realizar a perfórmance de alterar seu estado de disjunção com a *igualdade/liberdade* em estado de conjunção. O galo é apresentado, além disso, como possuidor dos valores modais do poder e do saber fugir. É, portanto, um sujeito atualizado para a fuga. No entanto, ele não foge (*Mas aí dá medo de todo o mundo ficar contra ele*). Há, no texto, uma espécie de choque entre as modalidades do querer e do dever. O sujeito *galo* quer fugir, mas não deve fazê-lo, pois tem compromissos com as galinhas, como chefe do galinheiro. Daí o medo de ser sancionado negativamente como não cumpridor de seus compromissos. No final do texto, o querer prevalece sobre o dever, e o galo foge.

8. O texto de História do Brasil sobre Tiradentes emprega sobretudo os procedimentos de ancoragem no tempo, no espaço e em atores que o destinatário do texto reconhece como reais. A ancoragem é um procedimento de iconização, ou seja, de figurativização levada às últimas consequências, que produz os efeitos mencionados de realidade ou de referente. No texto temos, para o tempo, a data precisa, *desde dezembro de 1755*, para o espaço, os lugares também precisados de *Vila Rica, fazenda do Pombal, às margens do rio das Mortes, perto de São João del Rei*, para os atores, os nomes completos, apelidos, idade, profissão – *com 43 anos incompletos, servindo na 6ª Companhia de Dragões, o regimento de cavalaria regular de Vila Rica, Joaquim José da Silva Xavier, o dentista Sebastião Ferreira Leite, Tiradentes.*

9. O texto em exame usa os procedimentos que seguem:

a. desembreagem enunciativa de pessoa em *eu (Nasci...)*, que produz o efeito de subjetividade, de proximidade da enunciação;

b. desembreagem interna: – *Filho, sabes que...*, que cria a ilusão de realidade;

c. desembreagem temporal enunciativa (*nasci* e *há muito tempo*): indica-se a anterioridade em relação ao momento da enunciação, provocando um efeito de proximidade; em seguida há uma desembreagem temporal enunciva, pois o momento do nascimento é tomado como o tempo de referência, no passado, a partir do qual se organizam os tempos que vêm a seguir (*pouco depois, meu pai morria; na manhã... em que fiz sete anos*); essa desembreagem produz o efeito de afastamento da enunciação;

d. desembreagem espacial enunciva (*em lugarejo pobre, distante de qualquer parte*): o espaço do lugarejo é o espaço de referência para a organização dos espaços no discurso (*e fui colocado na porta da rua*, ou seja, levado para um espaço diferente do lugarejo); o efeito é também de distanciamento da enunciação.

Há no texto, além disso, alguns procedimentos de embreagem,como, por exemplo, para o tempo, o uso do imperfeito pelo futuro do pretérito (*Pouco depois, meu pai morria; e eu ficava só com...*) para produzir o efeito de duração, de uma espécie de presentificação da perda e do sofrimento.

10. Na propaganda, *e agudos também* é um desencadeador de isotopia que "puxa" uma nova leitura para o texto. Além da leitura de ordem que diz que se deve gravar com fitas Basf, lê-se também que as fitas Basf gravam bem tanto os sons graves quanto os agudos. A palavra *grave* é um conector de isotopias, pois deve ser entendida na isotopia da ordem com o sentido de gravar e, na outra, como som grave.

Na frase de para-choque de caminhão, *pifei* e *dama* são conectores de isotopias que se encaixam bem tanto na isotopia do baralho, do jogo (*pifei*, do jogo de pif-paf e como derrota no jogo, e *dama*, como carta de baralho), quanto na isotopia existencial (*pifei*, como perdi, e *dama*, como mulher) ou ainda, na leitura sexual das relações homem-mulher (*dama*, como mulher-dama).

11. O semissimbolismo é bastante explícito no poema. Vamos mencionar apenas uma das possibilidades: a categoria da expressão *nasalidade* (*como, quem, desalento, desencanto, meu, não, tens, motivo, nenhum, pranto*) vs. oralidade correlaciona-se com a categoria do conteúdo *tristeza, infelicidade* vs. *alegria, felicidade*.